Hans Weder · Die «Rede der Reden»

Hans Weder

DIE «REDE DER REDEN»

Eine Auslegung der
Bergpredigt heute

Theologischer Verlag Zürich

CIP-Kurztitelaufnahme der Deutschen Bibliothek

Weder, Hans:

Die «Rede der Reden»: e. Auslegung d. Bergpredigt heute /
Hans Weder. – Zürich: Theologischer Verlag, 1985
ISBN 3-290-11565-8

© 1985 Theologischer Verlag Zürich

INHALTSVERZEICHNIS

Die Abkürzungen in diesem Buch richten sich nach dem Theologischen Wörterbuch zum Neuen Testament.

Für Christine und Katharine

VORWORT

Das vorliegende Buch geht zurück auf eine Vorlesung über die Bergpredigt an der Universität Zürich. Unter den Hörern befand sich eine große Zahl von Nichttheologen. Ihnen ist es zu verdanken, daß keine fachspezifischen Kenntnisse vorausgesetzt werden. Diese Auslegung wendet sich an einen weiteren Kreis von Interessierten.

Die Bergpredigt ist ein anspruchsvoller Text. Sie fordert den Ausleger zu eigener Stellungnahme heraus. Dem Anspruch des Textes versuche ich dadurch gerecht zu werden, daß ich seiner Bedeutung nachgehe bis in die heutigen Lebenszusammenhänge. Groß ist die Versuchung, sich in die historische Beschreibung zu flüchten, um der Herausforderung der Bergpredigt zu entgehen. Wer dieser Versuchung widerstehen will, muß das Wagnis eingehen, sich *der Sache* dieser – manchmal befremdlichen – Texte zu stellen. Dieses Wagnis bin ich eingegangen in der Hoffnung, das Wohlwollen der Leser zu finden und ihre Bereitschaft, den vorgeschlagenen Weg ein Stück weit mitzugehen.

Die äußere Gestaltung dieses Buches läßt es nicht zu, wissenschaftliche Nachweise zu erbringen. Deshalb weise ich an dieser Stelle auf Auslegungen hin, die mich bei der Arbeit ständig begleitet haben: Ulrich Luz, Das Evangelium nach Matthäus, Zürich 1984 (EKK I/1); Eduard Schweizer, Die Bergpredigt, Göttingen 1982 (Kleine Vandenhoeck-Reihe 1481); Georg Eichholz, Auslegung der Bergpredigt, Neukirchen-Vluyn ³1975; Georg Strecker, Die Bergpredigt, Göttingen 1984. Obwohl meine Auslegung sich erheblich von ihnen unterscheidet, verdanke ich den genannten Arbeiten nicht wenig. Zu danken habe ich schließlich meinem Assistenten, VDM Herbert Kohler, der in umsichtiger und feinfühliger Weise bei der Bearbeitung des Manuskripts mithalf.

Männedorf, im März 1985   H. W.

EINLEITUNG

«Der Jude Jesus von Nazareth leuchtet mir ein als der Sohn eines Menschen, nicht eines Gottes, wie ich meinem Zweifel zuliebe annehme, dem ich ebenso die Treue halte wie meinem Glauben, gibt es doch nichts Zweifelhafteres als einen Glauben, der den Zweifel unterdrückt. Gibt es einen Gott, über dessen Existenz kein Mensch zu entscheiden vermag, so ist der Zweifel an seiner Existenz nichts als der von Gott gewählte Schleier, den er vor sein Antlitz senkt, seine Existenz zu verbergen; gibt es ihn nicht, so sind die Worte, mit denen wir über ihn spekulieren, in den Wind gesprochen, der sie davonträgt wie alle menschlichen Worte. Doch die Worte dieses einen Juden, der sich Jesus von Nazareth nannte, ob er sie nun sprach oder nicht, genügen mir. Nicht die Herkunft des Wortes überzeugt, sondern das Wort. Wäre auf diesem Berg, der vielleicht gar nicht der Berg war, auf dem er gesprochen hat, keine Kirche gewesen, hätte ich meinem Freund Tobias, der mich in seinem Wagen durch das Land Israel führte, zugerufen: Halt an! Und ich kann mir vorstellen, daß ich den Berg hinaufgerannt wäre, nur um mir vorstellen zu können: Hier geschah es. Hier hat er geredet. Aber auf dem Berg stand eine Kirche, eine Ideologie, und ich besteige keinen Berg, um eine Kirche zu finden, sondern um die Gewißheit zu haben, mag sie nun eine Täuschung sein oder nicht, hier, auf diesem steinigen Boden hat er die gewaltigste Rede geredet, die ich kenne, die Rede der Reden, eine Rede aus dem Judentum geboren, aber sicher hat er nicht in einer Kirche geredet. Doch wenn dieses Gebäude auf dem Berg für mich eine Ideologie ist, so vermag sie für andere etwas Existentielles zu sein: eine heilige Erinnerungsstätte an die Bergpredigt etwa; während mich gerade diese Erinnerungsstätte stört, mich an die Bergpredigt zu erinnern. Der Unterschied ist eine Lappalie, gewiß, wie es alle Unterschiede im Glauben sind. Schrecklich werden sie nur, wenn sie objektiviert werden, wenn das, woran einer glaubt, als etwas Objektives genommen wird: denn der Glaube ist etwas Subjektives und damit Existentielles. Wie jedoch und woran geglaubt wird, ist ein anderes, verschieden auch, ob einer mit Gewißheit

oder mit Ungewißheit glaubt, ob einer glaubt zu wissen oder
weiß zu glauben, ob einer ein System des Geglaubten für möglich
oder ob er es für unmöglich hält, ob einer ins Dogmatische
eintritt oder beim Dialektischen bleibt.»

(F. Dürrenmatt, Zusammenhänge, Diogenes 1980, S. 15f).

Soweit die Worte eines Dramatikers der Gegenwart zur Bergpredigt.
Friedrich Dürrenmatt gelangt auf seiner Israelreise an den Fuß jenes
Berges, wo Jesus – ob es nun historisch zutreffe oder nicht – die
Bergpredigt gehalten hat. Der hier seinem Zweifel zuliebe feststellt, daß
ihm der Jude Jesus einleuchte als der Sohn eines Menschen, nicht eines
Gottes, bezeichnet sich selbst als «Christ, genauer, Protestant, noch
genauer, ein sehr merkwürdiger Protestant, einer, der jede sichtbare
Kirche ablehnt, einer, der seinen Glauben für etwas Subjektives hält, für
einen Glauben, der durch jeden Versuch, ihn zu objektivieren(,)
verfälscht wird, einer, dem das subjektive Denken wichtiger ist als das
objektive Denken» (Dürrenmatt, aaO 27). Dies zu wissen ist gut, will
man Dürrenmatts Umgang mit dem Berg der Bergpredigt verstehen.
Sein kurzer Erlebnisbericht führt uns plastisch den Horizont vor
Augen, in welchem die Bergpredigt Jesu heute steht. Wir tun gut daran,
uns auf diesen Horizont zu besinnen, bevor wir mit der Auslegung der
Bergpredigt beginnen. Sonst könnte es zu leicht geschehen, daß sie ins
Leere liefe.

Der Jude Jesus von Nazareth leuchtet dem Dramatiker ein, zwar
nicht als Gottes Sohn, wie ihn die Kirche bekennt, sondern als der Sohn
eines Menschen, wie ihn die Kirche allerdings auch bekennt. In dieser
Lage befinden sich heute viele. Ihnen leuchtet ein, was der Mensch Jesus
sagt. Besonders leuchtet ihnen ein, was der Mensch Jesus fordert. Mit
Gott dagegen können sie nichts anfangen. Weil sie Gott metaphysisch
denken, können sie Gott nicht Mensch werden lassen. Deshalb müssen
sie Jesus einen bloßen Menschen bleiben lassen. Am Scheideweg
zwischen dem transzendenten Gottessohn und dem immanenten Menschensohn entscheiden sie sich für den, der zu den Ihresgleichen zu
gehören scheint. Indes: Stehen sie am rechten Scheideweg? Man müßte
nicht unbedingt so unterscheiden zwischen dem Menschensohn und
dem Sohn eines Menschen. Man müßte eher fragen: Kann Gott
abgezogen werden von dem, was Jesus sagte? Eine Sammlung von

Forderungen wie die Bergpredigt scheint dies leicht möglich zu machen. Gleichgültig ob Gott ist oder nicht, die Forderung des Menschen Jesus bleibt trotzdem wahr. Die Frage ist aber, ob diese Bergpredigt überhaupt eine menschenmögliche Forderung sei, menschenmöglich in dem Sinne, daß überhaupt ein Mensch ihr Urheber sein kann. Dürrenmatt sagt, seinem Zweifel zuliebe sehe er in Jesus nicht den Gottessohn, sondern den Menschensohn. Gewiß gibt es nichts Zweifelhafteres als einen Glauben ohne Zweifel. Der Zweifel gehört zum Gottesglauben selbst: denn er könnte in der Tat der Schleier sein, der von Gott selbst gewählte Schleier, den Gott vor sein Antlitz senkt, seine Existenz zu verbergen. Könnte einer nun einfach übergehen vom zweifelhaften Gott zum unzweifelhaften Menschen Jesus? Wäre dies noch ein protestantischer Weg? Wäre der Übergang zum Menschen Jesus ein Weg, mit dem ich den zweifelhaften Gott übergehen könnte? Oder wäre nicht gerade der Mensch Jesus ein unzweifelhafter Hinweis auf den Gott, der sein Antlitz hinter dem Schleier *unseres* Zweifels verbirgt? Die Frage kann nicht lauten, ob wir uns an den Menschen Jesus oder aber den höchsten Gott halten sollen. Die Frage muß lauten, was Jesus in dem, was er sagt, mit dem höchsten Gott zu tun habe. Und genau für die Antwort auf diese Frage gibt Dürrenmatt einen bedeutungsvollen Hinweis, der allerdings wiederum unter vielen Schleiern verborgen ist.

«Hier, auf diesem Berg, geschah es. Hier hat er geredet, auf diesem steinigen Boden hat er die gewaltigste Rede geredet, die ich kenne, die Rede der Reden.» Die gewaltigste Rede. Das tönt noch wie ein Superlativ, der die Bergpredigt einreiht in die Reden des Cicero gegen Catilina, in die Reden Schleiermachers an die Gebildeten unter den Religionsverächtern, oder in die Reden des Führers zu den massenweise Geführten. Unter solchen Reden die Gewaltigste? Was sollen wir uns darunter vorstellen? Werde ich der Bergpredigt ansichtig, wenn ich die Reden der Welt, die gewaltigen, zum Superlativ steigere? Oder handelt es sich da nicht vielmehr um einen qualitativen Sprung?

Was heißt denn die Rede der Reden? Ist sie das ins Höchste gesteigerte Reden der Welt? Oder ist das eine Rede, die auf den Grund allen menschlichen Redens zu sprechen kommt? Dürrenmatt scheint auf das zweite hinzuweisen: die Rede der Reden ist diese Bergpredigt, nicht weil sie alle übrigen Reden an Gewalttätigkeit überbietet, sondern weil sie qualitativ hinausgeht darüber, indem sie die Lebensgrundlage des menschlichen Wortes zum Thema macht. In der Bergpredigt geht es um die Gottesherrschaft. Man könnte auch sagen: um den Willen Gottes. Was haben diese Gegenstände der Bergpredigt zu tun damit, daß dies die Rede der Reden ist? Es gäbe verschiedene Antworten auf diese Frage. Zum Beispiel: Die Gottesherrschaft bedeutet das Ende allen menschlichen Herrschens. Wer von ihr redet, macht der Herrschaft von Menschen über Menschen ein Ende. Und eben damit ist das Reden wahrhaftig geworden: der Gebrauch der Sprache ist dort wahrhaftig, wo sie Leben möglich macht. Und das geschieht, wo die lebensbehindernde Herrschaft von Menschen über Menschen zu Ende gebracht wird.

Ein anderes Beispiel: Der Wille Gottes ist die Bestimmung des menschlichen Lebens. Wer über den Willen Gottes redet, betreibt die Einweisung des Menschen ins Leben. Auf Sand gebaut hat der, der sich all dieses anhört, ohne es zu hören, der sich's anhört, ohne darnach zu tun. Vom Willen Gottes zu reden schafft Zugänge zum Leben. Und eben deshalb macht diese Rede thematisch, was die Lebensgrundlage menschlichen Redens überhaupt ist: menschliches Reden lebt davon, daß es einweist ins Leben. Verfehlt es dieses Ziel, ist es schon tot, abgeschnitten von der Kraft, die auch das Reden am Leben erhält. Menschliches Reden ist, wenn es kritisch ist, auferbauend, konstruktiv. Dies gilt trotz des gegenwärtigen Überflusses an destruktivem Geplapper.

Schließlich ein drittes Beispiel: Am Ende der Bergpredigt heißt es bei Matthäus, daß die Menge tief betroffen war über Jesu Lehre. «Denn er lehrte sie, wie es einer tut, der Vollmacht hat, nicht wie ihre Schriftgelehrten» (7,28f). Bei Dürrenmatt heißt dies übersetzt: «Nicht die Herkunft des Wortes überzeugt, sondern das Wort.» Wie paßt das zusammen? Man ist oft geneigt, ein Wort deshalb für gewichtig zu halten, weil es von einem gewichtigen Redner ausgesprochen wurde. Die Redner selbst sind oft geneigt, ihr Wort mit einem Gewicht zu versehen, das außerhalb des Gesagten liegt. Sie berufen sich auf die uralte Tradition, oder auf den Geist der modernen Wissenschaft. Oder sie machen ihr Wort gewichtig mit unserer Schuld, wenn sie uns anklagen. Sie machen ihr Wort gewichtig mit unserer Zustimmung, wenn sie uns nach dem Munde reden. Alle diese Gewichte sind nicht das

Gewicht des Wortes. Dieses Wort ist deshalb gar nicht vollmächtig, sondern erst gewalttätig, uns mittels großer Lasten überwältigend. Nun redet der Bergprediger jedoch vom Gottesreich, von der Zeit, in welcher alle Herrschaft des Menschen über Menschen ihr Ende gefunden haben wird. Wie könnte er da gewalttätig reden, ohne mit der Gottesherrschaft in Widerspruch zu geraten? Und weiter: die Gottesherrschaft lebt nicht von menschlicher Schuld, sie hebt sie auf in der Vergebung. Wenn einer von ihr redet, kann er sein Wort nicht mit unserer Schuld gewichtig machen. Die Gottesherrschaft lebt nicht von unseren Wünschen. Sie macht in der Erfüllung sogar die Wünsche neu. Wer von ihr spricht, kann deshalb sein Wort nicht mit unserem Applaus gewichtig machen. Die Gottesherrschaft lebt nicht vom ehrwürdigen Alter. Sie macht das Alte vielmehr neu. Wer von ihr spricht, kann sich nicht auf die Würde der Tradition berufen. Die Gottesherrschaft lebt nicht vom Geist des Fortschritts. Sie verbreitet einen Frieden, der höher ist als alle Vernunft. Wer von ihr redet, kann sich nicht mit der Brillanz fortschrittlichen Geistes Gewicht verschaffen. Die Vollmacht dieses Redners muß deshalb eine andere sein. Dürrenmatt erklärt: «Nicht die Herkunft des Wortes überzeugt, sondern das Wort.» Das bedeutet: Diese Rede stützt sich allein auf das, was sie sagt. Das ist nicht verwunderlich. Sie handelt ja von der Gottesherrschaft, die kein anderes Gewicht hat in der Welt, als daß von ihr wahrhaftig geredet wird. Daran erkennt man: es ist dieser Gegenstand, der diese Rede zur Rede der Reden macht. Die Gottesherrschaft sorgt dafür, daß dieser Redner alle andern Gewichte fahren läßt. So entsteht eine Rede, die sich ganz auf das Gesagte verläßt, eine Rede, deren Redner sich ganz an das Gesagte preisgibt.

Wollte man nun sagen, diese Rede habe der *Gottessohn* gesprochen, so könnte dies wie ein Rückfall hinter diesen Redner aussehen. Es könnte so aussehen, als ob seinem Wort metaphysisches Gewicht gegeben werden sollte. Diese Gefahr hat Dürrenmatt wohl gesehen, wenn er – seinem Zweifel zuliebe – Jesus von Nazareth als Sohn eines Menschen betrachtet. Und dennoch: Ist es sinnvoll, Gott von diesem Redner fern zu halten? Wer anders könnte denn die Rede der Reden gesprochen haben, wenn nicht der Gottessohn, Gott in Person? Wie anders sollte man denn ein Wort nennen, das uns ganz dem Leben zuspricht, wenn nicht Gotteswort? Auf dem Berg hat der Sohn eines

Menschen gesprochen. Aber die dabei waren, haben Gottes Wort gehört. Das ist der Ursprung der Christologie und zugleich der Grund dafür, daß Gott nicht ferngehalten werden kann von diesem Bergprediger. Gottes Wort ist nicht an seiner Herkunft erkennbar. Metaphysisches Gewicht hat es nicht. Es ist daran erkennbar, was es sagt. Und deshalb haben die, die solches hörten, diesen Menschen Gottes Sohn genannt. Ihnen war es gegeben, Gott zur Welt kommen zu lassen. Nun steht freilich eine Kirche auf dem Berg, wo er gesprochen hat. Diese Kirche hindert Dürrenmatt daran, hinaufzugehen. Die Kirche ist ihm ein Denkmal der Ideologie, ein Denkmal dafür, daß das reine Wort der Bergpredigt in Besitz genommen und objektiviert worden ist durch eine Institution, die der Subjektivität abhold ist. Es ist gut, wenn wir uns diesen Hinweis geben lassen von Dürrenmatt und noch zuwarten mit der Selbstverteidigung. Es ist gut, durch das Denkmal dieser Kirche aufmerksam zu werden auf den ideologischen Umgang mit jener Rede aller Reden in der Kirche. Wieviel Unheil mag diese Ideologisierung angerichtet haben? Wieviel Gewalt wurde ausgeübt mit dieser vollmächtigen Rede? Wievielen Menschen wurde sie auferlegt als eine schwere Last, als Antrieb zur Perfektion?

Das lassen wir uns sagen von Dürrenmatts Kirche auf dem Berg. Freilich, ohne dabei zu vergessen, daß die ideologische Ausbeutung der Bergpredigt gar nicht etwa auf die Kirche beschränkt ist. Alle möglichen Gruppen haben sich des Bergpredigers bemächtigt, angefangen bei der Ausbeutung dieser Rede für das Ziel eines von Menschenhand gemachten Gottesreiches in der klassenlosen Zukunft, bis hin zur Heimholung dieses Redners ins pharisäische Judentum. In der Kirche haben wir unseren eigenen Griff nach diesem Wort selbstkritisch zu bedenken, ohne dabei blind zu sein für den Griff anderer danach. Dürrenmatt betreibt solche Selbstkritik. Zwar legt er den Finger auf die ideologische Verfaßtheit der Kirche, um zu begründen, warum er seinen Freund nicht anhalten ließ und auf den Berg hinaufging. Aber er schließt deshalb nicht aus, daß dieses Gebäude für manche eine heilige Erinnerungsstätte an die Bergpredigt sein kann. Diese Ambivalenz hat die Kirche, und diese Ambivalenz muß ihr gelassen werden. Würde die Ambivalenz aufgehoben, wäre der Schritt in die Ideologie erneut getan, diesmal ideologiekritisch verschleiert. Dies wirft ein helles Licht auf den gegenwärtigen Umgang mit der Kirche. Dürrenmatt kommt es darauf an, ob einer glaubt zu wissen, oder weiß zu glauben. Die Kirche auf dem Berg hat zu beidem schon viele geführt, zu objektiver Erstarrung und zu existentieller Lebendigkeit.

Lassen wir sie stehen, diese Kirche auf dem Berg. Lassen wir sie stehen in ihrer Zweideutigkeit. Ihr verdanken wir immerhin die Überlieferung der Bergpredigt. Stünde sie nicht dort, wäre uns vielleicht unmöglich, uns auf die Rede der Reden zu konzentrieren. Und das haben wir schließlich im Folgenden vor.

VORBEMERKUNGEN

Zwar soll das Hauptinteresse dieser Vorlesung der Auslegung der einzelnen Texte aus Mt 5-7 gelten. Weil die Bergpredigt aber – verglichen mit dem übrigen Neuen Testament – ein besonderer Text ist, welcher als ganzer bestimmte Fragen aufwirft, ist es meines Erachtens unerläßlich, der Einzelauslegung dennoch einige allgemeine Vorbemerkungen vorauszuschicken. Es gibt kaum einen Text aus dem Neuen Testament, dessen Wirkungsgeschichte bedeutsamer wäre als die der Bergpredigt. Wir können nicht so tun, als ob die Bergpredigt die Wirkungen, die sie gezeitigt hat, nicht gehabt hätte. Wirkungsgeschichte eines Textes aber ist immer auch die Geschichte seiner Wahrnehmung sowie die Geschichte seiner Auslegung. Wie ein Text gewirkt hat, wie ein Text wahrgenommen worden ist im Laufe der Zeiten, gibt wertvolle Hinweise für sein sachgemässes Verständnis. Die Beschäftigung mit Rezeption und Wirkung eines Textes steht demnach direkt im Interesse des Verstehens. Deshalb scheint es mir sinnvoll, in der vorliegenden kurzen Vorrede einen Abschnitt über wichtige Auslegungsmodelle der Bergpredigt vorzusehen.

Die Bergpredigt steht ferner als Stichwort für das schlechthin Tätige, für die radikale Praxis. Mit diesem Stichwort verbindet sich sofort die Forderung, verbindet sich Jesus als der Geber eines neuen, radikalen Gesetzes. Diese Assoziation steht in einem gewissen Widerspruch zum übrigen Neuen Testament, insbesondere zu den paulinischen Briefen, in welchem im Zusammenhang mit Christus nicht vom Geber des Gesetzes, sondern vom Ende des Gesetzes die Rede ist. Diese Spannung zeigt das meines Erachtens grundlegende hermeneutische Problem an, das die Bergpredigt bietet: das Problem nämlich, als was die Forderung Jesu zu verstehen sei, und in welchem Sinne die Bergpredigt auf das Praktische abgezielt sei. Auch diesem hermeneutischen Grundproblem wird deshalb ein kurzer Abschnitt gewidmet.

Schließlich wurde im Verlauf der neueren Exegese weitgehend klar, wie die Entstehungsgeschichte der Bergpredigt verlaufen war. Ursprünglich als Rede aus einem Guß genommen, wurde die Bergpredigt untersucht auf ihren Werdegang hin, auf die Geschichte, die sie vor ihrer Niederschrift im Matthäusevangelium hatte. Auch diese Erkenntnisse betreffen die Bergpredigt als ganze und sollen deshalb in den Vorbemerkungen knapp skizziert werden.

Ansätze in der Auslegung der Bergpredigt

Es wurde schon darauf hingewiesen, daß kaum ein Text des Neuen Testaments eine größere Fülle von Auslegungsversuchen hervorgerufen hat. Im Laufe der bald zweitausendjährigen Geschichte der Kirche wurde eine Reihe von Verstehensmodellen der Bergpredigt entwickelt. Sie wären alle kritisierbar in dem Sinne, daß keines von ihnen der Bergpredigt wirklich gerecht zu werden vermag. Diese Kritik will ich jetzt nicht vorführen. Stattdessen sollen die genannten Auslegungsmodelle unter dem Gesichtspunkt zur Sprache kommen, welche Wahrheitsmomente sie jeweils in sich tragen. Zwar kann man von jedem Verstehensmodell sagen, es werde der Bergpredigt nicht gerecht. Aber es zeigt sich auf der anderen Seite, daß jedes von ihnen ein entscheidendes Charakteristikum dieser Rede aller Reden ans Tageslicht bringt. Für einmal interessiert uns nicht, was an vergangenem Verstehen falsch war, sondern vielmehr, was an ihm erhellend ist.

Vollkommene und Glaubende (perfecti und credentes)

Während in der allerersten Zeit die radikale Forderung der Bergpredigt noch kein Problem war, wurde schon bald die Erfüllbarkeit dieser Forderung in den Blickpunkt des Nachdenkens gerückt. Denn es ließ sich ja nicht übersehen, daß die Bergpredigt – so sehr für viele ihre prinzipielle Erfüllbarkeit feststand – faktisch nur von wenigen befolgt wurde. Diese Beobachtung nun mußte in Einklang gebracht werden mit dem Glauben daran, daß die Forderung der Bergpredigt dennoch Verbindlichkeit hat. Demzufolge entstand die Vorstellung, die Gebote der Bergpredigt seien an besonders tüchtige Christen gerichtet, an Asketen etwa, die sich selbst außerordentlich in der Hand hatten, während die übrigen Gebote der Bibel wie beispielsweise der Dekalog für die gewöhnlichen Christen genügten. Im Laufe der Zeit entstand daraus die Unterscheidung der Christen in Vollkommene (perfecti) einerseits und in Glaubende (credentes) andererseits. Für die Glaubenden, also das christliche Fußvolk sozusagen, gelten die Gebote (praecepta), während für die Vollkommenen, für die christliche Elite, die evangelischen Räte (consilia evangelica) maßgebend sind.

Gewiß haften diesem Auslegungsmodell schwerwiegende Mängel an. Gewiß grenzt es an Gotteslästerung, wenn den Glaubenden Vollkommene vorgeordnet werden, ganz so, als ob es eine größere Vollkommenheit geben könnte als die des Glaubens an den mich vollkommen liebenden Gott. Gewiß erheben sich starke Bedenken gegen einen Vollkommenheitsbegriff, welcher die persönliche Vollkommenheit auf die ethische Tatkraft zurückführen will. Mindestens seit dem Johannesevangelium sollte es jedem christlichen Theologen ins Stammbuch geschrieben sein, daß Vollkommenheit nur in der Relation zu dem den Menschen maßlos vollkommen machenden Gott entsteht und daß sie keinesfalls eine Qualität des Menschen und schon gar nicht durch menschliche Werktätigkeit bewirkt sein kann. Alle diese Bedenken bestehen, sie könnten weiter ausgeführt werden.

Uns interessiert im Augenblick jedoch das Wahrheitsmoment, das in der genannten Unterscheidung von Glaubenden und Vollkommenen liegt. Wir kommen ihm auf die Spur anhand der parallelen Unterscheidung von Geboten und evangelischen Räten. Was unterscheidet ein Gebot von einem evangelischen Rat? Historisch ist dazu zu sagen: das Gebot formuliert die jedem Christen (und potentiell jedem Menschen) auferlegte Pflicht, gottgemäßen Wandel zu führen. Wer die Gebote befolgt, erwirbt sich damit Verdienste. Der Lohn dieses Gehorsams ist nichts weniger als die ewige Seligkeit. Dem Gebot gegenüber ist ein evangelischer Rat ein Ratschlag zum Tun des Besseren. Niemand kann auf die evangelischen Räte verpflichtet werden. Das von ihnen anvisierte Tun entsteht durch asketische Selbstüberwindung, welche nur auf dem Boden vollkommener Freiwilligkeit gedeihen kann. Was die evangelischen Räte empfehlen, könnte niemals auf dem Wege von Geboten verordnet werden. Hier haben wir einen ersten wichtigen Aspekt: In diesem Auslegungsmodell ist wahrgenommen worden, daß die Forderung der Bergpredigt keinen gesetzlichen Charakter hat. Auf die Forderung der Bergpredigt kann niemand verpflichtet werden; Gehorsam ihr gegenüber ist nicht erzwingbar. In diesem Sinne gilt von der Bergpredigt, daß ihre Ethik nicht allgemeinverbindlich ist im Sinne von allgemein erzwingbar und mit gesetzlichen Mitteln durchsetzbar. Man wird dieses Moment zu beachten haben, wenn man von der Bergpredigt aus in eine sogenannt säkularisierte Gesellschaft hinein ethisch argumentiert.

Interessant an der katholischen Unterscheidung von Geboten und evangelischen Räten ist ferner der Verdienstgedanke. Wir sagten schon: der Gehorsam gegenüber den Geboten bringt mir die ewige Seligkeit. Was aber bringt die Befolgung der evangelischen Räte? Was kann noch verdient werden wollen über die ewige Seligkeit hinaus? Die Antwort ist schwierig. Sie fällt auch den Vertretern dieses Auslegungsmodells schwer. Schon leichter ist zu sagen, was für ein Werk der Gehorsam gegenüber den evangelischen Räten ist: er ist ein *opus supererogatorium* (ein Werk, das das Erforderliche übersteigt). Solche supererogatoria opera bringen eigentlich etwas Paradoxes: Sie bringen *überschüssige Verdienste*. Wir können jetzt die Feinheiten dieser interessanten Vorstellung nicht weiterverfolgen. Bedeutsam genug ist schon die Tatsache, daß die Bergpredigt zu opera supererogatoria anhält und damit zum Erwerb von überschüssigen Verdiensten führt. Darin zeigt sich nämlich ein weiteres Wesensmerkmal dieser Ethik: sie ist auf das Außerordentliche aus (vgl Mt 5,47: «Und wenn ihr nur euere Brüder grüßt, was tut ihr Außerordentliches?»). Die Bergpredigt intendiert ein Wirken, das nicht auf das Billige, auf das weltlich Geschuldete, auf den Austausch von Wohltaten aus ist. Sie intendiert vielmehr das mehr als Billige, das ganz und gar nicht geschuldete Gute, das Gute, das gegen nichts eingetauscht wird. Wer solches tut, verläßt den Kreislauf von Dienst und Gegendienst. Er verläßt die Verdienstordnung der Welt ebenso wie die ihres himmlischen Widerscheins. Und wie soll man ein Verdienst nennen, das die Verdienstordnung verlassen hat und dennoch verdienstlich ist? Man nennt es mit gutem Grund ein überschüssiges Verdienst. In diesem Ausdruck ist die Kreativität niedergelegt, welche die Ethik der Bergpredigt kennzeichnet: ihr geht es um die Erschaffung des Guten aus dem Nichts, nicht bloß um die Wiedergabe dessen, was einem zugutegekommen ist. Und es ist wesentlich für dieses Gute, daß es mit gesetzlichen Mitteln nicht erzielbar und produzierbar ist. Denn mit gesetzlichen Mitteln läßt sich bestenfalls das Billige erzielen, und schon dies wäre recht viel. Mit gesetzlichen Mitteln läßt sich eine Verdienstordnung aufrechterhalten; in ihr fehlt jedoch der Platz für überirdische Gäste, wie es überschüssige Verdienste nun einmal sind.

Weltperson und Christperson

Bekanntlich hat Martin Luther die Lehre von den evangelischen Räten und damit die Unterscheidung von Vollkommenen und Glaubenden vehement bekämpft. Das Recht seiner ablehnenden Haltung braucht jetzt nicht dokumentiert zu werden. Wichtig für uns ist Luthers eigenes Auslegungsmodell, das freilich nicht auf ihn beschränkt bleibt.

Für Luther ist die Gemeinschaft der Heiligen unteilbar, denn alle, die dem Christus eingeleibt sind, sind zu einem «Kuchen» geworden. Im Bereich dieser Gemeinschaft der Heiligen gibt es eigentlich nur eine ethische Maxime: die Liebe, die für alle Christen maßgebend ist. Luther konnte jedoch nicht übersehen, daß es in seiner Welt ganz anders zuging, als dies die Liebe eingegeben hätte. In der Welt mit ihren politischen und wirtschaftlichen Abläufen und Verhältnissen regiert nicht die Liebe, in ihr muß vielmehr der «Zwang von Gesetz und Ordnung» herrschen. Denn für die Welt, an der ja auch alle Christen Anteil haben, hat Gott ein anderes Regime eingesetzt als das, das im Bereich des Christus gilt. Die Welt ist ständig vom Bösen bedroht. Deshalb hat Gott ein Regiment geschaffen, welches mit dem Schwert ausgestattet ist, um das Böse einzudämmen (nicht zuletzt auch das Böse, das den Christen droht). Ein Christ nun ist beides zugleich: Weltperson und Christperson. Als Christperson richtet er sich nach dem Evangelium, das die Liebe in sein Herz legt. Als Weltperson dagegen richtet er sich nach dem Gesetz, das menschliches Zusammenleben vor dem Zusammenbruch bewahrt. Als Christperson, so könnte man sagen, ist er auf das Tun der Liebe aus; als Weltperson kann er sich bloß am Gerechten orientieren (und hat auch damit schon alle Hände voll zu tun).

Auch die Problematik dieses Auslegungsmodells ist hinlänglich bekannt. Schwere Bedenken erheben sich namentlich gegen die Tendenz, das Weltregiment sich selbst zu überlassen (was vielleicht in der Zeit nach Luther nicht ganz von der Hand zu weisen ist). Bedenklich wäre es, wenn die Unterscheidung von Christperson und Weltperson dazu führen müßte, daß Welt und Gottesherrschaft völlig beziehungslos nebeneinander existieren. Diese Bedenken sind zur Genüge geäußert worden.

Wichtig für uns an diesem Auslegungsmodell ist, daß Luthers Verständnis der Bergpredigt unüberhörbar die Frage stellt, wie das Verhältnis von Gottesherrschaft und Weltreich zu bestimmen sei. Die Bergpredigt vertritt eine Ethik, die ganz an der Gottesherrschaft orientiert ist. Diese Ethik ist demzufolge – nach der Meinung Luthers – unbrauchbar für das Regiment in der Welt. Damit stellt sich freilich die Frage, was denn eine an der Gottesherrschaft orientierte Ethik zu tun haben kann mit der doch auch ethisch relevanten Frage nach der rechten Weltgestaltung. Wäre es denkbar, daß die Liebe, die in der Gottesherrschaft maßgebend ist, in der Welt überhaupt nichts zu suchen hat? Sicher ist zuzugeben, daß die Forderung der Bergpredigt sich nicht einfach transformieren läßt in eine Ordnung weltlicher Verhältnisse. Aber muß das bedeuten, daß die Bergpredigt für die Gestaltung der weltlichen Verhältnisse unerheblich ist?

Bekanntlich hatte Huldrych Zwingli genau dieses Problem gesehen. Für ihn stellte sich die Frage, in welchem Verhältnis die göttliche Gerechtigkeit (das heißt die Gerechtigkeit etwa der Bergpredigt) zur weltlichen Gerechtigkeit steht. Und Zwinglis Antwort lautet: von der göttlichen Gerechtigkeit geht so etwas wie eine Anziehungskraft aus; sie hat die Wirkung eines Ferments, das die weltliche Gerechtigkeit verändert. Auch wenn Zwingli immer daran festhielt, daß die göttliche Gerechtigkeit sich nicht verwirklichen läßt innerhalb der weltlichen Gerechtigkeit, postulierte er ebenso klar, die weltliche Gerechtigkeit müsse gleichförmig wie die göttliche werden. Man könnte von hier aus eine Brücke schlagen zum religiösen Sozialismus etwa eines Leonhard Ragaz: für ihn ist die Bergpredigt ein Dokument, das die Revolution der Welt durch Gott beabsichtigt. Wie immer der religiöse Sozialismus jetzt abzugrenzen sein mag von der hochreflektierten Position Zwinglis oder Luthers, auch er stellt eine Antwort dar auf die mit der Bergpredigt selbst gestellte Frage: Was hat die Ethik des Gottesreichs mit den Verhältnissen des Weltreichs zu tun?

Die genannte Unterscheidung von Christperson und Weltperson enthält noch einen weiteren wichtigen Aspekt. Denn sie trägt ja dem Sachverhalt Rechnung, daß die Gerechtigkeit nicht dieselbe Lebensgrundlage hat wie die Liebe. Die Gerechtigkeit ist maßgebend für die Weltperson; auf sie kann jedermann verpflichtet werden, und zwar weil jedermann in der Welt und von den Gütern der Welt lebt. Deshalb ist die Lebensgrundlage der Gerechtigkeit die Welt selbst. Auch der thermodynamische Hauptsatz belegt ja, was in der Welt gilt: von nichts kommt nichts. Die Kehrseite davon lautet: von *etwas* kommt billigerweise das Entsprechende. Daraus ergibt sich ein Verhalten, das das Gute wiedergibt und das billigerweise Geschuldete einlöst. Dieses Verhalten könnte man Gerechtigkeit nennen; und es wäre das beste, was die Welt aus sich machen könnte. Demgegenüber lebt die Liebe, wie sie etwa in der Bergpredigt gefordert ist, nicht von der Welt. Das sieht man schon daran, daß sie nicht mit weltlichem Lohn gerechtfertigt wird. Lebte die Liebe vom weltlichen Lohn, so wäre es bereits vorbei mit ihr. Die Liebe lebt vom Heiligen statt vom Weltlichen. Sie ergibt sich aus der Gottesherrschaft, nicht aus dem Weltreich. Daraus folgt: die Liebe, welche das Gute aus dem Nichts schafft, ist mit weltlichen Mitteln nicht herstellbar; sie stellt sich vielmehr ein auf dem Lebensgrund des Glaubens. Sie stellt sich ein, wo immer ein Mensch die Berührung durch das Heilige an sich herankommen ließ.

Gesinnung und Werktätigkeit

In der Neuzeit wurde ein Auslegungsmodell geschaffen, das man als eine Reaktion auf die krampfhafte Verwirklichung der Forderungen der Bergpredigt verstehen könnte. Es läuft unter dem Stichwort der Gesinnungsethik und ist unter anderem bei Bultmanns Lehrer Wilhelm Herrmann lokalisierbar. Auf eine kurze Formel gebracht bedeutet Gesinnungsethik: es geht gar nicht um die buchstäbliche Befolgung der Forderungen; es kommt vielmehr auf die Gesinnung an, für die Jesus uns gewinnen will. Die praktische Verwirklichung hat zurückzutreten hinter die Gesinnung, in welcher der Mensch sein Leben lebt (und seine Taten tut). Die Fragwürdigkeiten dieser Konzeption liegen natürlich offen zutage. Insbesondere in einer aufs äußerste verdünnten Gestalt wird die Gesinnungsethik grotesk: dann nämlich, wenn die gute Gesinnung ein gutes Werk *ersetzt*.

Indessen führte dieses Modell immerhin auch zu der Entdeckung, daß die Forderungen der Bergpredigt tatsächlich einen fragmentarischen Charakter haben. Aus ihnen läßt sich keine systematische Ethik gewinnen. Sie wirken vielmehr wie Beispiele, Beispiele allerdings, in denen das Ganze in Erscheinung tritt. Und dieses Modell hat immerhin auch deutlich gemacht, wie fundamental die Ethik Jesu auf die Gesinnung des Menschen – wir würden vielleicht besser sagen, auf die Einstellung des Menschen – angewiesen ist. Es ist dies ein Tun, das geradezu von der Einstellung lebt. Die Lebensgrundlage dieses Verhaltens ist die Einstellung auf die Gottesherrschaft. Es ist ein Verhalten, das mit strukturellen Mitteln nicht produzierbar ist. Denn es lebt ganz und gar von dem Griff Gottes nach dem menschlichen Herzen.

Es scheint mir vernünftig, dies von der Konzeption der Gesinnungsethik zu lernen. Besonders in einer kirchlichen Situation, in welcher viele zu viel von strukturellen Maßnahmen erwarten. Besonders auch in einer kirchlichen Situation, wo die Arbeit am menschlichen Herzen kein großes Prestige genießt, wo es viel interessanter und ertragreicher erscheinen will, ethische Programme zu machen und Forderungskataloge am laufenden Band zu produzieren. Und erst recht in einer Welt, die im Zusammenhang mit dem Herzen nur noch von regenbogenfarbigen Gefühlen spricht. In dieser Situation scheint es mir wichtig, sich zu erinnern an die Erkenntnis, daß das Verhalten, das Jesus in der Bergpredigt im Blick hat, nur im menschlichen Herzen seinen Ursprung hat. Nur dort kann es so etwas geben wie eine Einstellung zur Gottesherrschaft, und genau an dieser Einstellung muß arbeiten, wer die Früchte der Liebe vermehren will.

Endzeit und Zwischenzeit

Um die Zeit der Wende vom letzten zu unserem nun schon recht alt gewordenen Jahrhundert wurde der sogenannte eschatologische Charakter der Verkündigung Jesu ganz neu wiederentdeckt. Theologen wie Johannes Weiss und Albert Schweitzer stellten – nicht ohne Bestürzung – fest, wie durchdringend Jesus und sein Wort von der bald kommenden

Gottesherrschaft geprägt waren. Ihrer Meinung nach lebte Jesus ganz in fieberhafter Erwartung des baldigen Endes; vor ihm lag eine kurze Zwischenzeit, welche eine letzte Chance zur völligen Umkehr darstellte. Wie Schuppen fiel es manchem von den Augen, als er diesen eschatologischen Stürmer Jesus aus der Verkleidung hervortreten sah, durch die ihn das 19. Jahrhundert – je nach Geschmack – zu einem abgeklärten Sittenlehrer oder einem religiösen Individuum mit besonders kräftigem Gottesbewußtsein gemacht hatte. Im Zuge dieser Neuentdeckung des endzeitbestimmten Jesus trat auch seine Ethik, insbesondere die radikale Forderung der Bergpredigt, in ein neues Licht.

Nun gab es plötzlich eine Möglichkeit, die radikale Forderung Jesu zu verstehen, während man bis anhin etwas ratlos vor dem weltverneinenden oder gar weltflüchtigen Antrieb seiner Sätze gestanden war. Die Radikalität etwa der Feindesliebe erklärte sich nun damit, daß das Ende der Zeit unmittelbar bevorstand. In der kurzen Zwischenzeit gilt es, sich radikal auf das nahe Ende einzustellen, und das heißt *auch ethisch* schon *Abschied zu nehmen* von der Gestaltung der Welt. Der Ethik Jesu ging es nach Johannes Weiss keinesfalls um die Verbesserung weltlicher Verhältnisse, sondern vielmehr um den Abschied von dieser Welt und ihren Sorgen, um die vollendete und kompromißlose Einstellung auf die neue Zeit. Die Ethik Jesu wird verglichen mit einer Ausnahmeregelung, die dem zwischenzeitlichen Ausnahmezustand entspricht. «Wie im Kriege Ausnahmegesetze in Kraft treten, die sich so im Frieden nicht durchführen lassen, so trägt auch dieser Teil der ethischen Verkündigung Jesu einen besonderen Charakter. Er fordert Gewaltiges, zum Teil Übermenschliches, er fordert Dinge, die unter gewöhnlichen Verhältnissen einfach unmöglich wären» (J. Weiss). An diesen Gedanken der Ausnahmeregelung knüpft dann auch Albert Schweitzer an, wenn er die Ethik Jesu mit dem Stichwort «*Interimsethik*» beschreibt. Es ist eine Ethik für ein Interim, für eine Zwischenzeit ohne eigentliche Relevanz. Mit dem Schlagwort der Interimsethik verbinden sich Vorstellungen wie die, daß diese Ethik nur für eine vergangene kurze Zeit Bedeutung gehabt habe und für heutige ethische Überlegungen irrelevant sei. Das ist freilich nicht die Bedeutung, welche Schweitzer seinem Stichwort gab. Für ihn ist Jesu Ethik insofern eine Interimsethik, als «die sittlichen Forderungen Jesu allesamt auf die innere Bereitung auf die Zugehörigkeit zum kommenden Reich abzielen und im letzten Grunde die

Rechtfertigung beim Gericht bezwecken». Interimsethik ist die Ethik Jesu also, weil sie nur für die Vorzeit des Reiches Gottes gilt, während im Reich Gottes selbst die Ethik ganz hinfällig wird. Sie gilt für das Interim zwischen dem Jetzt und der Ankunft der Gottesherrschaft. Sie ist also eine *vorläufige* Ethik, vorläufig freilich nicht im geschichtlichen Sinne (also: so wie alles Geschichtliche vorläufig ist), sondern in einem eschatologischen Sinne. Die Ethik beschäftigt sich mit dem vorläufigen menschlichen Handeln in dieser Zwischenzeit, die dem alleinigen Handeln Gottes in der Gottesherrschaft vorläuft.

Interimsethik, Ausnahmeregelung, endzeitlich bestimmte Forderungen: alle diese Stichworte weisen auf eine Problematik hin, die die Forderung der Bergpredigt in der Tat hat. Sie scheint sich so überhaupt nicht zu kümmern um die rechte Weltgestaltung, ganz zu schweigen von der Sozialethik. Ihre Problematik ist allerdings, daß sie den in ziemliche Verlegenheit bringt, der aus ihr ein ethisches Programm, eine Anweisung zu sinnvoller Weltgestaltung unmittelbar entnehmen will. In der Tat fragt die Ethik Jesu nicht nach der Praktikabilität; sie konzentriert sich ausschließlich auf die Gottesherrschaft und auf das Verhalten, das ihr entspricht. Diese unüberbrückbare Distanz zu modernen Bedürfnissen der Weltgestaltung haben die Theologen der wiederentdeckten Eschatologie zu Recht in Erinnerung gerufen. Sie haben die Lösung darin gefunden, daß sie auf den weltverneinenden Grundzug der Ethik Jesu hinwiesen: ihr geht es um den Abschied von der Welt; für diese alte Welt ethisch etwas unternehmen zu wollen, wäre vergebliche Liebesmüh. Die Ethik Jesu hat ihr Charakteristikum gerade darin, daß sie die Welt und ihre Bedürfnisse übergeht.

So die Lösung der sogenannt konsequenten Eschatologie. Wer diese Lösung nicht übernehmen will – und es wären schwerste Bedenken gegen sie vorzubringen – der sieht sich dennoch vor die Frage gestellt: Wie lassen sich die radikalen, ganz an der Gottesherrschaft orientierten Forderungen Jesu vermitteln hinein in die Überlegungen zu politischer oder alltäglicher Weltgestaltung? Diese Frage ist schwierig. Schwierige Fragen provozieren immer wieder dazu, sie mit einem Gewaltstreich zu beantworten. So kann man etwa gegenwärtig wieder lesen, die Bergpredigt sei unmittelbar relevant für die politische Praxis. Der Friede lasse sich nur auf ihrer Grundlage herstellen. Der Friede ist möglich, wenn jeder an die Bergpredigt glaubt und seinen Feind liebt – so einfach ist das.

Im Stichwort Ausnahmeregelung und Interimsethik ist darüber hinaus die Beobachtung festgehalten, daß die Forderung Jesu eine nicht domestizierbare Fremdheit an sich hat. Sie ist ein Fremdkörper im ethischen Denken der modernen Welt. (Was ja nicht heißen müßte, sie sei für das moderne Denken bedeutungslos. Es ist ja nicht gesagt, daß die Fremden den Einheimischen nichts zu sagen haben.) Diese Fremdheit der Forderung Jesu droht zwar immer wieder aus dem Bewußtsein zu geraten. Immer wieder entsteht der Schein, als ob die Bergpredigt assimiliert wäre und für die Fragen der alltäglichen Lebenspraxis, des politischen und wirtschaftlichen Handelns direkt auswertbar. Auch wenn die Fremdheit immer wieder dem Bewußtsein entkommt, ist sie dennoch mit Händen zu greifen: «Ihr habt gehört, daß geboten ist: Du sollst nicht ehebrechen. Ich aber sage euch: Jeder, der eine Frau mit begehrlichen Augen ansieht, ist in seinem Herzen bereits in ihre Ehe eingebrochen. Wenn aber dein rechtes Auge dich zu Fall zu bringen droht, so reiß es aus und wirf es von dir! Es ist besser für dich, nur eines deiner Glieder geht verloren, als daß dein ganzer Leib in die Hölle geworfen wird» (Mt 5,27–29). Würde das sich durchsetzen, so würde dies – im allermindesten – zu einem totalen Zusammenbruch der Wirtschaft (was wäre sie ohne den Appell an den begehrlichen Blick?) und erst recht zu einem Kollaps der schweizerischen Invalidenversicherung führen müssen. Die These von der Interimsethik hat die Fremdheit und Sperrigkeit der Forderung Jesu in Erinnerung gerufen. Diese Fremdheit muß nicht dazu führen, daß die Ethik Jesu beziehungslos und also wirkungslos wie ein erratischer Block in unserer Landschaft steht. Aber sie muß dennoch respektiert werden. In der Fremdheit könnte ihr Segen liegen, ein Segen, der augenblicklich verloren geht, wenn die Fremdheit voreilig aufgelöst wird.

Selbstgerechtigkeit und Gericht

Ein weiteres Auslegungsmodell sieht in der Radikalität der Bergpredigt eine Verkündigung, die gar nicht in erster Linie auf die Praxis aus ist, sondern vielmehr darauf, einer Praxis, die von der Welt aus gesehen als ganz akzeptabel erscheint, den Spiegel des göttlichen Anspruchs vorzuhalten. Nach diesem Modell intendiert die Bergpredigt alles andere als die Änderung der Verhältnisse, sie will uns unser Sein als Sünder vor Augen führen. Die Forderungen der Bergpredigt, von denen evident ist, daß sie berechtigt sind und auf wahres Leben zielen, führen uns die Unwahrheit und Verfehltheit des Lebens vor Augen, wie wir es faktisch zu führen pflegen. Sie sind demnach in erster Linie Ankündigungen des Gerichts über das, was weltlich immerhin noch akzeptabel ist und Anlaß zur Selbstgerechtigkeit darstellen mag.

Dieses Auslegungsmodell greift sicher dort zu kurz, wo es den ethischen Anspruch der Bergpredigt zum Verschwinden bringt. Die Bergpredigt zielt eindeutig auf Praxis, nicht auf Sündenerkenntnis des Menschen. Allerdings ist das Wahrheitsmoment auch dieses Auslegungsmodells unverkennbar. Es besteht darin, daß die Forderungen der Bergpredigt durchaus etwas haben von einer Aufdeckung des Bösen. Vielleicht weniger des Bösen in den menschlichen Verhaltensweisen und am menschlichen Wesen selbst. Wohl aber deckt die Gesetzesauslegung das Arrangement mit dem Bösen auf, welches in der *gesetzlichen Regelung* der Verhältnisse als solcher liegt. Gerade die ethischen Regelungen selbst (und nicht bloß ihre Übertretungen) können das Böse in einer Art gelten lassen, wie es der Gottesherrschaft unangemessen ist. Zwei Beispiele mögen dies veranschaulichen.

So greift Jesus in Mt 5,38–42 etwa das Vergeltungsprinzip auf, um es durch die Forderung, dem Bösen gar nicht zu widerstehen, zu überwinden. Das Vergeltungsprinzip hat ja von Haus aus die Aufgabe, das Böse einzudämmen, indem es dem Täter nicht *mehr* androht als entsprechende, gerechte Vergeltung. Wenn Jesus dagegen die Vergeltung überhaupt ablehnt, so zeigt sich darin, inwiefern das – gerechte – Vergeltungsprinzip immer noch im Kreislauf des Bösen verbleibt. Zwar widersteht es der Eskalation, der Aufschaukelung des Bösen, aber es steht dennoch für die Fortsetzung seines Kreislaufs. Die ethische Regelung der Vergeltung vermag demnach nur, das Böse auf gleichem Niveau zu halten. Das ist ein Arrangement mit dem Bösen, das die Gesetzgeber getroffen haben. Demgegenüber intendiert die Forderung, dem Bösen überhaupt keinen Widerstand zu leisten, eine Aufhebung des Bösen, ein Leerlaufen der Kraft des Bösen in einer Sackgasse.

Eine andere ethische Regelung, die Jesus aufgreift, besteht in dem Verbot, Meineide zu schwören (5,33–37). Wo Meineide verboten werden, sind Eide als Mittel der Wahrheitsbekräftigung akzeptiert. Wo das Schwören als Mittel zur Wahrheitssicherung anerkannt ist, hat bereits ein Arrangement mit der Lüge stattgefunden. Denn wo Eide nötig sind, wurde bereits der Anspruch aufgegeben, daß *jedes* menschliche Wort die Wahrheit zu sagen die Macht und die Pflicht hat. In diesem Zusammenhang hat das Schwurverbot Jesu seine eigentümliche Bedeutung. Es durchbricht das Arrangement mit dem Bösen, das in der ethischen Regelung des Eides liegt, indem es jedem Wort zumutet, die Wahrheit und nichts als die Wahrheit zu sagen. Darum sei eure Rede Ja oder Nein, darum ist zu viel, was darüber hinausgeht.

Daraus ergibt sich: Zwar geht es in der Bergpredigt nicht um die Aufdeckung menschlicher Sünde. Aber dennoch hat ihre Forderung den interessanten Nebeneffekt, das Arrangement mit dem Bösen aufzudecken, das schon in den ethischen Regelungen und erst recht dann in der zwielichtigen Praxis derselben beschlossen ist.

Menschensohn und Menschen

Ein letztes Auslegungsmodell, das hier kurz anzusprechen ist, stammt aus der Feder Karl Barths, der dabei vieles von seinem Basler Kollegen Eduard Thurneysen übernimmt. Es ist bekannt unter dem Stichwort, daß die Bergpredigt eine Gnadenordnung ist und daß ihre Forderungen nur von Jesus selbst erfüllt worden sind. Man könnte allerdings aus dieser verkürzten Darstellung den unsachgemäßen Schluß ziehen, die Tatsache, daß Jesus der einzige Erfüller der Bergpredigt sei, dispensiere alle Christen davon, sie ihrerseits zu befolgen. Es wäre dies der unsachgemäße Schluß, daß die Praxis des Menschensohns die Menschen von *ihrer* Praxis dispensiere.

Diesem Mißverständnis suchte schon Karl Barth in aller Form entgegenzutreten. Für ihn ist die Bergpredigt Anzeige des Gottesreiches (das heißt: der im Gottesreich geltenden Praxis), Selbstanzeige Jesu (das heißt: Erklärung der durch Jesus vollbrachten Praxis) und zugleich auch Anzeige des neuen Menschen (das heißt: des Menschen, der durch die Gottesherrschaft bestimmt ist). Wird diese Dreiheit unverkürzt berücksichtigt, so ist unmittelbar evident, daß gerade die Erfüllung der Bergpredigt durch Jesus unausweichbar den Anspruch, dasselbe zu tun, an die stellt, die in seiner Gemeinschaft leben wollen. Ein Dispens von der Praxis kommt demnach überhaupt nicht in Frage.

Das Wahrheitsmoment dieses Auslegungsmodells liegt meines Erachtens an dem Punkt, wo die Person Jesu in den Mittelpunkt gerückt wird. Jesus als Erfüller der Bergpredigt macht erst die Tiefe ihres Anspruchs an die Menschen aus. Hier ist die Bergpredigt konsequent christologisch verstanden, so wie die in ihr ausgesprochene Ethik nicht anders als christologisch begründet sein kann. Das hat nicht nur Folgen im Blick auf den Inhalt der Forderungen, sondern mindestens ebenso wichtige im Blick auf die Erschaffung gottgemäßen oder lebensgerechten Tuns. Auch dafür ein Beispiel.

Die Bergpredigt fordert die Liebe zu denen, die sich als Feinde und Gegner verhalten. Wie kommt es überhaupt zur Erfüllung dieser Forderung? Es kommt so dazu, daß Jesus selbst sich zuerst in den Gehorsam gegenüber dieser Forderung gestellt hat. Die Bewegung der Feindesliebe hat genau damit angefangen, daß Jesus selbst uns, seine Feinde, liebte. Das bedeutet: hier wird Gesetz nicht als Forderung aufgerichtet, sondern hier wird Gesetz in der Gestalt seiner Erfüllung gegeben. Denn der Gehorsam Jesu gegenüber dem Gebot der Feindesliebe bringt überhaupt die Erfahrung in die Welt, daß Feinde geliebt werden. Und erst diesen geliebten Feinden ist es möglich, vielleicht (!) auch ihre Feinde zu lieben. Die Bewegung der Feindesliebe lebt also davon, daß der Menschensohn seine Feinde liebte. Und nur weil sie davon zu leben hat, kann sie überhaupt weitergehen. In diesem Sinne ist die Forderung der Bergpredigt ins Nichts aufgelöst, wenn sie von ihrem Erfüller losgelöst wird. Denn die Forderung der Bergpredigt läßt sich nicht anders am Leben erhalten als durch Erfahrungen, welche mit dem Namen Jesus Christus ihren Ausdruck gefunden haben. Das heißt selbstverständlich nicht, daß alle Feindesliebe an Jesus äußerlich gebunden bleibt, sie kann – wie Jesus ja selbst sagt – auch darin ihre Lebensgrundlage haben, daß Gott seinen Regen und seine Sonne sowohl Guten wie Bösen zugutekommen läßt. Aber eben Phänomene wie dieses, daß die Schöpfung allen zugute kommt, finden in dem Menschensohn ihren vollendeten Ausdruck. Deshalb gilt, daß die Forderung der Bergpredigt getötet wird, wenn ihr die christologische Dimension entzogen wird.

Das hermeneutische Problem der Forderung

In neuerer Zeit wird immer wieder und unermüdlich die matthäische Bergpredigt gegen die paulinische Theologie ausgespielt. Steht die Bergpredigt für die Betonung des Praktischen, der glühenden Aktivität für die Gottesherrschaft, so steht Paulus für die Betonung des Glaubens, der gelassenen Passivität angesichts der rechtfertigenden Aktivität Gottes. Nur zu oft werden diese Betonungen zu einem Gegensatz ausgeweitet; und – der momentanen Stimmung entsprechend – dem Aktivismus der Bergpredigt und dem Aktivisten Jesus wird uneingeschränkt der Vorzug gegeben. Diese Alternative ist ein Schulbeispiel jener Kurzschlüsse, die auf dem Boden der Denkfaulheit gedeihen.

Es ist gewiß nicht zu bezweifeln, daß zwischen Paulus und Matthäus theologische Unterschiede bestehen. Es ist allerdings sehr zu bezweifeln, daß diese Unterschiede sich auf die Alternative von Praxisfreundlichkeit bei Matthäus und Praxisvernachlässigung bei Paulus bringen lassen. Dieser Täuschung ist bekanntlich schon der Jakobusbrief erlegen. Im Blick auf die Praxisfreundlichkeit dürften beide Theologen gleich gelagert sein. Für Matthäus und für Paulus ist ein Glaube ohne praktische Folgen völlig undenkbar, ja geradezu widersinnig. Und wenn Paulus das Hören, das Glauben, das Annehmen so vehement zur Grundlage des Menschseins macht, so geht es ihm dabei genau um die Frage, wie es zum Tun der Liebe überhaupt kommen kann. Und Paulus meint, je intensiver die Rezeptivität des Menschen im Blick auf Gott sei, desto produktiver werde dieser Mensch im Blick auf die Welt.

Hier ist der Punkt, an welchem sich das meines Erachtens fundamentale hermeneutische Problem der Bergpredigt stellt. Es wird – und darin haben die Vertreter der Paulus-Matthäus-Alternative gewiß recht – ins Bewußtsein gehoben durch den theologischen Unterschied zwischen Matthäus und Paulus. Tatsächlich scheint ja das Tun nach der Bergpredigt eine andere Notwendigkeit zu haben als bei Paulus. Manche Stellen erwecken zumindest den Anschein, als ob der Mensch in seinem Tun sein Gottesverhältnis allererst verwirkliche: Wenn ihr den Menschen vergebt, vergibt euch Gott; wenn ihr ihnen nicht vergebt, vergibt euch Gott auch nicht (vgl Mt 6,14f). Hier habe ich es ja offenbar in der Hand, mit meiner Praxis meinem Gottesverhältnis das entscheidende Gepräge zu geben. Das hat etwa Georg Strecker dazu verleitet zu sagen, in der

Bergpredigt werde das neue Sein des Menschen imperativisch ausgesprochen. Das heißt: das Evangelium von der Neuschöpfung des Menschen habe hier die Gestalt der Forderung neuer Praxis.

In diesem Punkt denkt Paulus freilich anders. Und in diesem Punkt stellt sich nicht nur die Frage, ob Streckers These dem Matthäusevangelium gerecht werde, sondern die noch tiefergehende Frage, ob es überhaupt vernünftig ist zu sagen, das neue Sein werde imperativisch ausgesprochen. Wie kann denn etwas, was als Forderung an mich ergeht, mein neues Sein aussprechen? Es kann die Forderung doch nur aussprechen, was ich sein *sollte* oder sein *könnte* (wenn ich sie erfüllte). Die Forderung zielt demnach immer auf eine Möglichkeit meines Wirkens, sie spricht niemals meine Wirklichkeit aus. Es schiene mir wichtig, daß wir solche *vernünftigen* Unterscheidungen wie die zwischen Sein und Sollen nicht ohne schwerwiegende Gründe verachten sollten. Paulus jedenfalls gab seinen Forderungen, die er übrigens in nicht minderer Schärfe ausspricht, einen andern Stellenwert. Die Forderungen, etwa die Liebe in allem regieren zu lassen, sind bei ihm nicht das Zusprechen neuen Menschseins, sondern vielmehr sind sie der Anspruch, der sich aus der neuen Wirklichkeit des Christus ergibt. Das neue Sein nimmt der Mensch im Glauben wahr, sofern es ausschließlich durch das Verhältnis entsteht, das Gott zum Menschen angenommen hat. Dieses neue Sein also ist Gottes Sache und wird im Glauben *wahrgenommen*, während das menschliche Handeln diesem neuen Sein entspricht. Mit dem Glauben geht der Mensch auf das Gottesverhältnis ein, mit der Praxis dagegen gestaltet er sein Weltverhältnis. Dies ist nach Paulus auseinanderzuhalten. Und die hermeneutisch fundamentale Frage an Matthäus ist, ob er dies auch auseinanderzuhalten wußte, beziehungsweise ob er – wie manche Ausleger meinen – die menschliche Praxis zu dem Feld erklärt hat, wo der Mensch sein Gottesverhältnis bearbeitet. Wäre das letztere der Fall, so ließe sich die Bergpredigt nicht mehr unterscheiden vom Gesetz am Sinai, und Jesus wäre dann nichts anderes als eine Neuauflage des Mose. Das aber war er nach dem Verständnis des gesamten Urchristentums – und mit ihm auch des Matthäusevangeliums – nicht. Wäre das letztere der Fall, so bliebe das Gottesverhältnis noch der menschlichen Handlungsmacht unterstellt. An die Stelle der (gottlosen) Selbstverwirklichung träte die (nicht weniger gottlose) Gottesverwirklichung, der tatkräftige Gottesbeweis (was alles andere als ein Erweis des Geistes und der Kraft Gottes darstellt!). Dann wäre es in der Tat sinnlos, von Christus als dem Ende des Gesetzes zu sprechen (Röm 10,4). Es wäre aber ebenso sinnlos zu sagen, Christus sei gekommen, das Gesetz oder die Propheten zu erfüllen (Mt 5,17). Was könnte ein solcher Satz noch heißen, wenn trotzdem *den Menschen* überlassen bliebe, die Lebensintention des Gesetzes zur Erfüllung zu bringen?

Wo Matthäus den Ort der Praxis sieht, ob als Verwirklichung des Gottesverhältnisses oder als Auswirkung dessen, was Gott tut, diese Frage werden wir erst beantworten können, wenn wir die Bergpredigt genauer unter die Lupe genommen haben. Gegen die Vorstellung vom imperativischen Seinszuspruch allerdings erheben sich grundsätzliche Bedenken, und zwar gerade aufgrund einer Metapher aus der Bergpredigt: «Jeder gute Baum trägt gute Früchte, jeder morsche Baum trägt schlechte Früchte» (Mt 7,17). Entsteht etwa das Gutsein eines Baumes dadurch, daß die Forderung nach guten Früchten erhoben wird? Das würde die Welternährungskrise mit einem Schlage beseitigen. Entsteht ein guter Baum nicht dadurch, daß er auf gutem Boden steht und gutes Wasser und Licht erhält? Muß ihm nicht dieses gegeben werden, wenn er gute Früchte tragen soll?

Jedenfalls halten wir als das grundlegende hermeneutische Problem das Folgende fest: Welche Relevanz hat die menschliche Praxis im Zusammenhang des Gottesverhältnisses? Wird es durch sie in Ordnung gebracht? Was geschieht mit der Praxis, wenn sie mit der Klärung des Gottesverhältnisses belastet wird? Ist der Wille, vor einer endgültigen Instanz gerecht dazustehen, der Nährboden des Guten? Ist es möglich und notwendig, gleichsam einen praktischen Gottesbeweis anzutreten? Dies sind Fragen, die aus dem Vergleich Paulus – Matthäus enstehen. In diesen Fragen gilt es, Paulus und Matthäus abzuwägen gegeneinander. Die eingangs geschilderte Alternative jedoch, die zwischen Praxisfreundlichkeit und Praxisvernachlässigung, hält genauerem Nachdenken nicht stand und kann somit als erledigt gelten.

Ein Wort zur Entstehungsgeschichte der Bergpredigt

In der modernen Exegese wurde seit langem erkannt, daß es jene von Dürrenmatt so genannte «Rede der Reden» Jesu niemals gegeben hat.

Die Bergpredigt erweist sich mit großer Gewißheit als Konzeption des Evangelisten Matthäus. Diese Gewißheit entstand namentlich dadurch, daß die Herkunft der einzelnen Aussagen der Bergpredigt recht gut aufgeklärt werden konnte. Ein sehr großer Teil des Stoffes stammt aus der sogenannten Q-*Quelle*, einer Sammlung von Jesus-Worten, die mit einem recht hohen Wahrscheinlichkeitsgrad rekonstruierbar ist aus den beiden Evangelien des Matthäus und des Lukas. Ein weiterer recht ansehnlicher Teil stammt aus dem sogenannten matthäischen Sondergut, es sind Stoffe, die Matthäus wohl in seiner Gemeinde vorgefunden hat und die teilweise sehr alt und durchaus auf den historischen Jesus zurückzuführen sind. Die Bergpredigt ist weitgehend eine Zusammenstellung von Einzelstücken aus den beiden Hauptquellen Q und Mt-Sondergut. Im Falle von Q wird dies noch durch die Tatsache erhärtet, daß Lukas nur einzelne Teile davon zu seiner Feldrede zusammenstellte und andere Stoffe an verschiedenen Stellen des Evangeliums bringt. Schließlich liegt ganz wenig Markus-Überlieferung vor. Und einige Sätze dürften aus der Feder des Matthäus selbst stammen. Auf die jeweiligen traditionsgeschichtlichen Verhältnisse ist bei der Einzelexegese einzugehen (siehe Faltblatt am Ende dieses Buches).

DIE EINFÜHRUNG (Mt 5,1–16)

Geht man davon aus, daß das Hauptgewicht der Bergpredigt auf der Auslegung des Willens Gottes liegt beziehungsweise darauf, zu sagen, was wahre Gerechtigkeit ist, so geben sich die ersten sechzehn Verse als eine Art Einleitung zu erkennen. Hier wird Ort und Personenkreis angegeben, hier werden die Seligpreisungen ausgesprochen, hier werden schließlich ganz direkt die Jünger auf das angesprochen, was sie sind: *Ihr* seid das Salz der Erde, *ihr* seid das Licht der Welt. Immerhin ist zu beachten, daß es in dieser Einleitung um nichts weniger geht als um die *Grundlagen* der Gesetzesauslegung. Insofern gehört die Einleitung elementar zum Hauptteil der Bergpredigt.

Die Lehre auf dem Berg (Mt 5,1f)

«Als er aber die Menschenmenge sah, ging er auf den Berg. Er
setzte sich, und seine Jünger traten zu ihm. Und er tat seinen
Mund auf und lehrte sie:»

Das vierte Kapitel endet mit der Feststellung, eine große Volksmenge
aus den verschiedensten Gegenden Palästinas sei Jesus nachgefolgt.
Nachfolgen meint in diesem Zusammenhang einfach das Mitgehen,
ohne daß dabei an die Jüngernachfolge gedacht sein muß. Allerdings
beginnt ja auch die Jüngernachfolge damit, daß sie einfach mitgehen. In
den Eingangsversen zur Bergpredigt nun erzählt Matthäus, der Anblick
des Volks hätte Jesus dazu veranlaßt, auf «den Berg» zu gehen. Der
Zusammenhang zwischen dem Volk und dem Gang auf den Berg ist
nicht sicher zu erheben: Hat das Volk etwas Bedrängendes, so daß Jesus
die Einsamkeit des Berges sucht? Ist das anwesende Volk der Auslöser
für die Rede der Reden, die – wegen ihres Inhalts – nur von einem Berg
herab denkbar ist?

Wie immer dem sein mag, auf dem Berg setzt er sich hin – eine
unverkennbare Gebärde des Lehrens. Jetzt gelangt ein anderer Personenkreis ins Rampenlicht: die Jünger Jesu treten zu ihm heran. Der
engste Kreis seiner Nachfolger tritt zu ihm heran.

Auf den ersten Blick sieht es so aus, als ob diese Rede der Reden nur
ihnen gälte. Aber was soll eine Rede an den engsten Kreis? Auch der
Schluß der Bergpredigt zeigt, daß durchaus nicht nur die Jünger,
sondern das ganze anwesende Volk angesprochen war: «Und als Jesus
diese Worte vollendet hatte, da geschah es, daß die Volksmenge außer
sich geriet über seine Lehre» (Mt 7,28). Dieser Schlußsatz macht
jedenfalls unmißverständlich klar, daß die ganze Volksmenge als Adressat dieser Rede auf dem Berg zu gelten hat.

Dennoch wird das Hinzutreten der Jünger eigens erzählt. Bei einem
so durchgestalteten Text wie der Bergpredigt wird ein solcher Erzählzug kaum als zufällig gelten können. Man hat aus diesem Erzählzug
bisweilen geschlossen, die Ethik der Bergpredigt sei Jüngerethik in dem
Sinne, daß sie nur für einen kleinen exklusiven Kreis um Jesus überhaupt Geltung habe. Von hier aus ist der Schritt zur Unterscheidung in
Vollkommene (entspricht den Jüngern) und Glaubende (entspricht den
Volksmassen) nicht mehr weit. Diese Auslegung geht meines Erachtens

zu weit, ebenso wie es zu weit geht, mit diesem exklusiven Kreis auch noch den Ausnahmecharakter dieser Ethik zu verbinden (also: eine Interimsethik für einen kleinen Kreis von eschatologisch Begeisterten).

Dennoch muß das Erzählsignal ernst genommen werden. Es kennzeichnet die Jünger Jesu als einen Personenkreis, welcher in besonderer Weise Adressat der Bergpredigt ist. Im Sinne des Matthäusevangeliums ist es, im Jüngerkreis die Kirche abgebildet zu sehen. Wer ist die Kirche? Das sind die, die ausschließlich nach Maßgabe des Christus leben. Deshalb sind die Jünger näher herangetreten. Dieses Erzählsignal liefert einen bedeutungsvollen Hinweis auf den Charakter der Forderung Jesu: sie richtet sich in erster Linie an solche, die sich von diesem Jesus ganz bestimmen lassen. Das heißt: der Nährboden dieser neuen Gerechtigkeit ist nichts anderes als die elementare Beziehung zu diesem Jesus, der anwesenden Gottesherrschaft in Person. Auch wenn die Lehre auf nichts anderes hinauswill, als daß *das Gesetz* erfüllt werde (vgl 5,17), gedeiht das geforderte Verhalten offenbar nicht auf dem Boden des Gesetzes, sondern auf dem Boden des durch Christus dargestellten und ins Werk gesetzten Gottesverhältnisses. Vielleicht ist es ja wahr, daß die Erfüllung des Gesetzes gar nicht auf dem Boden des Gesetzes geschehen kann. Wenn es etwa die Liebe ist, die als eigentliche Intention des Gesetzes – auch des mosaischen Gesetzes – zu gelten hat, dann muß diese Aussage gar nicht so paradox sein, wie sie scheint. Auf dem Boden des Gesetzes gedeiht die Gerechtigkeit. Das ist mit dem Wesen des Gesetzes selbst gegeben. Aber die Erfüllung der eigentlichen Intention des Gesetzes, die Liebe, entsteht und gedeiht gerade nicht auf der Grundlage des Gesetzes, sondern darauf, daß einer mit Gott in Berührung gekommen ist. Die Jünger standen in engster Beziehung zum Messias, zum gegenwärtigen Gott.

Auf der anderen Seite steht die Volksmenge völlig zu Recht auch auf diesem Berg. Sie vertritt hier, am Ort endgültiger Lehre, sozusagen die Allgemeinheit. Die Volksmenge steht dafür, daß die Bergpredigt beansprucht, allgemein gültige Wahrheit zu sagen. Wie läßt sich diese Allgemeinheit damit vereinbaren, daß die Bergpredigt von der engen Beziehung mit dem Christus lebt? Wie läßt sich die *besondere* Lebensgrundlage vereinbaren mit dem Anspruch *allgemeiner* Gültigkeit?

In unseren sogenannt pluralistischen Zeiten fällt es schwer, da eine

Verbindung zu sehen. Denn mit dem Besonderen verbindet sich unwillkürlich der Gedanke, jene Wahrheiten seien nur für jenen engsten Kreis Wahrheiten gewesen, ganz so, als ob das Wahrhaftige dadurch erschaffen würde, daß es Anhänger findet. Im Gegensatz dazu geht das Matthäusevangelium davon aus, daß sich in dieser höchst besonderen Begegnung mit dem Lehrer auf dem Berg etwas von jener Wahrheit zeigte, die sich auf keinen Personenkreis beschränken läßt. Was von jener besonderen Gottesbeziehung lebt, hat durchaus Anspruch, auch das Wahre für die Volksmenge zu sein. Denn entweder kann man von einem Verhalten sagen, es sei das Wahre, und dann gilt es für jeden Menschen, der an wahrem Leben interessiert ist. Oder man kann dieses nicht sagen, dann aber ist es sträflich, ein solches Verhalten auch nur für einen kleinen Kreis verbindlich zu machen. In diesem Sinne gilt dann: es gibt eigentlich keine besondere christliche Ethik, die nur für den Binnenbereich der Kirche Geltung hätte. Eine christliche Ethik, die sich selbst ernst nimmt, erhebt zu Recht den Anspruch, allgemeine Ethik zu sein. Das Verhalten, das im Jüngerkreis Jesu als das wahre erkannt wird, ist zu Recht verbindlich zu machen für die Allgemeinheit der Volksmenge. Deshalb ist es völlig legitim, von christlichen Grundlagen aus allgemein sozialethisch zu argumentieren. Denn eine Ethik, die ihre Grundlage in der Allgemeinheit selbst hätte, gibt es sowieso nicht, zumal ja auch eine Ethik des Mehrheitsentscheids sich eine ganz besondere Wahrheit zum Ausgangspunkt macht.

Allerdings besteht im Gegenüber von Jüngerschar und Volksmenge auch ein echtes, nicht wegzuinterpretierendes Problem. Die Jüngerschar könnte sich dazu verleiten lassen, auf dem Wege der Forderung ihre Ethik allgemein zu machen. Sie könnte versucht sein, ihre Ethik mit gesetzlichen Mitteln allgemein durchzusetzen. Dies bedeutet die Entwürdigung sowohl der Volksmenge als auch der Wahrheit des Ethischen. Denn die Volksmenge soll einerseits nicht zum Objekt durchgesetzter Maßnahmen werden, und die Ethik der Bergpredigt lebt andererseits nicht von Durchsetzbarkeit.

Daraus ergibt sich: Die Jünger sind deshalb in besonderer Weise angesprochen, weil die Forderung der Bergpredigt nur im Raum der persönlichen Gegenwart des Heiligen sinnvoll sein kann. Genau in diesem Punkt aber *vertreten* sie niemand anderen als die Volksmenge, der dieselbe Begegnung offensteht.

Schließlich ist das auffällige Motiv des Berges zu bedenken. Dürrenmatt sagte von sich, er steige nicht auf einen Berg, um dort eine Kirche zu finden, sondern um Gewißheit zu haben über diese Rede der Reden. Auf dem Berg sucht der Mensch Gewißheit über das wahre Menschsein. Deshalb hat auch Jesus nach Matthäus seine Rede auf einem Berg gehalten.

Der Berg ist religionsphänomenologisch gesehen äußerst aufschlußreich. Er ist der Ort, wo Oben und Unten handgreiflich unterschieden sind. Der Berg ist ein Symbol göttlicher Macht, schon im Alten Orient gedacht als göttliche Gewalt. In der Antike haben deshalb Berge eminent mit dem Göttlichen zu tun. Einen vielleicht fahlen Widerschein dieses Phänomens können wir selbst in unseren Zeiten beobachten: wieviele Gipfelbücher legen Zeugnis ab von den Empfindungen der Bergsteiger, hier, in den Strahlen der Morgenröte, der hehren Macht des Göttlichen begegnet zu sein?

Im alten Israel gilt der Berg als der Ort, wo die Nähe Gottes erfahrbar ist. Das ehrwürdige Gesetz, die Lebensordnung Israels, wurde auf einem Berg offenbart. Das Volk vermochte nicht hinaufzugehen, es wäre verbrannt worden von der Heiligkeit des Höchsten. Diesmal, bei der Bergpredigt, war das Volk freilich dabei. Denn der Heilige ist in menschlicher Gestalt da, in einer Gestalt, die nicht verbrennt. Der Berg als Ort, wo ich in die Nähe Gottes komme? Gibt es nicht eine ähnliche Vorstellung unter uns, in den sogenannten Extrembesteigungen, wo einzelne unter Aufbietung ihrer letzten Kräfte die höchsten Berge besteigen? Gewiß, sie glauben nicht, Gott in die Nähe zu kommen; wohl aber glauben sie, sich selbst näher zu kommen unter den Bedingungen extremer Anstrengung. Unbestritten ist, daß ich auf den Gipfeln mich selbst suchen kann. Nicht unbestritten ist freilich, daß ich mich dort auch finden kann, ohne in die Nähe Gottes gekommen zu sein.

Aus dem Matthäusevangelium, wo das Motiv des Berges eine große Rolle spielt, ist der Berg bekannt als Ort des Gebets (14,23). Das Gebet ist jenes Phänomen, wo die Ungewißheit über Gott in der Gewißheit des Gesprächs mit Gott bearbeitet (aber nicht ohne weiteres aufgehoben) wird. Der Berg ist auch Ort der Heilungen (15,29). Das heißt: er ist der Ort, wo die Ganzheit des Menschen hergestellt wird. Er ist auch der Ort der Lehre (24,3), wo Gewißheit entsteht über das, worauf alles hinausläuft (Endzeitfragen werden hier verhandelt). Er ist schließlich auch der Ort der Offenbarung (28,16), wo Klarheit entsteht über das, was zu tun ist für die Kirche.

Wir haben jetzt zwei entscheidende Stellen noch nicht erwähnt, nämlich den Berg als Ort der Versuchung Jesu (Mt 4,8) und der Verklärung Jesu (17,1). Diese beiden Stellen markieren die *fundamentale Zweideutigkeit* auch des Berges: er kann zum Ort der Versuchung werden, zum Ort, wo einer die hier anwesende Gewalt des Göttlichen für sich beanspruchen möchte. Er kann zum Ort werden, wo die Aussicht auf die Täler umschlägt in den Überblick über das Irdische, wo das Gefühl der Erhebung umschlägt in Überheblichkeit, wo der erhöhte Standort sich verwandelt in den Tyrannenthron. In diese Versuchung wurde der Bergprediger geführt. Es war die Versuchung, sich jener Macht zu verschreiben, sich jener Gewalt anzuvertrauen, die schon immer von den Menschen auf die Berge übertragen worden war. Dieser Versuchung hat er widerstanden. Und das hat unmittelbar mit dem zu tun, was er nun auf diesem Berg als Lehre vorträgt. Seine Vollmacht ist nicht die Gewalt des Berges, seine Vollmacht ist die *Widerstehlichkeit* dieser paar Worte zum wahren Menschsein. Und weil dies so ist, gibt es einen Berg der Verklärung, einen Berg, wo klar wird, wer dieser Bergprediger ist. Das ist die andere Seite des Berges: er kann zum Ort werden, wo ich einen Blick in die Tiefe des Lebens selbst tun kann. Das müßte die Rede der Reden auch möglich machen.

Die Seligpreisungen auf dem Berg (Mt 5,3–12)

Merkmale formaler Gestaltung

Die Seligpreisungen erweisen sich schon auf den ersten Blick als ein gut durchgestalteter, leicht gegen vorn und hinten abgrenzbarer Text. Alle neun Sprüche beginnen mit dem Wort «*makarioi*» (selig). Alle neun Sprüche begründen die Seligsprechung mit einem Denn-Satz. Formal etwas aus dem Rahmen fällt die neunte Seligpreisung. Nicht nur ist sie am längsten, sondern sie ist auch in der zweiten Person Plural formuliert, spricht also bestimmte Menschen an, während alle andern in der dritten Plural sprechen, also eigentlich *über* die Menschen sprechen. Riskiert man noch einen zweiten Blick, so zeigen sich weitere Gestaltungselemente: sowohl die erste wie auch die achte Seligpreisung wird mit einem «ihrer ist das Himmelreich» begründet, was die ersten acht Seligpreisungen zusammenschließt und sie etwas abhebt von der auch formal auffälligen neunten. Schließlich kann man noch beobachten, daß die ersten vier Seligpreisungen an Menschengruppen gerichtet sind, die alle mit einem «*pi*» beginnen: «*ptōchoi* (Arme), *penthountes* (Trauernde), *praeis* (Machtlose), *peinōntes* (Hungernde). Man könnte deshalb diese ersten vier Sprüche zu einer ersten Strophe zusammenfassen und hätte dann in den zweiten vier ebenfalls eine gleich lange Strophe. Die Gliederung im jetzt vorliegenden Text ist dann:

> erste Strophe: Seligpreisungen (1)–(4) (Mt 5,3–6)
> zweite Strophe: Seligpreisungen (5)–(8) (Mt 5,7–10)
> Seligpreisung (9) (Mt 5,11), das Stichwort der Anknüpfung ist die Verfolgung in (8), die direkte Anrede leitet über zu V. 13–16.

Ein Wort zur Traditionsgeschichte

Die recht schöne Durchgestaltung dieses Textes kann freilich nicht darüber hinwegtäuschen, daß die Seligpreisungen schon eine recht komplexe Traditionsgeschichte hinter sich haben. Ein Vergleich mit den Seligpreisungen der lukanischen Feldrede (Lk 6,20–49) bringt als erstes an den Tag, daß in der Quelle Q nur vier Seligpreisungen stehen (Es sind dies die 1., 2., 4. und 9. Seligpreisung.) Eine weitere historische Abklärung ergibt, daß von diesen vier Seligpreisungen mit größter Wahrscheinlichkeit die ersten drei auf Jesus zurückgehen, während die vierte (Verfolgung und Schmähung) stärker die Erfahrungen der nachösterlichen Gemeinden widerspiegelt und wohl in Q entstanden sein dürfte. Woher aber kommen dann die übrigen Seligpreisungen (die 3., 5., 6., 7., 8.)? Es bestehen verschiedene Hypothesen dazu: bisweilen werden sie für matthäische Bildungen gehalten, bisweilen für redaktionelle Einfügung von Überlieferungsgut, bisweilen auch – was mir am wahrscheinlichsten scheint – überwiegend für vormatthäische Überarbeitung der Q-Vorlage. Die Frage ist nicht mit Sicherheit zu entscheiden. Einigermaßen wahrscheinlich ist, daß Matthäus selbst für die achte Seligpreisung verantwortlich ist. (Sie wird bestimmt durch die matthäisch sehr wichtigen Stichworte «Gerechtigkeit» und «Himmelreich».) Aus den eben genannten Beobachtungen ergibt sich eine *traditionsgeschichtliche Theorie*, deren wichtigste Punkte die folgenden sind:

(1) Bei Jesus waren die Seligpreisungen wohl in der zweiten Person Plural (wie Lukas). (2) Auf der Jesusstufe fehlte «im Geist» bei der ersten Seligpreisung (diese Erweiterung geht wahrscheinlich auf die vormatthäische Gemeinde oder auf den Evangelisten zurück). (3) In der matthäischen Gemeinde wurden die Seligpreisungen wieder der weisheitlichen Form (3. Person Plural) angeglichen.

Religionsgeschichtliche Voraussetzungen

dieser Redeform der Seligpreisung sind entsprechende Aussagen aus dem Alten Testament und dem hellenistischen Judentum. Dazu zwei Beispiele:

Ps 1,1f: Wohl dem Manne,
    der nicht wandelt im Rat der Gottlosen,
    noch tritt auf den Weg der Sünder,
    noch sitzt im Kreise der Spötter,
    sondern seine Lust hat am Gesetz des Herrn
    und über sein Gesetz sinnt Tag und Nacht.
    Der ist wie ein Baum, gepflanzt an Wasserbächen,
    der seine Frucht bringt zu seiner Zeit
    und dessen Blätter nicht verwelken,
    und alles, was er tut, gerät ihm wohl.

(Es folgt eine gegenteilige Schilderung der Gottlosen, deren Weg ins Verderben führt.)

Wir haben es hier mit einem stark von weisheitlichem Denken geprägten Psalm zu tun. Selig gepriesen wird der, der sich einem bestimmten Verhalten anvertraut: er meidet die Gesellschaft der Sünder und hält sich stattdessen an das Studium des Gesetzes. Diese Seligpreisung könnte man fast übersetzen in eine Ermahnung zum Gesetzesstudium. Es ist demnach eine Ermahnung in der Gestalt einer Seligpreisung. Das kennzeichnet überhaupt vergleichbare Aussagen in der weisheitlichen Literatur. Formal fällt noch zweierlei auf: die Seligpreisung ist in der dritten Person (Singular) formuliert. Es wird ausführlich das Verhalten des Seligzupreisenden geschildert, negativ und positiv.

Worin hat das Wohl dieses Mannes seinen Grund? Darauf antwortet der zweite Teil: er ist ein fruchtbringender Baum, was er tut, gerät ihm wohl. Die Seligpreisung hat also ihre Begründung im Zusammenhang von Tat und Ergehen. Ein bestimmtes Tun (hier die Konzentration auf die Thora) hat ein bestimmtes Ergehen zur Folge (hier: alles gelingt ihm wohl). Bekanntlich ist dieser Zusammenhang von Tat und Ergehen ein Grundtheorem des weisheitlichen Denkens. Die Pointe der weisheitlichen Denkbemühung ist es, diesen Zusammenhang im Gewirr des Alltäglichen zu entdecken. Daß das Ergehen einem bestimmten Tun proportional ist, kann nur annehmen, wer eine prinzipiell gerechte Ordnung der Welt voraussetzt. Der Tun-Ergehen-Zusammenhang beruht auf der Annahme, daß gutes Verhalten seinen Lohn ebenso nach sich zieht wie die Ungerechtigkeit mit Strafe belegt wird. Im Kontext dieser weisheitlichen Grundannahmen haben Seligpreisungen eine große Evidenz. Sie weisen den Menschen ein in ein Verhalten, welches sich lohnt, welches ihm zum Wohlergehen gereicht.

Bekanntlich wurde dieses Denken schon in alttestamentlicher Zeit in eine Grundlagenkrise geführt. Die Erfahrung zeigte eben, daß, wer andern eine Grube grub, mitnichten selbst hineinfiel. Die Erfahrung zeigte, daß Lügen alles andere als kurze Beine haben und daß Wahrhaftigkeit sich gar nicht mit irdischem Wohlergehen auszahlte. Es gibt verschiedene Versuche, mit dieser Krisenerfahrung umzugehen. Es gibt den Ausweg in die völlige Skepsis, den etwa der Prediger geht. Es gibt den Ausweg in die Behauptung, das Wohlverhalten werde mit Wohlergehen belohnt, gegen allen Augenschein der Erfahrung. Das ist der Ausweg der radikalen Gesetzesfrömmigkeit. Und es gibt auch den Weg, die *erfahrungsgemäß* ausbleibende Belohnung eschatologisch zu denken, was uns zum zweiten Beispiel bringt:

äthHen 99,10

> Aber in jenen Tagen werden selig sein alle die, die die Worte der Weisheit annehmen und kennen, die Wege des Höchsten beobachten, auf dem Wege seiner Gerechtigkeit wandeln und mit den Gottlosen nicht sündigen, denn sie werden gerettet werden.

Diesen Versuch, mit der Grundlagenkrise des weisheitlichen Denkens umzugehen, nennen wir apokalyptisch. Apokalyptisch deshalb, weil eine neue Zeit, die Endzeit, wo Gott offenbar werden wird, hier eine Führungsrolle übernimmt. Die gesetzestreue Lebenspraxis wird Seligkeit bringen, wenn auch nicht in diesem Leben, so doch in der neuen Zeit, im kommenden Aeon. Man sollte meines Erachtens diesen Versuch nicht allzuschnell abtun, indem man ihm die Etikette Vertröstung auf das Jenseits anhängt. Gewiß könnte man ihn so nennen, wenn er beispielsweise dazu gedient hätte, die jetzige Ausbeutung und Benachteiligung des Menschen jenseitig zu rechtfertigen. Darum ging es der Apokalyptik jedoch nicht. Sie machte vielmehr aufmerksam auf das Phänomen, daß ein Verhalten auch dann richtig sein kann, wenn es sich weltlich nicht auszahlt.

Es gibt offenbar ein Tun, das sich nur mit Blick auf das Jenseits überhaupt begründen läßt. Gewiß ist die Apokalyptik jetzt sehr wohlwollend interpretiert worden. Ihr fehlt weder der Aspekt der Vertröstung noch der einer absoluten Behauptung bestimmter gesetzlicher Verhaltensweisen. Dennoch muß man auch das Problem erkennen, das die Apokalyptik gesehen und bedacht hat.

Äußerlich gesehen befinden sich die Seligpreisungen Jesu in einer großen Nähe zum zuletzt genannten apokalyptischen Beispiel. Auch bei Jesus wird die Seligpreisung mit der Gottesherrschaft begründet, auch in den matthäischen Seligpreisungen geht es teilweise um ein angemessenes Verhalten. Allerdings steht – und dies ist ein erster wichtiger Unterschied – die Gesetzeserfüllung nicht im Vordergrund. An keiner Stelle wird der Täter des Gesetzes seliggepriesen. Vom Apokalyptischen unterscheidet sich Jesus fundamental in seinem *Zeitverständnis*. Dies kann ich jetzt nur thesenartig feststellen, da es sich nicht ohne weiteres aus den Seligpreisungen ergibt. Methodisch gesehen gilt ja, daß auch die Seligpreisungen im Kontext der ganzen Verkündigung Jesu verstanden werden müssen. Wichtigstes Unterscheidungsmerkmal ist: Jesus geht es um die Vergegenwärtigung der Gottesherrschaft. Während die Apokalyptik mit einer neuen Zeit rechnete, die mit der Jetztzeit nur insofern zusammenkommt, als sie ihr ein Ende machen wird, geht es Jesus entscheidend um den Einbruch der Gottesherrschaft ins Jetzt, also gerade darum, daß die neue Zeit die alte in ihren Einfluß nimmt. Gemäß dem apokalyptischen Denken wird die Jetztzeit mit

43

dem Tun des Gesetzes ausgefüllt. Dieses Tun ist also *nicht* vom neuen Aeon geprägt. Demgegenüber hat das gegenwärtige Tun bei Jesus nicht den Charakter des Wartens, sondern der tätigen Einstellung auf die nahe Gottesherrschaft. Jesus hat seine ganze Existenz, seine Verkündigung ebenso wie sein tätliches Wirken, verstanden als Vergegenwärtigung der Gottesherrschaft. In diesen Zusammenhang müssen auch die Seligpreisungen gestellt werden, einmal ganz abgesehen von den inhaltlichen Differenzen, die dann in der Einzelauslegung zur Sprache kommen werden.

Halten wir also fest: formal ist die Gattung der Seligpreisung im weisheitlichen Denken des Judentums beziehungsweise in der Weiterentwicklung des weisheitlichen Denkens in der Apokalyptik zuhause. Hier finden sich demnach auch die engsten Parallelen zu den Sprüchen Jesu.

Bevor die Einzelauslegung in Angriff genommen werden kann, müssen wir uns Rechenschaft ablegen über *zwei* fundamental verschiedene *Verstehensansätze* der Seligpreisungen der Bergpredigt. Sie hängen zusammen mit dem eben skizzierten religionsgeschichtlichen Hintergrund.

Zwei Verstehensansätze

Im Blick auf die Seligpreisungen gibt es in der Auslegungsgeschichte zwei Verstehensansätze, die sich nicht ohne weiteres vereinbaren lassen. Der *erste Verstehensansatz* sieht in den Seligpreisungen die Ermahnung zu gutem Verhalten. Der Zuspruch der Seligkeit ergeht an die, die im Sinne der höheren Tugenden handeln. So sind die Seligpreisungen etwa eine Tugendtafel genannt worden, sie sind sogar verglichen worden mit den Gesetzestafeln am Sinai. Sie sind auch Einlaßbedingungen in die Gottesherrschaft genannt worden, Bedingungen, die einer in seinem Verhalten erfüllen muß, um in die Gottesherrschaft eingehen zu können. Bei diesem Verstehensansatz geht es nicht eigentlich um den Zuspruch der Seligkeit, sondern um die ethische Ermahnung, die als Seligpreisung gleichsam verkleidet ist. Anhalt für diesen Verstehensansatz geben jene Seligpreisungen, die ein Verhalten anzuvisieren scheinen: die fünfte etwa (selig, die Erbarmen üben), oder die siebte (selig, die Frieden machen). Wenn wir diese zwei Seligpreisungen betrachten, so scheinen sie in der Tat nichts anderes sagen zu wollen, als daß der

Mensch erbarmend und friedensstiftend sein solle. Allerdings erheben sich gegen diesen seit der alten Kirche und bis auf den heutigen Tag sehr einflußreichen Verstehensansatz schwere Bedenken. Namentlich ist ja die Bergpredigt voll von ausdrücklichen ethischen Ermahnungen. Es ist deshalb nicht einzusehen, warum solche Ermahnungen einmal ausdrücklich, ein andermal als Seligpreisungen verkleidet erscheinen sollen. Das ethische Verständnis scheitert vollkommen an der Seligpreisung der Trauernden (2), der Hungernden (6), der Verfolgten (8/9). Hier wird ganz deutlich, daß nicht ein bestimmtes Verhalten im Blick ist, sondern eine bestimmte Situation, eine Lage, in der sich die Angesprochenen befinden. Vielleicht wäre zu überlegen, ob eine solche Situation nicht auch in einem Handeln bestehen kann.

Aus diesen Beobachtungen entstand der *zweite Verstehensansatz*, der in den Seligpreisungen ein Wort zur Situation der Trauernden oder Hungernden sieht; genauer ein Wort zu ihrer Situation vor Gott und insofern dann auch in der Welt. Dieser zweite Verstehensansatz trägt dem Sachverhalt Rechnung, daß es gerade in der Bergpredigt ausdrückliche ethische Ermahnungen gibt und daß demzufolge die Sprachform der Seligpreisung ernster genommen werden muß, als sie in der Verkleidungsthese genommen wird. Selbstverständlich hat das ethische Verständnis seinen Nährboden in den religionsgeschichtlichen Voraussetzungen: in der Weisheit und der Apokalyptik haben die Makarismen oft einen deutlichen ethischen Grundzug. Die Frage wird sein, ob wir die matthäischen Makarismen so ohne weiteres einordnen dürfen in Weisheit und Apokalyptik. Das wird die Einzelauslegung genauer zu bedenken haben.

Einzelauslegung von Mt 5,3–12

«Selig die Armen im Geist, denn ihnen gehört das Himmelreich.» (Mt 5,3)

Schwierigkeiten macht zunächst das griechische Wort *«makarios»*. Philologisch gesehen kann es verschiedene Bedeutungen haben: es wird im griechischen Kulturraum zunächst nur von den Göttern gebraucht und meint dort ihr leidloses, sorgenfreies, vom Tod nicht betroffenes Leben. Selig sind ferner auch die Toten, weil sie von der Last des Lebens

45

erlöst sind. Von Lebenden angewandt heißt «*makarios*», daß einer mit irdischen Gütern begabt ist: mit folgsamen Kindern, mit großem Vermögen, mit einer angenehmen Frau. In diesem letzteren, von Menschen aussagbaren Sinne meint es wohl eher das *Glück* als die Seligkeit. In der jüdischen Weisheitsliteratur meint «*makarios*» eher das *Wohlergehen*, das gelungene Leben dessen, der sich an Gesetz und Weisheit hält. Stärker die jenseitige Note betont dann wieder die Apokalyptik: sie spricht vom zukünftigen Heil derer, die auf dem Wege des Gesetzes wandeln.

Betrachtet man diesen philologischen Befund, so legen sich folgende deutsche Wiedergabemöglichkeiten nahe: selig, glücklich, wohl denen, Heil denen, gut dran sind. Die Wiedergabe kann jedoch nicht allein aufgrund philologischer Überlegungen entschieden werden. Der neuzeitliche Sprachgebrauch muß ebenfalls bedacht werden. Demzufolge scheint mir «Heil denen» auszuscheiden, da dieses Wort durch den Gebrauch im zwanzigsten Jahrhundert unmöglich gemacht worden ist. «Gut dran sind» tönt wohl etwas zu salopp. Übrig bleiben: selig (klingt altertümlich, obwohl es im schweizerdeutschen Alltagssprachgebrauch noch vorkommt: sie ist selig, wenn sie das und das tut); glücklich; wohl denen.

Wie ist zu entscheiden? In Mt 5,3 wird das Wort «*makarios*» erklärt durch den Nachsatz: denn ihnen gehört das Gottesreich. Demzufolge besteht die Seligkeit nur im Zusammenhang des Gottesreiches. Selig sind sie, weil das Gottesreich in besonderer Weise zu ihnen gehört. Daraus ergibt sich, daß die Seligkeit sicher weiter reicht als das irdische Leben oder die menschlichen Möglichkeiten. Hier ist mehr gemeint als das, was wir mit dem Wort Glück verbinden, zumal es einen süßlich-abgegriffenen Klang bekommen hat, jemanden glücklich zu preisen. Immerhin bezieht sich aber das «*makarios*»-Sein nicht einfach auf ein Jenseits, auf die bloße Zukunft der Gottesherrschaft. Es hat einen unübersehbaren Gegenwartsaspekt. *Jetzt* gehört ihnen das Gottesreich; die Seligkeit betrifft auch ihr jetziges Leben, also das, was man das Wohl des Menschen nennen könnte. Die Seligkeit ragt in ihr Diesseits herein. In der Seligpreisung sind Diesseits und Jenseits zusammengeschlossen, weder geht es bloß um Glück und Wohl in dieser Welt, noch geht es bloß um Heil und Seligkeit in der kommenden. Deshalb scheint es nach wie vor am besten, mit selig zu übersetzen, weil alle andern Wörter entweder den Jenseits- oder den Diesseitsaspekt zu sehr verabsolutieren (eine Gefahr, die allerdings bei der Seligkeit auch besteht). An der Übersetzungsproblematik dieses Wortes kann beobachtet werden, wie eindimensional der moderne Sprachgebrauch geworden ist. Es gelingt kaum mehr, über das Entweder-Oder von Diesseits oder Jenseits hinauszukommen.

Wichtig für das Verständnis dieser ersten Seligpreisung ist ihre Traditionsgeschichte. Auf der Jesusstufe dürfte sie etwa wie folgt gelautet haben: Selig ihr Armen, denn euch gehört die Gottesherrschaft. Die jetzige matthäische Fassung ist wohl entstanden durch die Bearbeitung der Q-Version (Lk 6,20b, repräsentiert die Jesusstufe). Wichtig sind folgende Unterschiede: (1) aus den «Armen» werden die «Armen im Geiste"; (2) aus der anredenden zweiten Person wird die eher feststellende dritte; (3) aus der Gottesherrschaft wird das Himmelreich (typisch für das Matthäusevangelium). Diese Traditionsgeschichte gibt uns Aufschluß über den Sinn dieser Seligpreisung.

Betrachten wir zuerst die *Jesusstufe*. Formal ist die Seligpreisung eine Anrede. Jesus wandte sich offenbar an vor ihm stehende Arme und spricht ihnen die Seligkeit zu. Er spricht nicht *über* Arme, sondern *zu* den Armen. Ihre Seligkeit muß demzufolge etwas zu tun haben mit dieser Anrede. Daß sie selig sind, lebt davon, daß sie als Selige angeredet werden. Sprachlich gesehen haben wir es hier nicht mit einem Aussagesatz oder einer Feststellung zu tun, sondern mit einer sprachlichen Handlung, mit einem Sprechakt. Die Seligkeit, von der hier die Rede ist, wird im Sprechakt geschaffen und besteht im Grunde nur in diesem. Sie ist an den Augenblick gebunden; sie besteht im Zuspruch selbst und ist also kein Sachverhalt. Sprechakte können nur gelingen, wenn die Angesprochenen sich ansprechen lassen. Sie können auch nur gelingen, wenn die Angesprochenen dem Sprecher die Macht zutrauen, diese Handlung vollbringen zu können. Daraus folgt: Im Sprechakt dieser Seligpreisung sind der Sprecher und die Angesprochenen unauflöslich miteinander verbunden, man könnte sagen, unbedingt aufeinander angewiesen. Der Sprecher ist darauf angewiesen, daß die Hörer sich dieses gute Wort sagen lassen, andernfalls müßte der Sprechakt mißlingen. Die Hörer sind darauf angewiesen, daß dieser Sprecher diesen Zuspruch tut, andernfalls wäre es um ihre Seligkeit geschehen.

Deshalb könnte man sagen: Die Seligkeit der Armen ist nur in der

Beziehung auf diesen Sprecher Jesus von Nazareth existent. Sie ist existent, weil er ein Verhältnis eingeht mit den vor ihm stehenden Armen. Dieses Verhältnis ist hier eine *sprachliche* Handlung. Sie kann andernorts *tätlich* sein, etwa in der Speisung der Armen. In diesem Verhältnis zu Jesus von Nazareth widerspiegelt sich auch der Inhalt der Seligpreisung. Sie bindet ja die Seligkeit daran, daß das Gottesreich ihnen gehört, daß sie also *jetzt* ein bestimmtes Verhältnis zum Gottes-reich haben. Das aber bedeutet: In dem Verhältnis, das dieser Sprecher zu diesen Armen eingeht, bricht für sie die Gottesherrschaft ins Jetzt herein. Dieser Zuspruch ist ein Sprechakt, der die Gottesherrschaft im Jetzt zum Ereignis macht.

Die Frage ist, wer denn die Armen seien. Nun gibt es in dem jüdischen Sprachgebrauch eine Anwendung des Adjektivs «arm», die gar nicht eigentlich materiell Arme meint, sondern vielmehr Vertreter einer bestimmten Armenfrömmigkeit, also solche, die in ihrer Armut eine Darstellungsform ihrer Frömmigkeit sehen. Dann würde die Seligpreisung der Armen heißen, daß ihre Frömmigkeit ihren Lohn in der Gottesherrschaft findet, die ihnen gehört. Dann wäre dieser Zuspruch der Seligkeit einfach die Aufforderung, bei diesem Frömmig-keitsstil zu bleiben. Es spricht jedoch überhaupt nichts dafür, daß Jesus so etwas gemeint haben könnte. Im Gegenteil: man muß Jesus gesetz-lich interpretieren, wenn man hier so etwas herauslesen will.

Gewiß ist die Unbedingtheit erstaunlich, mit der Jesus die Armen selig preist. Aber genau diese Unbedingtheit ist ein Charakteristikum Jesu: genauso unbedingt vergibt er Sünden, ruft er in die Nachfolge, stellt er den Menschen ins Zentrum, auch am Sabbat. Die Liebe Gottes erklärt er nicht bedingt denen, die Gott zuerst zu lieben versprechen, sondern diese Liebeserklärung geht unbedingt an alle, die Ohren haben zu hören. Deshalb erscheint es auch an unserer Stelle nicht geraten, die Seligpreisungen Jesu gesetzlich zu interpretieren. Gemeint sind hier die leibhaftig Armen, Habenichtse, Elende, Unterdrückte, Rechtlose, Abhängige. Die Armen sind solche, die nichts haben an irdischen Gütern. Wenn solche Armen angeredet sind, solche, die für ihre Armut nichts getan haben und sich nichts darauf einbilden können, dann kann die Seligpreisung der Armen niemals eine Aufforderung sein, arm zu werden oder arm zu bleiben, sondern sie ist ein Wort zur Lage der Armut. Sie ist keine Ermahnung zur Armut und erst recht nicht zum

Ertragen der Armut, sondern ein Wort, das die leibhaftig Armen als Selige anspricht, ein Wort also zur Situation der leibhaftig Armen.

Worin aber besteht die Seligkeit der Armen? Man könnte zunächst denken: sie besteht darin, daß sie in der Gottesherrschaft belohnt werden. Davon steht freilich im Text nichts. Im Text steht, daß ihnen die Gottesherrschaft gehört, beziehungsweise daß ihre Armut zur Gottesherrschaft ein Verhältnis hat. Wäre dann ihre Seligkeit nur im Zuspruch begründet? Wenn sie nicht der Lohn für die Armut ist, worin kann sie dann liegen außer im Spruch Jesu? Gewiß haben wir gesehen, daß die Seligkeit wesentlich von der Sprachhandlung des Zuspruchs lebt. Dennoch machen wir es uns zu einfach, wenn wir die Seligkeit ausschließlich durch die Sprachhandlung begründet sehen. Dann wäre die Seligkeit der Armen willkürlich. Dies trifft nicht zu, weil in der Sprachhandlung etwas ausgesprochen wird, was in der Situation der Armut selbst liegt. Was ist die Situation des Armen? Am Phänomen des Bettelns wird sie besonders deutlich: der Arme hat nichts, er kann deshalb nur nehmen. Der Arme ist auf das Nehmen eingestellt; er ist in einer Lage, wo er sich nur noch geben lassen kann. Man könnte auch sagen: der Arme ist der Angewiesene, angewiesen auf die, die sich seiner Armut erbarmen und ihm etwas zukommen lassen. Selig ihr Armen, euch gehört das Gottesreich. Hier wird ein unmittelbarer Zusammenhang zwischen der Situation der Armut und der Gottesherrschaft ausgesprochen. Worin besteht er? Er besteht darin, daß die Gottesherrschaft das Gegenstück der Armut ist. Wo Gott herrscht, wo er uneingeschränkt Gott ist, in Aktion ist, dort ist Gott ganz der Geber. Gott kann nur geben, wenn er ungehindert Gott sein kann. Der Mensch aber kann nur nehmen, wenn er arm ist. Deshalb gehören Gott und der Arme zusammen. Die Armut der Menschen hat, wo sie wahrhaftig erscheint, ihr Wesen darin, daß sie auf das Geben angewiesen ist. Der Reichtum Gottes hat, wo er ungehindert ausgespielt werden kann, sein Wesen im Ausgeteilt-werden. Mancher mag sich das Wesen des Reichtums so vorstellen, daß es im Haben besteht. Der Reichtum Gottes aber hat seinen Bestand im Austeilen; er erscheint als Austeilen. Deshalb gehört die Gottesherrschaft den Armen, die angewiesen sind auf das Geben.

Es springt sofort in die Augen, wie verkehrt das Verständnis im Sinne der Armenfrömmigkeit ist. Wenn die Armut Ausdruck eines Frömmigkeitsstils ist, ist sie gar keine leibhaftige Armut. Sie ist auch gar nicht die Situation des Nehmenkönnens; vielmehr ist sie ein verkleideter Besitzstand, den es zu wahren gilt. Wer willentlich arm ist, kann gar nicht nehmen wollen. Ihm kann die unmittelbare Beziehung zum Reichtum Gottes, der im Geben besteht, gar nicht zugesprochen werden. In der Armenfrömmigkeit sehen wir einen Gottesbegriff gespiegelt, welcher Gottes Reichtum nicht als Austeilen denkt. Vor Gott zu treten mit leeren Händen, ist hier undenkbar. Diesen Schritt sollten nur Besitzende wagen, freilich im Bewußtsein, daß sie zu wenig besitzen und die notwendige Demut haben müssen, aber durchaus als Besitzende, welche dem alles besitzenden Gott unter die Augen treten. Das ist nicht die Gottesvorstellung, welche sich im Sprechakt der Seligpreisung der Armen ausspricht. Die Frage ist, welches Gottesverständnis dem wahren Sein Gottes näher kommt. Diese Frage wird durch die Seligpreisung Jesu nicht beantwortet; sie wird vielmehr gestellt.

Für die Jesusstufe halten wir zusammenfassend fest: Die Seligpreisung der Armen entdeckt in der Situation der Armut den Bezug, den der Arme zum Reich Gottes hat. Sie entdeckt den Gottesbezug der Armut. Sie denkt Gottes Reichtum nicht als den Status des Besitzens, sondern als die Dynamik des Austeilens. Ebenso denkt sie die Armut des Menschen nicht als Status der Besitzlosigkeit, sondern als Dynamik des Nehmens. Eben so ist vom leibhaftigen Armen angesichts des leibhaftigen Gottes die Rede. Die Seligpreisung knüpft zwar buchstäblich an nichts an; das macht ihre Bedingungslosigkeit aus. Aber sie verknüpft das Nichtige mit dem Gott, der aus nichts etwas macht. Deshalb kennzeichnet es die Seligpreisungen, daß sie Seligkeit entdecken, wo weltlich gesehen nichts als Unseligkeit zu sehen ist: in der Armut, der Trauer, dem Hunger, der Machtlosigkeit.

Wenn wir von hier aus zur Matthäusstufe übergehen, so sind zwei wichtige Veränderungen zu interpretieren. Zunächst wechselt die Seligpreisung zur dritten Person; formal hat sie also nicht mehr die Gestalt der Anrede. Das könnte zum Mißverständnis Anlaß geben, als ob hier ein theoretischer Satz über die Armen gesprochen würde. Eine Theorie des Zusammenhangs zwischen dem Armen und Gott müßte der Seligpreisung Jesu die Dynamik nehmen. Sie wäre nicht nur falsch, sondern sie wäre geradezu unmenschlich, wäre sie nicht mehr Vergegenwärtigung des austeilenden Gottes am auf Empfang angewiesenen

Armen. Wir wissen nicht, was Matthäus mit diesem Wechsel zur dritten Person sagen wollte. Ohne schwerwiegende Gründe jedoch sollte dieser Wechsel nicht einfach als Übergang ins Theoretische interpretiert werden.

Noch schwierigere Probleme stellt die Wendung «die Armen im Geiste» *(ptōchoi tō pneumati)*. Rein grammatikalisch könnte dieser Dativ als Instrumentalis verstanden werden: Arme durch den Geist. Dies wiederum kann auf zweierlei Weise aufgefaßt werden: der «Geist» kann einerseits den menschlichen Geist meinen, demnach hieße der Ausdruck «Arme kraft ihres eigenen Geistes», also «Arme aus eigenen Stücken», «freiwillig Arme». Mit dem «Geist» kann andererseits der Geist Gottes gemeint sein; dann hieße der Ausdruck «Arme durch den göttlichen Geist», «Arme durch den Willen Gottes». In beiden Fällen wäre damit die Unbedingtheit der Seligpreisung Jesu aufgegeben: die «freiwillig Armen» wären dann Exponenten eines Armutideals, das sie selbst um Gottes Willen auf sich nehmen. Ihre Armut könnte – so paradox das klingen mag – ein Besitz vor Gott sein. Etwas ähnliches wäre mit den «Armen durch den Willen Gottes» gemeint; das sind solche, die wegen ihres Gehorsams gegenüber dem Gesetz nicht an den (unrechtmäßig erworbenen) Reichtümern dieser Welt teilhaben. Auch diese Armut hat eigentlich den Charakter des Besitzens, wenn auch nicht vor der Welt, so um so mehr vor Gott.

Eine solche Verkehrung der Seligpreisung Jesu sollte Matthäus erst unterstellt werden, wenn es nicht mehr anders geht. Das ist jedoch keineswegs der Fall. Der Dativ kann nämlich auch als «Dativ der Beziehung» aufgefaßt werden. Ähnliche Ausdrücke aus dem Judentum oder Qumran legen es nahe, im Sinne von «die im Geist Niedrigen», die «Demütigen» zu verstehen. Namentlich die einzige einigermaßen wörtliche Parallele aus Qumran heißt wahrscheinlich «elend in Beziehung auf den Geist» (1QM 14,7; unsicher). Nach allgemeinem Konsens wäre das ein Elend, das angesichts des heiligen Gottes entsteht und auch angebracht ist. Allerdings spricht schon der Kontext in der genannten Stelle aus der Kriegsrolle eine etwas andere Sprache: Strauchelnde werden da von Gott zu Heldentaten berufen, verzagte Herzen werden erhoben, der Mund der Verstummten wird aufgetan, denen wird ein fester Stand verliehen, deren Knie wanken. Alle diese Ausdrücke weisen meines Erachtens darauf hin, daß es hier um Situationen der

Mittellosigkeit, der Verzweiflung, der Ohnmacht geht. Also wären auch die «Elenden des Geistes» nicht gleich den Demütigen durch Gehorsam, sondern eben solche, die mit ihrer Weisheit am Ende sind. Das könnte auch bei Matthäus gemeint sein: Selig die, die mit ihrer Weisheit am Ende sind, denn ihnen kommt die Weisheit Gottes zu, welche im Wissen lassen (nicht im Verrätseln) besteht. Von einer Bedingung könnte man dann nicht mehr sprechen, ganz so, als ob Demut gleichsam das Eintrittsgeld zur Gottesherrschaft wäre. Denn wenn jemand willentlich oder aus Gehorsam mit seiner Weisheit zu Ende kommt, ist er mit seiner Weisheit gerade nicht am Ende. Am Ende mit seiner Weisheit ist, wer selbst am Marktwert der Demut vor Gott verzweifelt.

Indessen kann der «Geist» in diesem Satz noch anders verstanden werden. Einen ähnlichen Dativ haben wir in dem Ausdruck «reinen Herzens» (Mt 5,8; sechste Seligpreisung). Diese sind rein im Blick auf das Herz, ihr Herz ist der *Ort* ihrer Reinheit. Ebenso sind die «Armen im Geist» wohl Arme im Blick auf den Geist; ihr Geist ist der Ort, wo ihre Armut existiert. Daraus ergibt sich einerseits «innerlich arm, geistlich arm, am Ende mit ihrer Weisheit» (Geist als Menschengeist verstanden) und andererseits «mittellos im Blick auf den Gottesgeist», Habenichtse an dem Ort, wo der Gottesgeist existiert. Wahrscheinlich lassen sich beide Bedeutungen nicht völlig trennen. Der menschliche Geist ist in dieser Zeit der vom göttlichen Geist durchdrungene, erleuchtete Geist. Deshalb meint die Seligpreisung bei Matthäus wohl «geistliche Armut» in einem umfassenden Sinne, Mittellosigkeit im Feld menschlicher Lebensweisheit ebenso wie im Feld menschlicher Gottes-beziehung. Als Beispiel für beide Aspekte kommt historisch das sogenannte Landvolk in Frage, das keine Lebensweisheit hat, weil es nicht einmal die Thora studieren kann, und das zugleich geistlich nichts gilt, weil es den Anforderungen religiösen Dabei-Seins nicht genügen kann. So etwas könnte Matthäus im Auge gehabt haben, als er diese Änderung vornahm.

Diese beiden Wörtlein «im Geist» haben dem Matthäusevangelium schweren Tadel eingebracht, insbesondere von vielen Exegeten des zwanzigsten Jahrhunderts, die mit dem Vorwurf der Spiritualisierung recht freigebig sind. Was meint der Vorwurf in diesem Zusammenhang? Ausgangsbasis ist, daß man die materielle Armut, also die Armut an materiellen Lebensmitteln, die konkrete Armut nennt. Konkret ist Armut, wenn sie materiell ist. Gesetzt diesen Fall, dann ist die «geistliche Armut» bei Matthäus nicht mehr konkret, sondern abstrakt, eben verflüchtigt, spiritualisiert. Dann hat Matthäus die konkret ausgesprochene Seligpreisung Jesu ins Geistliche verflüchtigt und hat damit – so der Vorwurf – die konkrete Armut überspielt zugunsten einer bloß geistlichen Armut.

Wie an den meisten Vorwürfen ist auch an diesem Spiritualisierungsvorwurf etwas Wahres dran, obwohl er selbst außerordentlich kurzsichtig ist, wie wir noch sehen werden. Man könnte die geistliche Armut bei Matthäus in der Tat verstehen als eine bloß gedachte Armut, eine Armut, die nicht in meiner Situation besteht, sondern in einer geistigen Einstellung zu dieser Situation. So kann etwa Luther die Armut verstehen als Einstellung zu den Dingen: Armut bedeutet, nicht am Gut zu hängen, gleichgültig, ob man es hat oder nicht. Oder bei Thomas von Aquin gilt die Seligpreisung nicht den aus Gründen der Notwendigkeit Armen (pauperes necessitate), sondern den willentlich Armen (pauperes voluntate). In diesem Strang der Auslegungsgeschichte droht die Armut insofern verflüchtigt zu werden, als die materielle *und* geistliche Mittellosigkeit des Menschen gleichgültig wird. Man kann es wohl nicht als geistliche Mittellosigkeit bezeichnen, wenn ich eine unabhängige Einstellung zu meinen Gütern gewinnen kann. In dieser Auslegung ist aber nicht bloß die materielle Armut spiritualisiert worden, sondern auch die geistliche Mittellosigkeit hat sich verflüchtigt. Damit ist die Parteinahme Jesu für das Mittellose allerdings aufgehoben. Das ist eine Marschrichtung, die zu denken geben muß.

Nicht weniger problematisch ist aber der Spiritualisierungsvorwurf selbst. Er beruht letztlich auf einem materialistischen Welt- (und was noch schlimmer ist: Gottes-) Verständnis. Wo nur das Materielle konkret geheißen wird, wird die Ganzheit des Menschen verachtet. Auf diesem Auge war Matthäus wohl nicht so blind, wie er von Modernen gescholten wird: er machte die Entdeckung, daß es neben der materiellen auch eine geistliche Mittellosigkeit gibt, welche nicht weniger ernst zu nehmen ist als die angeblich konkrete Armut. Auch dieser Mittellosigkeit in bezug auf die Weisheit und in bezug auf die Gottesgegenwart gilt die Parteinahme Jesu für das Mittellose. Auch diese Mittellosigkeit versetzt mich in die Lage, wo ich auf das Annehmen angewiesen bin, und eben so bringt sie mich in ein Verhältnis zu Gott, dem Geber aller Dinge. Diese Einsicht sollte dem dummen Spiritualisierungsvorwurf ein für allemal den Garaus gemacht haben.

Zum Abschluß unserer Auslegung der ersten Seligpreisung will ich den Versuch machen, sie etwas überzuführen in den Zusammenhang unserer eigenen Zeit. Und da bricht noch einmal die Frage nach der ethischen Dimension der Seligpreisung auf. Zunächst können wir festhalten: die Armen, die Jesus selig gepriesen hatte, sind nicht wir. Sie sind in einer anderen Weltgegend zu Hause. Im Sinne Jesu gilt die Seligpreisung nicht uns, den reichen Ländern Europas. Es ist neuerdings beliebt geworden, dies zu betonen. Gott ist auf der Seite der Armen, in der dritten Welt, ihr Reichen solltet das endlich begreifen, daß ihr nicht zu ihm gehört! Etwas davon sollten wir allerdings begreifen, nämlich daß kein anderer als der höchste Gott uns begegnet auf den Gesichtern der Armen und Erniedrigten. Das zu begreifen hieße, alles mögliche gegen ihre Armut zu tun. Und alles mögliche ist ganz einfach der Verzicht auf Reichtum. Die Seligpreisung der Armen hat – so betrachtet – einen *mittelbaren* ethischen Effekt.

Allerdings spricht sich in der beliebt gewordenen Formel, daß Gott auf Seiten der Armen sei, ein ganz fataler Materialismus aus, der Materialismus nämlich, der den Ernst geistlicher Mittellosigkeit völlig verkennt. Spiritualisierung hätte gewiß ihre Klippen, aber dieser neue Materialismus ist um kein Haar besser als sie. Materialismus und Spiritualisierung ist Ausdruck einer völlig verfehlten Anthropologie, im einen Falle das Fleisch als einzig Wirkliches behauptend, im andern den Geist geistlos überschätzend. Da wird die matthäische Interpretation bedeutsam: sie bringt das Phänomen der geistlichen Armut zur Spache, der Unfähigkeit, Gott wahrzunehmen und ihm zu entsprechen. Und genau diese geistliche Mittellosigkeit ist der Gottesherrschaft nicht weniger nahe als die Armut: sie ist dies, weil sie einem leeren Gefäß gleicht, das gefüllt werden muß durch Gott, dessen Wesen die Fülle selbst ist. Damit tritt die im materiellen Reichtum verborgene geistige Mittellosigkeit überhaupt erst ins Bewußtsein. Und es müßte doch auch dem größten Materialisten einleuchten, daß ein beängstigend großer Teil materieller Armut erzeugt wird durch die geistliche Mittellosigkeit der Reichen.

Die Seligpreisung beider, der Armen wie auch der geistlich Mittellosen, bringt beide mit Gott in einen elementaren Zusammenhang: beiden wird so geholfen. Der Arme läßt sich gefallen, was er aus der Hand des Reichen empfängt, denn die Seligpreisung hat ihn auf die Lebensmacht des Empfangens eingestellt. Es gibt ja auch Arme, die nicht mehr nehmen, sondern nur noch fordern können. Dadurch verwirken sie vieles, was sie bekommen könnten. Der Reiche auf der andern Seite erkennt seine Mittellosigkeit als Chance, sich Gottes Gebot, den Armen zu helfen, als Weisung zur Steigerung des Lebens sagen zu lassen. Er sieht sich in seiner geistlichen Mittellosigkeit nicht abgeschnitten von Gott, dem Ursprung des Lebens. Deshalb wird er weniger darauf aus sein, die Reichtümer, die er hat, zur Sicherung seines Lebens einzusetzen. In ihm dämmert vielleicht die Erkenntnis, daß der wahre Reichtum im Austeilen besteht und nicht im Besitzen. Und wem kommt all dieses zugute, wenn nicht dem angeblich einzig konkreten Armen? Solches kann aber nur geschehen, wenn ich dem Reichen in seinem ganzen Reichtum auch Mittellosigkeit zugestehe; eine Mittellosigkeit, die ihn nicht weniger auf Gott einstellt als die Armut den Armen.

Die Seligpreisung der Armen hat freilich zur Kehrseite, daß die Reichen dabei leer ausgehen. Wer aber sind die Reichen? Die Reichen sind die Besitzenden, die ihre Mittellosigkeit an keinem Punkt zu sehen bekommen. In ihrer Situation liegt insofern kein Gottesbezug, als sie auf das Nehmen gar nicht angewiesen sind. Sie geben sich selbst alles, weil sie sich alles leisten können. Dieser Reichtum hat selbstverständlich eine materielle Erscheinungsform, in der Gestalt derer nämlich, die sich materiell alles leisten können und damit sich das Leben selbst geleistet zu haben meinen. Dies wird sich spätestens bei ihrem Tod als eine Lüge und Illusion herausstellen. Dieser Reichtum hat aber ebenso schwerwiegende geistliche Erscheinungsformen: er erscheint in denen, die sich alles selbst sagen und deshalb nicht angewiesen sein können auf das gute Wort, welches für sie in der Welt ist. Er erscheint in denen, die sich – angeblich in bescheidener Selbstbeschränkung – mit der Welt arrangieren, als ob dieses Arrangement ihr Leben tragen könnte. Was *kann* Gott dem geben, der alles schon hat? Nichts. Was *hat* Gott dem gegeben, der alles hat? Alles. Bei der Seligpreisung geht der Reiche leer aus, weil er fortgeschritten ist vom Empfänger zum Besitzer, weil er sich gebärdet, als ob ihm seine Güter nicht gegeben wären. Wenn *dieser* Reichtum auf das Materielle beschränkt wird, greift man viel zu kurz.

Dann wird aus der Seligpreisung der Mittellosen eine Polemik gegen die materiell Reichen, eine Polemik, die ihrerseits die Züge des Reichtums trägt. Stattdessen gilt es, gerade auch den geistlichen Reichtum in die Kehre zu führen. Den geistlichen Reichtum, der sich bisweilen die Maske der bescheidenen Selbstbeschränkung, bisweilen auch die Maske des fortgeschrittenen Besserwissens aufsetzt. Wenn dabei der Gottesbezug der Armut zu Gesicht kommt, wird vielleicht auch der Geist des Reichtums verändert: wahrer Reichtum besteht nicht im An-sich-reißen, im Besitzen, sondern im Empfangen und dann im Austeilen. Deshalb hat der wahre Reichtum von selbst eine Affinität zur Aufhebung der Armut.

«Selig die Trauernden, denn sie *werden getröstet werden.» (Mt 5,4)*

Auch diese zweite Seligpreisung stammt aus der Logienquelle und geht wahrscheinlich in der bei Lukas erhaltenen Form auf den historischen Jesus zurück. Inhaltlich ist die Urfassung gleich, hat jedoch eine andere Wortwahl und eine andere Personalform, die zweite Plural: Selig ihr Weinenden (oder: Klagenden), denn ihr werdet lachen (das «nun» bei Lukas dürfte nicht ursprünglich sein). Bemerkenswert ist wiederum die kirchliche Auslegung dieser Seligpreisung: lange Zeit wurde die Trauer eingeengt auf die Trauer über die eigene und/oder der Welt Sünde und Bosheit. So kann es ausdrücklich heißen, die Seligpreisung gelte nicht etwa der weltlich (bedingten) Traurigkeit (saecularis tristitia), sondern vielmehr der Traurigkeit über eigene und fremde Bosheit. Diese Auslegung bedeutet eine nicht geringe Verschiebung gegenüber dem matthäischen Text und erst recht gegenüber der Urfassung bei Jesus. Auch diese Verschiebung wurde Spiritualisierung genannt, eine Etikettierung, die hier noch weniger zu suchen hat als bei den geistlich Armen.

Die ursprüngliche Seligpreisung der Trauernden durch Jesus kannte keine solchen Einschränkungen. Sie gilt den Trauernden in jeder Gestalt, gleichgültig ob sie über einen Tod trauern oder über die Widerlichkeit der gegenwärtigen Zeit oder über ihre eigene Bosheit. Das zeigt sich gerade auch in der matthäischen Wortwahl, welche eine deutliche Anspielung auf Jes 61,2f enthält: dort ist ebenfalls «trauern *(penthō)*» und «trösten *(parakaleō)*» gebraucht. «... auszurufen ein Gnadenjahr des Herrn und einen Tag der Rache unseres Gottes, da alle

Trauernden getröstet werden» (61,2). Deutlich ist an dieser Jesajastelle der endzeitliche Horizont dieses Trostes. (Von der Problematik dessen, daß die göttliche *Rache* zum Trost gereicht, sehen wir jetzt einmal ab.) Gesprochen wird von einem endgültigen Trost, der alle Trauer für immer aus der Welt schaffen wird (mindestens aus dem Volk Israel). Wenn Matthäus auf diesen Text anspielt, so sieht er sicher auch bei der Seligpreisung den endzeitlichen Horizont: das Futurum in der zweiten Hälfte bezieht sich wohl auf den Trost bei der Ankunft der neuen Zeit. Allerdings sieht Matthäus nicht bloß diesen futurischen Aspekt. In dem aus Markus übernommenen Streitgespräch vom Fasten (Mt 9,14–17, vgl. Mk 2,18–22) verändert er das entscheidende Jesuswort: Heißt es bei Mk «Wie können denn die Hochzeitsgäste *fasten*, in der Zeit wo der Bräutigam bei ihnen ist», so heißt es bei Mt «Wie können denn die Hochzeitsgäste *trauern*, in der Zeit wo der Bräutigam bei ihnen ist». Für Matthäus ist also die Zeit der Trauer nicht erst am Ende aller Zeiten vorbei, schon jetzt, in der Gegenwart dieses Bräutigams hat die Zeit eine andere Qualität bekommen: sie ist nicht Trauerzeit, sondern Hochzeit. Neben dem schon genannten futurischen Aspekt sieht also Matthäus auch den präsentischen: daß Jesus da ist, erübrigt die Trauer, weil schon jetzt der Einbruch endgültigen Trostes stattfindet. Was kann denn der konkrete Vollzug des gegenwärtigen Trostes sein? Die Antwort muß lauten: der Zuspruch der Seligkeit an die Trauernden ist die Vergegenwärtigung endgültigen Trostes.

Wir versuchen, diese Seligpreisung, ähnlich wie die vorhergehende, etwas von innen heraus zu verstehen. Offenbar postuliert sie eine unmittelbare Beziehung zwischen der Trauer der Menschen und der Herrschaft Gottes. Um dem etwas auf die Spur zu kommen, müssen wir uns das Phänomen der Trauer vor Augen halten. Schon in der antiken Literatur wird dieses Verbum sehr häufig im Zusammenhang mit einem Todesfall gebraucht. Ein Todesfall versetzt in Trauer. Was geschieht bei einem Todesfall? Ein Mensch, der zu meinem Leben gehörte und dessen Dasein zu meiner eigenen Lebendigkeit beitrug, ist nicht mehr. Deshalb entsteht die Trauer über das in doppelter Hinsicht entzogene Leben: Trauer über den Entzug des Lebens, den der Verstorbene erlitt, und Trauer über den Entzug der Lebendigkeit, die mir selbst durch den Tod verloren ging. Trauer äußert sich in Weinen und Klagen – wenn sie sich noch zu äußern wagt. Im Weinen und Klagen ereignet sich die Leidenschaft für das Unversehrte, für das volle Leben, für die Ganzheit.

Schon in der Antike geriet diese Leidenschaft für das Lebendige ins Zwielicht. Die Unfähigkeit zu trauern wurde zum erstrebenswerten Ziel. In der stoischen Philosophie etwa galt die Trauer als eine Leidenschaft, die eines Weisen Sache nicht ist. Trauer beruht auf verfehltem Weltbezug. Sie legt Zeugnis davon ab, daß die lebensnotwendige und weise Distanz zur Welt nicht erreicht ist. Wer trauert, macht sich zu viel aus den Dingen und den Menschen. Kann man sich überhaupt zu viel aus dem Gegebenen machen? Jesus pries die Trauernden selig, weil sie gerade in ihrer Leidenschaft für das Lebendige dem Leben selbst zugetan waren. Ziel ist ja nicht die Schmerzlosigkeit des leidenschaftslosen Wandels, Ziel ist das Überhäuftwerden mit den Gaben des Lebens in der Gottesherrschaft. In der Trauer, aus welcher die Leidenschaft für das Lebendige spricht, ist der Mensch eingestellt auf dieses Ziel. Deshalb ist sie kein zu überwindendes Defizit, sondern ein Indiz der Seligkeit.

Die Unfähigkeit zu trauern gibt es ja nicht bloß in der Gestalt der Selbstüberwindung, gleichsam einer ins Unendliche ausgedehnten Trauerarbeit, die nicht bloß den vorliegenden Verlust des Lebens verarbeitet, sondern gegen jeden Verlust des Lebens unempfindlich machen will. Unfähigkeit zu trauern gibt es auch in der Gestalt des gedankenlosen Gelächters, welches das entzogene Leben gar nicht wahrhaben kann und alle Trauer übertönt wie überlaute Musik jede Regung des Gesprächs unterdrückt. Dieses Gelächter in den Ohren, komme ich gar nicht darauf, zu klagen. Die entstandene Lücke fülle ich sofort aus mit Ersatzmaterial, des Lebensentzugs werde ich gar nicht ansichtig. Deshalb bleibt die Klage aus.

In der Klage über den Entzug des Lebens aber wäre ich unmittelbar bezogen auf Gott, den Geber des Lebens. Trösten heißt, dem Traurigen Leben geben. Trösten heißt, sich dem Traurigen zuwenden, ihn teilhaben lassen an meinem Leben und ihn aufmerksam machen auf das, was des Tröstenden *und* des Traurigen Leben trägt. Deshalb ist die Klage innerlich auf den Trost bezogen; obwohl sie nichts hat, was tröstet, ist sie der Anknüpfungspunkt des Trostes. Denn auch der Trost, deutlich am endgültigen Trost der Gottesherrschaft, knüpft an nichts an. Wer also nicht klagen kann, kann nicht getröstet werden. Wäre nicht die Seligpreisung der Trauernden so etwas wie die Erschaffung eines Raums für die Klage? Wenn sie sagt, Gott, der schlechthin Tragende, sei der Trauer zugetan, so ist sie ein Stück Trost, zwar nicht unter den Bedingungen der neuen Zeit, aber dennoch ein endgültiger Trost unter den Bedingungen der vorläufigen Zeit.

Wenn es zutrifft, daß in der Trauer die Leidenschaft für das unversehrte Leben lebendig ist, so gilt dies sicher auch für die weltliche Trauer, die saecularis tristitia. Aber es gilt nicht nur für diese. Auch die Trauer über eigene oder fremde Sünde fällt darunter. Sünde, ob sie nun eigene oder fremde sei, ist immer verfehltes Leben, vernichtete Lebendigkeit. Darob zu trauern ist nicht zu verwechseln mit der gespielten Zerknirschung des armen Sünderleins. Es ist vielmehr die Trauer und die Klage über mißlungenes und mißachtetes Leben. Auch dieser Trauer gilt die Seligpreisung Jesu: die Klage über eigene und fremde Verstöße gegen das Leben hält das Tor offen, durch das die lebenschaffende Vergebung eintreten kann.

Wird dagegen die weltliche Trauer von der Seligpreisung Jesu ausgeschlossen, ist der Spruch Jesu gesetzlich interpretiert. Dann ist nicht mehr die Situation des Menschen angesichts des Lebensentzugs aufgeschlossen für die Gottesherrschaft, sondern es wird das Sündenbewußtsein und die traurige Reue zur Einlaßbedingung in die Gottesherrschaft. Ein solches Verständnis liegt nicht einmal bei Matthäus vor; mit der Unbedingtheit des Zuspruchs Jesu läßt sie sich schon gar nicht mehr vereinbaren.

«Selig die Sanftmütigen, denn sie werden das Land erben.» (Mt 5,5)

Diese Seligpreisung findet sich in der Logienquelle noch nicht; ihre Herkunft ist nicht sicher, sie stammt wohl aus dem matthäischen Sondergut. Ihr Zusammenhang mit dem historischen Jesus ist positiv nicht zu erweisen; sachlich gesehen stimmt sie sowohl mit dem Verhalten als auch mit der Verkündigung der übrigen Seligpreisungen überein.

Das griechische Wort *«praÿs»* (sanftmütig, usw.) läßt verschiedene Deutungen offen. In der griechischen Welt meinte es ein geduldiges Ertragen, das sich nicht zum Zorn hinreißen läßt. Es wird als eine

Tugend aufgefaßt, in welcher sich das Wohlwollen Gottes widerspiegelt.

Für das Matthäusevangelium dürfte der hebräisch-hellenistisch-jüdische Bereich von größerer Bedeutung sein. Hier kommt das Wort sehr in die Nähe von «arm, elend, demütig»; es verbindet Demut mit Freundlichkeit. Die bisher ausgelegten Seligpreisungen brachten jeweils eine Situation des Menschen mit der Gottesherrschaft in Verbindung. Mir scheint es nicht notwendig, von diesem Grundzug jetzt Abstand zu nehmen. Natürlich könnte man diese Seligpreisung der Sanftmütigen verstehen als eine verkleidete Aufforderung zu sanftmütigem Verhalten. Philologisch gesehen ist dies jedoch gar nicht zwingend. Und auch von der Theologie des Matthäusevangeliums her legt sich eine solche ethische Deutung nicht nahe. Dies will ich kurz begründen.

Zum *philologischen Moment*: Der *«praÿs»* ist gar nicht nur der willentlich Demütige; er ist vielmehr der Mittellose in bezug auf Einfluß und Macht; er ist der Machtlose oder Ohnmächtige. In dieser Hinsicht sind die «Sanftmütigen» eng mit den «Armen» verwandt; sie sind in einer «gedrückten Lage»; sie haben keine Macht und vermögen sich deshalb nicht durchzusetzen.

Zum Argument aufgrund der *Theologie des Matthäus*: Im Matthäusevangelium erscheint dieses Wort (welches in den übrigen Evangelien fehlt) noch zwei weitere Male, und zwar als Eigenschaftswort angewendet auf Jesus. In 11,28f heißt es in einer Art Selbstoffenbarung Jesu: «Kommt her zu mir alle, Ihr Mühseligen und Beladenen, und ich werde euch erquicken. Nehmt mein Joch auf euch und lernt von mir, denn ich bin sanftmütig und in meinem Herzen ein Niedriger, und bei mir sollt ihr finden Erquickung für euer Leben.» Hier wird die Sanftmut, die Machtlosigkeit Jesu aufgeführt als Begründung dafür, daß die Mühseligen Erquickung finden werden und daß es gut ist für sie, dieses Joch auf sich zu nehmen. Denn es ist ein leichtes Joch (V. 30). Nicht ein Joch der Gewalt, das die Mühseligen mit Mühen belastet und den Beladenen schwer auf den Schultern liegt. Es ist ein Joch der Gewaltlosigkeit, ein ohnmächtiges Joch (welch ein widersinniger Ausdruck!), ein Joch, das zur Aufrichtung und Erquickung der Elenden führt. Wenn das Adjektiv «sanftmütig» auf Jesus angewandt wird, so kann dies nur den Verzicht auf Gewalt meinen, beziehungsweise die Situation der Ohnmacht, je nachdem ob man auf den Berg der Versuchung oder auf den Hügel Golgatha blickt.

Die zweite Stelle findet sich in 21,5, wo der Einzug des Messias in Jerusalem geschildert wird. Hier erscheint «sanftmütig» in einem Zitat aus Sacharja 9,9, wo der Einzug des gewaltlosen Messiaskönigs geschildert wird. In deutlichem Kontrast zu den Hosiannarufen und den politischen Hoffnungen derer, die die Straßen säumten, wird hier der Messias in seiner ganzen Machtlosigkeit vorgestellt, reitend auf einem Eselsfüllen. Daraus scheint mir noch einmal hervorzugehen, daß das Wort weniger die Tugend der Demut als die Situation der Machtlosigkeit meint, welche in dem Christus ihre Verkörperung gefunden hat.

Von diesen Sanftmütigen, diesen Ohnmächtigen, heißt es also, sie werden das Land zum Erbe erhalten. Die Sprachgestaltung dieser Seligpreisung erinnert stark an Ps 37,11, wo das gleiche den Sanftmütigen verheißen wird. Die Landverheißung war ursprünglich ja auf das Land Kanaan bezogen, auf das Land, wo Milch und Honig fließt. In späteren Zeiten wurde die Landverheißung endzeitlich umgestaltet: jetzt war mit Land mehr die neue Zeit gemeint, in welcher Israel von den Völkern aller Welt bedient werden wird. In dieser endzeitlichen Hoffnung auf den Landbesitz verschränkt sich das endzeitliche, jenseitige Moment mit dem diesseitigen, der Vorstellung, daß Gottes Herrschaft in handgreiflichen Landen aufgerichtet und die Schöpfung durch die Endzeit nicht überwunden wird.

Wenn nun von den Machtlosen gesagt wird, sie würden das Land erben, so ist dies bestimmt eine Anspielung auf solche Endzeithoffnungen. Im Sinne des Matthäusevangeliums ist hier nicht nur ein Land, sondern die ganze Erde gemeint, die ganze Welt. Selig die Machtlosen, ihnen wird die Welt als Erbe zufallen. Die Welt ist insofern jenseitig gedacht, als sie allein durch Gottes Macht heraufgeführt wird. Auf diese neue Welt sind die Sanftmütigen in ihrer Ohnmacht unmittelbar bezogen. Ihre Ohnmacht findet ihr Gegenstück in der Macht Gottes, welche dereinst die Welt zum Ort erfüllten Lebens machen wird. Wir sollten genau auf diesen Satz achten: den Sanftmütigen wird nicht etwa alle Macht versprochen, sondern die Welt, die endgültige Lebensgrundlage sozusagen. Die Seligpreisung verspricht den Machtlosen gerade *nicht alle Macht*. Sie sagt vielmehr: alles Leben denen, die in ihrer

Machtlosigkeit zur Macht Gottes passen. Als Rabbi Jehoshuha ben Levi, der im dritten Jahrhundert nach Christus lebte, einmal «krank» war, wurde er entrückt (im Fiebertraum). Sein Vater sprach (hinterher) zu ihm: «Was hast du gesehen?» Er antwortete ihm: «Eine umgekehrte Welt habe ich gesehen, die Obersten zu unterst und die Untersten zu oberst.» Er (der Vater) sprach zu ihm: «Eine lautere (wahre) Welt hast du gesehen...» (Bill I 830). Bei allem Respekt vor Rabbi Levi, aber dies stimmt nicht: er hat nicht eine lautere Welt gesehen, sondern eine Widerspiegelung der alten unlauteren Welt in ihr Gegenteil. Wenn das Unlautere im Vorzeichen umgekehrt wird, bleibt es unlauter. Das ist zu beachten, gerade angesichts unserer Seligpreisung, welche den Ohnmächtigen nicht etwa alle Macht verspricht, sondern vielmehr das Leben in der neuen Welt. Entweder ist die Macht dem Leben feindlich, dann gilt dies auch von der neuen Welt, oder sie ist es nicht, dann sind schon in der alten Welt die Mächtigen die eigentlich Lebenden. Die Sanftmut selbst ist der Fülle des Lebens zugewandt, genauso wie die sanfte Technologie das Lebendige hegt, es nicht überwältigt mit erdrückender Gewalt. Die Sanftmut mit eschatologischer Macht ausstatten hieße, ihren Lebensbezug förmlich zu ersticken. Denn zur Sanftmut paßt überhaupt keine Macht, auch nicht eine eschatologische oder heilige.

Die Seligpreisung der Machtlosen steht historisch im Zusammenhang der zelotischen Versuchung. Es ist kein Zufall, daß der Christus bei Matthäus gleich zweimal als sanftmütig bezeichnet wird. Darin liegt wohl der Kern seiner Abgrenzung von den Zeloten, von den Gewalt anwendenden Kämpfern für die Gottesherrschaft. Selig die Gewaltlosen. Diese werden die Welt zum Erbe haben. Hier in dieser Seligpreisung ist etwas von dem Wissen aufbewahrt, daß es einen inneren Zusammenhang zwischen dem Ziel und den Mitteln gibt. Der Gewaltausübung wird kein Land versprochen, kein endgültiger Lebensraum wartet auf die Gewaltsamen. Mögen ihre Ziele noch so edel sein, mag ihr Eifer sich noch so sehr auf das Reich Gottes richten, ihr Einsatz von Gewalt scheidet sie vom Lebensraum. Denn der Weg, auf dem etwas erreicht wird, gibt immer dem Erreichten das Gepräge. Der Weg der Gewaltsamkeit führt nicht zum Reich des erfüllten Lebens. Niemand errichtet mit Gewalt ein Reich der Liebe, nicht einmal ein Reich der Freiheit. Auf jenes Reich der Liebe sind deshalb die Ohnmächtigen eingestellt. Sie kommen nie in die Versuchung der Macht. Sie kommen nicht in die Lage, dieser Versuchung zu erliegen und sich das Erbe zu verwirken. Deshalb gilt: Selig die Gewaltlosen, die Ohnmächtigen, denn sie werden die Welt zum Erbe haben.

«Selig die hungern und dürsten nach der Gerechtigkeit, denn sie *werden gesättigt werden.» (Mt 5,6).*

Diese vierte Seligpreisung stammt wiederum aus der Logienquelle. Ein Vergleich mit der Lukasparallele ergibt eine relativ wahrscheinliche Rekonstruktion der Vorlage (welche zugleich die Jesusstufe darstellt): in der Matthäus-Version wurde (vielleicht vormatthäisch) der Hunger durch den Durst ergänzt, wohl auf Matthäus geht zurück die Einfügung von «nach Gerechtigkeit». Lukas dagegen betont mit seinem «nun» den Gegensatz zwischen dem Jetzt und dem Dann (welcher schon in der Logienquelle implizit vorhanden war). Wieder in der matthäischen Gemeinde dürfte der Wechsel von der ursprünglichen zweiten zur stärker weisheitlich orientierten dritten Person vorgenommen worden sein.

Auf der *Jesusstufe* werden die Hungernden seliggepriesen, ihnen steht die eschatologische, endgültige Sättigung bevor. Wer sind die Hungernden? Das sind die, deren Leben durch Hunger bedroht ist. Es sind die, welche Hunger nach Lebensmitteln haben. Diese Hungernden sind auf die Gottesherrschaft bezogen, unmittelbar verbunden mit dem neuen Reich, dessen Wesen es ist, daß die Hungernden gesättigt werden.

Es wäre zwar zynisch, dem Hunger eine Seligkeit abgewinnen zu wollen. Und dennoch liegt ein Gottesbezug im Hunger nach Lebensmitteln: der Bezug auf den Leben austeilenden und Lebensmittel zur Verfügung stellenden Gott. Die Erfahrung lehrt, daß die Lebensmittel in dieser Welt begrenzt sind und eines Tages Hunger herrschen kann. Die Gottesherrschaft läßt hoffen, daß die Lebensmittel in Hülle und Fülle das letzte Wort haben werden.

Auf der Stufe des *Matthäusevangeliums* wurde dieser Hunger nach Lebensmitteln verwandelt in den Hunger nach der Gerechtigkeit. Diese Neuinterpretation ist nicht leicht zu verstehen. Was bedeutet denn Gerechtigkeit? Die altkirchliche Auslegung verstand darunter ein menschliches Verhalten, eine Qualität, die dieses Verhalten vor Gott hat. So wird die Gerechtigkeit in der katholischen Auslegung fast zum Inbegriff der Tugend selbst. Was aber heißt in diesem Zusammenhang der Hunger nach Gerechtigkeit? Es meint zunächst die Feststellung eines Defizits: ich verhalte mich zuwenig gerecht. Und dann meint es einen aktiven Umgang mit dem Defizit: ich bemühe mich um ein gerechteres Verhalten. Ist das nicht einfach eine Mahnung, als Seligpreisung verkleidet?

Diese Auslegung von Gerechtigkeit hat schon einen exegetischen Anhalt. Gerechtigkeit ist ein Hauptwort des Matthäusevangeliums. Es wird häufig redaktionell eingeführt. An einigen Stellen bezeichnet es ein menschliches Verhalten (5,20: eure Gerechtigkeit muß die der Schriftgelehrten und Pharisäer übersteigen; 6,1: macht aus eurer Gerechtigkeit keine Schau vor den Menschen). Bemerkenswert ist freilich, daß diese beiden Stellen, an welchen die Gerechtigkeit eindeutig als Qualität oder Verhalten des Menschen gebraucht wird, beide ein Possessivpronomen anführen: *eure* Gerechtigkeit. Nur auf diese beiden Stellen kann sich eine im oben skizzierten Sinne ethische Auslegung stützen.

Stutzig machen müßte uns, daß in der Seligpreisung dagegen nicht von ihrer Gerechtigkeit die Rede ist, sondern einfach von *der* Gerechtigkeit, die als bekannt vorausgesetzt zu werden scheint. Wer nach dieser Gerechtigkeit hungert, wird in der Gottesherrschaft gesättigt werden. Das bedeutet: die Gerechtigkeit, nach der er sich sehnt, wird er in der Gottesherrschaft erhalten. Daraus folgt: die Gerechtigkeit ist hier die in der Gottesherrschaft ausgeteilte Gerechtigkeit. Man könnte auch sagen: es ist die Gerechtigkeit, die Gott schafft. Schon daran muß die Auslegung auf ein menschliches Verhalten scheitern: denn ein gerechtes Verhalten ist doch gar kein jenseitiges Gut, es kann, wie das Possessivpronomen zeigt, in meinen Besitz übergehen. Dazu kommt, daß die ethische Auslegung zur Metapher des Hungerns und Gesättigtwerdens gar nicht paßt: der Hunger ist eine Metapher für ein Verlangen nach einer Sache, die mir gegeben werden muß. Genauso wie im körperlichen Hunger das Verlangen nach den Lebensmitteln der Erde erscheint, erscheint im Hunger nach Gerechtigkeit das Verlangen nach der Gerechtigkeit, die Gott gibt. Ein Hunger zielt also gar nicht auf etwas, was ich mir selbst geben kann. Denn er zielt auf Gesättigtwerden, und das ist der Inbegriff des Bekommens. Deshalb erscheint es unsachgemäß, hier ein sich Mühen um meine eigene Gerechtigkeit, um mein gerechtes Verhalten, zu erblicken.

Was aber heißt die Seligpreisung bei Matthäus dann? Schon in alttestamentlicher Zeit kann von denen gesprochen werden, die einen Hunger danach haben, das göttliche Wort zu hören (Am 8,11). Mit diesem Hunger ist nicht etwa gemeint, es sei ein religiöses Erwachen in Israel zu verspüren, gemeint ist vielmehr das verzweifelte Defizit an Gotteswort, das objektive Fehlen dieses alles entscheidenden Lebensmittels. Hunger nach Gerechtigkeit ist dementsprechend das Verlangen danach, von Gott selbst zurecht gebracht zu werden. Denn die Gerechtigkeit Gottes, welche in der Gottesherrschaft zum Zuge kommen wird, ist ja nicht eine göttliche Messung menschlichen Verhaltens. Sie ist vielmehr die göttliche Verwandlung des Menschen. Aus dem, der in seinem Sein *und* seinem Verhalten Gott nicht entspricht, wird einer, der Gott entspricht, der zurechtgebracht wird von Gott. Es ist klar, daß diese Zurechtbringung des Seins auch das Verhalten betrifft. Denn ein gerechtes Sein ohne gerechtes Verhalten ist undenkbar. Im Hunger nach Gerechtigkeit sind die Hungernden bezogen auf den Gott, der die Zurechtbringung zu seiner Sache machen wird. Die Seligkeit dieser Hungernden besteht genau darin, daß sie die Gerechtigkeit Gottes Sache sein lassen können, weil sie ganz und gar nicht ihre Sache ist.

Wenn Matthäus das nicht so gemeint hätte, wenn er also gemeint hätte, es könnte ein Mensch den Eintritt ins Gottesreich mit seiner eigenen Gerechtigkeit erkaufen, hätte Matthäus den Boden des Christusglaubens verlassen. Nicht nur Jesus, der die Armen, Trauernden und Hungrigen *unbedingt* selig spricht, wäre gegen Matthäus ins Feld zu führen, sondern auch der Christusglaube, der in Christus nichts anderes sieht als die Verkörperung dessen, daß Gott die Gerechtigkeit des Menschen zu seiner Sache gemacht hat. Wenn Matthäus eine in diesem Sinne zu verstehende Ethisierung der Seligpreisung durchgeführt hätte, müßte diese sachkritisch gegen Matthäus zurückgewonnen werden. Aber ich sehe vorderhand keinen stichhaltigen Grund, Matthäus solches zu unterstellen.

Halten wir also fest: Selig sind die, welche keine Gerechtigkeit haben, und deshalb im Hunger auf Gottes Zurechtbringung bezogen sind. Selig sind auch die, welche Ungerechtigkeit zu erleiden haben, ohne sich selbst Recht verschaffen zu können. Ihnen Recht zu schaffen, wird immer Gottes Sache sein. Vielleicht macht diese Seligpreisung auf die Ganzheit der Lebensmittel aufmerksam: Lebensmittel ist auch das tägliche Brot, Lebensmittel ist aber nicht weniger die Gerechtigkeit, die Entsprechung zu Gott. Daß es überhaupt einen Hunger nach diesem Lebensmittel gibt, schafft einen Gottesbezug inmitten der Welt, die zu viel nach dem bloß Sachgerechten und zu wenig nach dem Gott Gerechten fragt. Und vielleicht zieht die Orientierung an dem, was Gott entspricht, auch eine größere Sachgerechtigkeit nach sich. Der Sache des täglichen Brotes gerecht wäre es, wenn alle damit gesättigt würden. Diese Sachgerechtigkeit haben wir noch nicht einmal erreicht. Vielleicht zeigt sich gerade in diesem Defizit unser Hunger nach Gottesentsprechung, der als subjektive Empfindung wohl nicht groß da ist, dafür aber im Nachdenken über die objektiven Bedürfnisse sich um so deutlicher zeigt.

Wir kommen jetzt zur zweiten Vierergruppe der Seligpreisungen. Diese unterscheidet sich von der ersten Gruppe namentlich darin, daß stärker ein bestimmtes Verhalten in den Vordergrund tritt. Während die ersten vier Seligpreisungen jeweils eine Situation der Menschen für die Gottesherrschaft aufschließen, sind jetzt die Mitleidigen, die reinen Herzens, die Friedensstifter und die Verfolgten angesprochen. Man sollte aus dieser Verschiebung des Blickwinkels keinen allzu prinzipiellen Unterschied machen. Beide Gruppen können einerseits evangelisch verstanden, beide können andererseits gesetzlich mißverstanden werden.

«Selig die Mitleid üben, denn sie *werden Mitleid finden.» (Mt 5,7)*
Zunächst gilt die Seligkeit also den Barmherzigen oder Mitleidigen. Diese Seligpreisung steht im breiten Strom der jüdischen Überlieferung, wo immer wieder der Mitleidige gepriesen und Mitleid als gottesgerechtes Verhalten herausgestellt wird. In der rabbinischen Theologie kann das Mitleid sogar zum Schlüsselbegriff der Gesetzeserfüllung werden. Wichtig ist, daß das Wort nicht eine bestimmte Stimmung des Gefühls meint in der jüdischen Welt, sondern einen

Mitleid*erweis*, einen Liebes*dienst*. Auch Matthäus scheint diesen jüdischen Überlieferungsstrom vorauszusetzen, wenn er das Mitleid zu den «gewichtigeren» oder «beschwerlicheren» Geboten des Gesetzes rechnet (Mt 23,23). Da diese Seligpreisung so nur im Matthäusevangelium steht (ein Anklang daran findet sich freilich in Lk 6,36), wird sie im Zusammenhang des Matthäusevangeliums zu verstehen sein.

Einen ersten Hinweis erhalten wir durch die schon genannte Stelle 23,23. Hier geht es um die Auseinandersetzung mit den Pharisäern. Ihnen wird vorgeworfen, sie erfüllten zwar die Verzehntungsgebote bis ins Kleinste, die gewichtigeren Gebote des Gesetzes aber übergingen sie. Mit solchen Vorwürfen gegenüber dem Pharisäismus müssen wir insofern vorsichtig sein, als sie uns zu einer historischen Lokalisierung der Gesetzlichkeit verleiten könnten. Sicher hat es solche Pharisäer gegeben, so gut wie es Christen gibt, die dort, wo es nichts kostet, ihr Christsein bewerkstelligen. Aber das heuchlerische Verhalten, wie Matthäus es nennt, läßt sich keineswegs auf den Pharisäismus beschränken, mehr noch, es entspricht dem Ansatz pharisäischer Lebensauffassung nicht. Den Pharisäern ging es zwar um die kleinsten Dinge, aber ihre Intention war, Gottes Willen *bis ins Kleinste* zu tun – also nicht: Gottes Willen *bloß* im Kleinsten zu tun. Daß ihre Art, nach den Grenzen des Erlaubten zu fragen, *faktisch* darauf hinauslaufen konnte, im Kleinsten gehorsam und im Gewichtigsten unmenschlich zu werden, ist klar und auch tausendfach belegt. Dieses Phänomen tritt aber überall in Erscheinung, wo man nach dem Willen Gottes fragt. Deshalb soll der matthäische Vorwurf an die Adresse der Pharisäer nicht zu einem historischen Fossil verkümmern, sondern er soll selbstkritisch gerade auch von Christen auf sich selbst angewendet werden. Im Kleinsten tut ihr den Willen Gottes, in den gewichtigeren Dingen wie Mitleid verstoßt ihr dagegen. Dieser Vorwurf hat eine Praxis der formalen Gerechtigkeit im Blick, einer Gerechtigkeit, die, selbst wenn sie auf das Wohlgefallen Gottes ausgerichtet ist, nur dem Täter selbst zugute kommen soll. Wo die Gerechtigkeit im Kleinen zum Panzer des Menschseins wird, da erstickt das Mitleid, weil das Mitleid die Gerechtigkeit bei weitem übersteigt. Die Mitleidigen sind die, welche den Panzer des Gerechten abgelegt haben und sich hinreißen lassen zu dem, was mehr als gerecht ist.

Einen zweiten Verstehenshinweis erhalten wir von einer Gegenüberstellung, die Matthäus gleich an zwei Stellen in die Markusüberlieferung einfügt: «Mitleid will ich und nicht Opfer» (Mt 9,13; 12,7). Beide Sätze sind als Deutehinweise eingefügt in Streitgespräche, in welchen es um das Gesetz geht (Zöllnergastmahl, Ährenraufen am Sabbat). Offenbar will Matthäus damit aussagen, daß der eine – abgelehnte – Umgang mit dem Gesetz den Charakter des Opfers hat, während der andere – von Jesus befürwortete – Umgang eben Mitleid darstellt. Der Satz ist ein Hoseazitat und nimmt damit die alte prophetische Kritik am Kultischen auf. Opfer steht hier für den geregelten Kultbetrieb, für die geregelte und beherrschbare Gottesbeziehung. Mitleid dagegen steht für den Bezug zum Notleidenden und Verachteten. Die alte prophetische Kritik richtet sich gegen die Isolierung Gottes im Kultbetrieb, dagegen, daß der Kult in Jerusalem tadellos funktionierte, während der Umgang mit den Elenden, Witwen, Verachteten, Armen gleichsam nicht unter den Augen Gottes stattfand. Daran knüpft Matthäus an, wenn er die Gesetzesauslegung Jesu schildert. Offenbar gibt es einen Umgang mit dem Willen Gottes, der diesem Willen nur scheinbar entspricht, in Tat und Wahrheit ihn aber mit Füßen tritt. Dies ist der Fall, wenn die Regelung des Gesetzes den Impuls des Mitleids tötet, den Impuls des Mitleids nämlich, das eine ungeregelte Hinwendung zum Menschen darstellt.

Vielleicht kann dem Gegensatz von Opfer und Mitleid noch ein zweiter Hinweis entnommen werden: das Opfer steht für die Beschäftigung mit Gott, für die menschliche Zuwendung zu Gott; das Opfer geschieht, damit der Mensch Gott gefalle (oder heutzutage: sich selbst). Demgegenüber ist das Mitleid die Zuwendung zum Notleidenden, das Zugehen auf den Menschen, der meiner bedarf. Der prophetische Satz «Mitleid will ich und nicht Opfer» soll wohl die Aktivität in andere Bahnen lenken: nicht auf Gott soll sie gerichtet sein, sondern auf den Menschen, der sie braucht. Die Mitleidigen, das sind die, welche ihre Aktivität auf den andern, und zwar ungeregelt auf den andern richten.

Schließlich will beachtet sein, daß das Mitleid eine Leidenschaft ist. Der Erweis des Mitleids ist genährt vom Affekt, er gedeiht bloß auf dem Boden des Emotionalen. Mitleid ist also jenes Lebensphänomen, das sich immer wieder beobachten läßt: daß ein Mensch berührt ist vom andern und sich seiner erbarmt. Im Mitleid ist der Mensch dem

Menschen leidenschaftlich zugetan. Mit diesem Lebensphänomen, dem im Matthäusevangelium die Seligkeit zugesprochen wird, hatte schon die stoische Philosophie ihre Mühe. Nicht daß die stoische Philosophie etwa Herzenshärte oder Erbarmungslosigkeit empfohlen hätte ...! Ihr Ideal war die «chrēstotēs», die überlegte Milde und wohlabgewogene Güte. Gerade deshalb war sie skeptisch gegenüber dem Mitleid, in welchem der Mensch die Herrschaft über sich selbst verliert, war sie skeptisch gegenüber der Leidenschaft, in welcher der Mensch kopflos handelt. Während das Mitleid die elementare, jedem Überlegen zuvorkommene Zuwendung zum Menschen darstellt, eine Zuwendung, in welcher ich gar nicht mehr Herr der Lage bin, trat die Stoa für die vernünftige Güte ein, die Milde dessen, der auch in der Zuwendung den Abstand nicht verliert.

Im Matthäusevangelium dagegen werden die selig gepriesen, die leidenschaftlich dem Menschen zugetan sind. Ihnen wird versprochen, daß Gott dieselbe leidenschaftliche Zuwendung für sie haben werde. Ist das nicht doch die Unterwerfung Gottes unter die menschliche Praxis? Wenn du barmherzig bist, dann wird auch Gott barmherzig sein. Ein solcher Satz tut so, als ob Gott bloß das himmlische Gegenstück zu meinem Verhalten wäre, als ob ich Gottes Mitleid produzieren könnte durch mein eigenes. Die Seligpreisung kann, muß aber nicht so verstanden werden. Es könnte auch sein, daß das göttliche Mitleid allem menschlichen Mitleid zuvorkommt. Davon spricht das Gleichnis vom Schalksknecht (Mt 18,23–35), wo ein ungleich viel größerer Mitleidserweis zur Vorgeschichte des Knechtes wird, der seinen Schuldner erbarmungslos ins Gefängnis werfen läßt. Wäre es unvernünftig zu sagen, daß das Mitleid, das vor allem da war, auch nach allem, dem gelungenen und dem mißlungenen Tun, noch da ist? Solche letzten Fragen sollte man freilich nicht beantworten.

Immerhin, die Seligkeit der Mitleidigen beruht doch darauf, daß sie sich schon jetzt auf etwas verlassen, das endgültig Zukunft hat. Schon jetzt vertrauen sie sich der Bewegung des Mitleids an, auf die alles einmal hinauslaufen wird. Ihre Seligkeit besteht darin, daß sie sich der Bewegung Gottes selbst überlassen, wenn sie leidenschaftlich dem Menschen zugetan sind. Freilich, es ist nicht leicht, mitleidig zu sein, in einer Zeit, die der kühlen Sachlichkeit huldigt. Es ist nicht leicht, Mitleid zu erweisen, in einer Zeit, wo die Empfänger es als Herablassung empfinden. Schwierig ist es, sich der Bewegung des Mitleids anzuvertrauen, wenn doch die analytischen Geister uns nachweisen, wir wollen mit den Almosen nur dem fundamentalen Umdenken ausweichen, der einschneidenden Veränderung unserer Haltung. Es ist offenbar schwierig geworden, Empfänger einer Sache zu sein, ohne darauf Anspruch zu haben. Das Mitleid, so sagen viele, muß ersetzt werden durch das Zugeständnis, daß die Forderungen der Notleidenden gerecht sind. Das ist wohl wahr. Aber Gerechtigkeit ermöglicht Abstand, sie läßt viel leichter zu, die Forderungen auch abzulehnen. Es mag seine berechtigten Gründe haben, daß Almosengeben und Almosennehmen in Verruf geraten ist. Ob es gut ist, weiß ich nicht. Wohin gerät da die elementare Leidenschaft des Menschen für den Menschen? Wohin gerät da das Mitleid, diese Spur des Gottesreiches inmitten der Welt? Mir scheint, die Seligpreisung Jesu würde es rechtfertigen, das Mitleid zu kultivieren, nicht in dem Sinne zwar, daß man Mitleid bewerkstelligt, sondern in dem Sinne, daß man die Sinne schärft für die Phänomene des Mitleids, für die Spuren des Gottesreiches, um zu erkennen, welcher Bewegung man sich lohnenderweise anvertrauen soll.

«Selig die reinen Herzens (sind), denn sie *werden Gott schauen.»* *(Mt 5,8)*

Bekanntlich war das Herz im hebräischen Denken nicht etwa bloß Ort des Gefühls, der menschlichen Wärme oder Kälte. Das Herz ist das Zentrum des ganzen Menschen, das Zentrum seines Fühlens, seines Wollens, seines Denkens. Man könnte auch sagen: das Herz ist der Sitz des Ichs, das existentielle Zentrum des Menschen. Wer also von Herzensreinheit spricht, meint damit eine Reinheit, welche die Person zentral umfaßt, eine Reinheit der ganzen Existenz. Man könnte ja den Ort der Reinheit auch anderswo sehen: in der Tätigkeit des Menschen etwa, oder in seinen Außenbeziehungen. Herzensreinheit meint eine Reinheit, die sich auf das Ich selbst erstreckt, eine Reinheit, zu der das Ich keinen Abstand mehr hat wie es sonst etwa Abstand hat zu seiner Tätigkeit, zu seinen Belangen und Außenbeziehungen.

In der Vorstellung der *Reinheit* sind verschiedene Aspekte aufeinander bezogen. Reinheit meint zunächst die Ungeteiltheit. Der im Herzen Reine ist der Einfache in dem Sinne, daß in seiner Person Eindeutigkeit besteht. Eindeutigkeit etwa in der Frage, woran er sein Herz hängt. Der Einfache steht dem Menschen gegenüber, der in sich selbst zwiespältig ist. In dieser Gegenüberstellung erscheint die Reinheit dann auch als Lauterkeit. Unter Zwiespältigkeit stellt man sich gewöhnlich ein inneres Schwanken vor, eine innere Doppeldeutigkeit, mit der viele leben müssen. Unsere vorliegende Seligpreisung lenkt das Augenmerk eher auf eine Art existentieller Zwiespältigkeit, auf die Zwiespältigkeit des Lebensvollzugs selbst. Ein Beispiel, woran man sich dieses klarmachen kann, liefert die Bergpredigt selbst: es gibt Menschen, die aus ihrer Gerechtigkeit eine Schau vor den Menschen machen (6,1). In ihrem Streben nach Gerechtigkeit, welche doch ihr *Gottes*verhältnis ist, sind sie an den menschlichen Zuschauern orientiert. Das bedeutet: es geht ihnen gleichzeitig um die Würde vor Gott und um die Würde vor den Menschen. Eben dies ist ein zwiespältiger Existenzvollzug: zwar ist das Tun auf Gott bezogen, und dennoch schielt der Täter auf die Würdigung durch Menschen. Eben dieser zwiespältige Existenzvollzug scheitert an seiner Zwiespältigkeit: er könnte nur gelingen, wenn die vox populi identisch wäre mit der vox Dei. Reinheit des Herzens meint in diesem Zusammenhang also die ungeteilte Orientierung an Gott, den persönlichen Gottesbezug ohne abständigen Zwiespalt.

Es gibt keine Religion, in welcher das Phänomen der Reinheit nicht eine bedeutende Rolle gespielt hätte. Die Reinheit scheint zu den elementaren Themen menschlicher Religiosität zu gehören. Vielleicht ist Reinheit ein elementares Thema menschlicher Existenz überhaupt. Denn auch der a-religiöse Mensch ist unverkennbar auf Eindeutigkeit aus, auf die Klarheit seines Existierens.

In der religiösen Gestalt gibt es eine Reinheitsvorstellung, wo die Reinheit sozusagen Bedingung für den Gottesbezug ist. Nur wer rein ist, kann es wagen, Gott unter die Augen zu treten. Deshalb wird der Bereich des Göttlichen abgegrenzt. Vor dem Eintritt ins Heiligtum hat sich der Mensch den Reinigungsriten zu unterziehen. Eine solche Reinheitsvorstellung finden wir etwa bei der Gruppe von Qumran. Hier ist die völlige Reinheit Bedingung für die Berührung mit dem Heiligen. Deshalb werden viele Reinigungsriten veranstaltet, ja mehr noch, nur Reine erhalten Aufnahme in die Gemeinschaft. Das ist der Grund dafür, daß nur Gesunde nicht Kranke, nur Starke nicht Schwache, nur Männer nicht Frauen in die Gemeinschaft aufgenommen wurden. Hier tritt der Aspekt der Ganzheit und Unversehrtheit deutlich in den Vordergrund. Reinheit ist demzufolge nur zu erlangen auf dem Wege der Absonderung. In der normalen Gesellschaft ist man ständig mit Unreinen befaßt. Eine reine, eindeutige Existenz ist deshalb nur möglich, wenn man aus der Gesellschaft aussteigt in die Wüste von Qumran. Unverkennbar ist, wie sehr dieser Reinheitsgedanke auch in manchen heutigen gesellschaftlichen Gruppen beherrschend ist.

Schon im Alten Testament, insbesondere in den Psalmen, gibt es daneben die Vorstellung, daß nur Gott selbst Reinheit verschaffen kann. Erschaffe in mir ein reines Herz, betet Psalm 51,12 in ausdrücklichem Rückgriff auf die Schöpfung der Welt durch Gott (dieselben Verben werden gebraucht). Hier ist die Ahnung ausgesprochen, daß die existentielle Reinheit dem Menschen gar nicht erschwinglich ist, daß sie sich vielmehr der Kreativität Gottes verdankt. Und dieser Kreativität setzt sich aus, wer mit dem Heiligen in Berührung kommt. Seit alten Zeiten schon war es ein Thema des israelitischen Glaubens, von der Reinheit des Herzens zu sprechen, die unter Umständen in eine Spannung treten kann zur äußeren Reinheit, welche ebenfalls eine große Rolle spielt, wie die unzähligen Reinheitsgebote bis auf den heutigen Tag anschaulich machen.

Diese Spannung zwischen der Reinheit, die durch Befolgung der Reinheitsgebote erreicht wird, und der Reinheit im Zentrum des Menschen ist noch einmal im Zusammenhang mit Jesus aufgebrochen. Auch das Matthäusevangelium kommt an mindestens zwei Stellen auf diesen Konflikt zu sprechen (15,1–20; 23,25f). Der Konflikt bricht auf an den Reinheitsgeboten: an den Vorschriften, sich vor dem Essen zu reinigen, an den Vorschriften auch, welche Speisen zu essen sind und welche nicht. Man sagt oft, Jesus habe die Äußerlichkeit dieser Speisegebote und überhaupt der kultischen Reinheit kritisiert zugunsten einer inneren, spirituellen Reinheit. Dies mag ein Aspekt sein, ist jedoch nicht die Pointe. Die Pointe kommt vielmehr in einem Jesuswort zum Ausdruck (Mt 15,11: «Nicht was in den Mund des Menschen hineinkommt, macht den Menschen unrein, sondern was aus dem Munde herauskommt, das ist es, was ihn unrein macht.») In diesem Satz stehen sich zwei einander ausschließende Reinheitsvorstellungen gegenüber. Im einen Fall erhalte ich meine Reinheit, wenn ich mich möglichst abschirme gegen Einflüße, die mich verunreinigen. Meine Reinheit ist in Gefahr dadurch, daß ich Dinge aufnehme: Speisen etwa, Beziehungen mit Unreinen, oder unreine Gegenstände und Tiere. Es ist unmittelbar evident, daß diese Reinheitsvorstellung zum Abstandnehmen führt. Die Reinheit lebt vom Abstand, welche ich zum Unreinen habe. Seine geschichtliche Konkretion hat dieser Abstand etwa in den Pharisäern, für welche die Absonderung von dem und von denen, die verunreinigen, außerordentlich wichtig war. Diese Reinheitsvorstellung ist von vornherein auf Abschrankungen aus: Abschrankungen gegenüber äußeren Einflüßen und gegenüber Beziehungen. Die Reinheit entsteht durch Abgrenzung, ein Phänomen, das wohl auch in unseren Tagen nicht unbekannt ist. Es gab im späten Liberalismus den Gedanken vom ursprünglichen Adel des Herzens; er wurde in Zusammenhang gebracht mit der Seligpreisung Jesu. Jesus wolle damit ausdrücken, daß das Herz ursprünglich rein sei, und daß es sich diese Reinheit bewahren solle. Das ist gerade nicht die Vorstellung Jesu, sondern – wenn schon – eher die derer, die unreine Einflüße für entscheidend hielten. Gerade wer die Unreinheit auf äußere Einflüße zurückführt, huldigt womöglich dem romantischen Gedanken von der ursprünglichen Unversehrtheit des Herzens.

Demgegenüber ging es Jesus, wie das oben zitierte Wort belegt, gerade nicht um den ursprünglichen Adel des Herzens, sondern vielmehr um das Herz als *Ursprung* des Unreinen. Nicht die Einflüße machen den Menschen unrein, sondern vielmehr die Ausflüße. Damit ist die Denkrichtung umgekehrt. Von dem, was mich verunreinigt, wird jetzt abgesehen. Stattdessen wird das Unreine in den Blick genommen, das ich selbst produziere. Es ist die Unreinheit, zu der ich keinerlei Abstand mehr habe, weil sie in mir selbst ihren Ursprung hat. Von ihr kann ich mich nicht abgrenzen, ich kann sie höchstens vernichten lassen durch die Kreativität Gottes. Damit ist die Fragerichtung ebenfalls umgekehrt. Nicht nach dem, was mich verunreinigt, habe ich zu fragen, sondern nach dem, was als Reinheit aus mir herauskommen könnte. Es gilt nicht mehr, Abstand zu halten vom Unreinen, sondern dem Reinen in Ungeteiltheit anzuhangen. Diese Reinheit ist nicht mehr Sache der Abgrenzung, sondern der Hingabe an den Quell aller Reinheit. Das wird auch existentielle Folgen haben müssen. Der Schritt von der Absonderung zur Hingabe an die Menschen müßte selbstverständlich sein.

Das also sind die reinen Herzens: sie orientieren sich ungeteilt an Gott, der aller Reinheit Schöpfer ist. Sie orientieren sich an dem, der ihre eigene, innere und äußere Zwiespältigkeit überwindet. Ihnen gilt das Versprechen, daß sie Gott schauen werden. Das ist ein bildhafter Ausdruck für endgültiges, jenseitiges Sein, für den ungeteilten Gottesbezug in der Gottesherrschaft. Sie werden sehen, wie es in Wahrheit ist. Die Seligkeit liegt jedoch nicht ausschließlich in solchen Versprechungen. Die Seligkeit liegt in der Reinheit des Herzens selbst. Denn Gottes Werke schaut auch schon jetzt, wer Lauterkeit im Herzen hat. Wer in sich selbst zwiespältig ist – und wer wäre dies nicht! – hat Anlaß, sich selbst zu mißtrauen. Wer sich selbst mißtraut, kann auch dem Wahrgenommenen nicht trauen. Er sieht in allem den Zwiespalt zwischen Gott und dem Nichts. Für die Spuren des Göttlichen, die in der Welt gelegt sind, braucht es einen sensus, einen Sinn (wir würden vielleicht auch sagen: eine Sensibilität). Dieser sensus ist nichts anderes als die Reinheit des Herzens, die ungeteilte und die Person umfassende Orientierung an dem Gott, der alles und also auch die Reinheit schafft. Deshalb gilt: selig die reinen Herzens sind, sie werden Gott schauen.

«Selig die Frieden machen, denn sie werden Söhne Gottes genannt werden.» (Mt 5,9)

Diese Seligpreisung stimmt ein in den großen Chor derer, die zu allen Zeiten den Frieden für ein hohes Gut gehalten haben. Den Frieden zu bewahren und zu schaffen, war eines der Hauptanliegen der weisheitlich-jüdischen Literatur. Die Ermahnung zum Frieden nimmt auch einen zentralen Platz ein in der rabbinischen Gesetzesauslegung, allerdings erst Jahrhunderte nach Jesus. Die Häufigkeit von Friedensmahnungen in der rabbinischen Literatur hat einen neueren jüdischen Autor dazu veranlaßt, die Friedensidee dermaßen für die Rabbinen zu beanspruchen, daß man fast den Eindruck bekommen könnte, sie hätten den Frieden, der von den «gottlosen» Heiden mit Füßen getreten wurde, allererst erfunden. Dies stimmt natürlich nicht. Denn auch das gesamte Heidentum der griechischen und hellenistischen Welt war voll von Ermahnungen zum Frieden, war voll auch des Lobes für den, welcher Frieden zu schaffen verstand. In dem Lob des Friedens verbirgt sich die menschliche Sehnsucht nach einem Leben, das nicht mehr bedroht ist von der Macht des Bösen und der Aggression. Es ist dies die Sehnsucht, darüber hinauskommen zu können, daß der Mensch dem Menschen ein Wolf ist (wobei sinnigerweise die Wölfe selbst den Wölfen bekanntlich keine Wölfe sind).

Besonders im alttestamentlichen Denken hat sich die Einsicht gebildet, daß dieses Hinauskommen des Menschen über das Böse eigentlich nur ein Hinausgebrachtwerden durch Gott sein kann. Deshalb ist Gott der Schöpfer des Friedens. Ebenfalls im alttestamentlichen Denken wurde der Friede entworfen als etwas Allumfassendes, als ein Zustand des Zusammenlebens, in welchem es allen im tiefsten Sinne des Wortes wohl ergeht. Deshalb meint hier der Friede weniger die Abwesenheit von Krieg und Streit. Gemeint ist ein gleichsam aktiver Friedenszustand, bestimmt von Gerechtigkeit und Liebe. Ein solcher Zustand *folgt nicht* auf den Krieg, sondern er *kommt ihm zuvor*. Dementsprechend impliziert die Friedfertigkeit ein Verhalten, das Wohlergehen schafft. An einem Beispiel aus der Gegenwart erläutert heißt dies: Friede ist nicht die Abwesenheit eines Krieges, den die dritte Welt gegen uns führen könnte, Friede ist vielmehr unser Verzicht darauf, ein Übermaß an Gütern zu beanspruchen und sie andern in ungerechter Weise wegzunehmen.

Nicht nur die heidnische Antike, nicht nur das weisheitliche und rabbinische Judentum stellen die Friedensmahnung auf ein hohes Podest, auch die Verkündigung und die Schriften der Alten Kirche sind voll von Aufrufen zum Frieden. Man könnte sich getrost im Sessel zurücklehnen, zufrieden mit den Friedensleistungen der Kirche, wie andere zufrieden sind mit den Friedensleistungen des Rabbinats oder der hellenistischen Welt. Das einzig Störende ist, daß wir keinen Frieden haben (entgegen anderslautenden Sprachregelungen, welche die gegenwärtige Abwesenheit von Krieg als Friedenszeit erscheinen lassen, und entgegen anderslautenden Verhaltensforschungsergebnissen, welche die Aggressivität als lebensnotwendiges Positivum erscheinen lassen wollen). Wir haben keinen Frieden, weder den Frieden, der angesichts der dritten Welt angemessen wäre, noch den Frieden, der unseren an Gewalt reichen Alltag allererst verwandeln müßte. Wie kann einer da zufrieden sein mit den Friedensleistungen der Kirche oder dem Friedenspathos der Aufklärung?

Die Seligpreisung spricht von solchen, die Frieden machen, nicht von solchen, die vom Frieden reden. Auch die glühendste Ermahnung,

Frieden zu machen, gehört immer noch in den Bereich des *Redens* vom Frieden. Die Friedensforderung ist kein Friedenshandeln. Das gilt sowohl für die rabbinischen Weisungen als auch – hier selbstkritisch in Anschlag zu bringen – für die Friedensmahnungen der Kirche aller Zeiten. Aufmerksamkeit ist demgegenüber verlangt für den denkerischen Horizont aller Friedensmahnungen. Vielleicht gibt es ein Denken, das jede Friedensmahnung schon wieder neutralisiert. Vielleicht gibt es Axiome des Denkens, die als solche den Frieden, zu dem in ihrem Bereich ermahnt wird, gar nicht aufkommen lassen. Es besteht Grund zur Annahme, daß gerade die rabbinischen und die kirchlichen Friedensmahnungen von einer solchen Axiomatik neutralisiert werden. Nehmen wir als Beispiel das Axiom der Absonderung. Die rabbinische Gesetzespraxis ist unlösbar verbunden mit dem Phänomen der Distanznahme zu den Übertretern des Gesetzes. Genauso steht es mit dem kirchlichen Selbstverständnis. Die jüdische Abgrenzung von den gottlosen Heiden wurde von christlicher Seite völlig übernommen. Im Rabbinat führte das Abgrenzungsaxiom schon im ersten Jahrhundert zur täglichen Verfluchung aller Ketzer (darunter auch die Judenchristen) im Gebet, im Christentum zum Bannfluch und noch schlimmerem gegenüber den Andersdenkenden. Wie kann, so fragt man sich, die Friedensmahnung existieren auf dem Boden der Abgrenzung? Was dabei herauskommt, zeigt sich in der Messiaserwartung ebenso wie in der Parusieerwartung: der Messias beziehungsweise der Parusiechristus wird nach gewissen Vorstellungen sein Friedensreich so aufrichten, daß er alle Bösen unterwirft, Israel beziehungsweise der Kirche zur Weltherrschaft verhilft, und alles Entgegenstehende vernichtet. Es ist einfach, Frieden zu haben unter der Gewalt der eigenen Definitionsmacht. Ist das der Friede, den Jesus gemeint hat? Der Jesus, der das Böse mit der Vergebung zu überwinden hoffte? Ist das der Friede, der vom gekreuzigten Messias gebracht wird? In den messianischen Träumen zeigt sich eine Friedensvorstellung, die gewalttätig ist, ebenso wie dieses Friedensreich durch die Gewalt hergestellt wird. Wäre dies der wahre Friede, so wäre auch Augustus, der die pax Augustana über den Erdkreis breitete, einer der größten Friedensstifter. Und auch die pax Christiana des heiligen römischen Reiches deutscher Nation könnte für sich beanspruchen, den Frieden gebracht zu haben. In diesem gewalttätigen Sinne, wo unter einer Herrschaft alle befriedet sind, könnten auch die Führer heutiger Supermächte zu großen Friedensstiftern befördert werden.

Die Seligpreisung des Matthäusevangeliums kann nicht losgelöst von Jesus betrachtet werden. An Jesus zeigt sich, was Frieden machen heißt. Unter Friedensstiftern stellt man sich oft Dritte vor, die zwischen zwei streitenden Parteien Frieden vermitteln (man vergleiche das Wort Friedensrichter). Diese Art des Friedensstiftens erfordert große Qualitäten und behutsames Denken. Sie soll nicht verachtet werden. Dennoch versteht Jesus etwas anderes unter dem Frieden-Machen: die *Streitpartei* ihrerseits hat Frieden zu machen, indem sie auf die Durchsetzung ihres Rechts verzichtet. Der *Geschädigte* hat Frieden zu machen, indem er auf Schadenersatz verzichtet, der, dem Haß begegnet, hat Frieden zu machen, indem er den Hassern seine Liebe nicht entzieht. Offensichtlich ist diese Schaffung des Friedens alles andere als die Durchsetzung eigener Definitionsmacht, die – wie man sich selbst gerne zuschreibt – für alle das beste wäre. Frieden machen heißt, Abschied nehmen von der Distanznahme, auch der Distanznahme zum Gottesverächter und Übeltäter.

Von solchen Friedensstiftern heißt es, sie seien selig, da sie Söhne Gottes geheißen werden. Das Futurum ist bedeutsam: ihr Sein als Söhne (und als Töchter) Gottes kommt ihnen erst in der Zukunft zu, erst dann werden sie so genannt werden. Sohn und Tochter Gottes ist, wer sich ganz von Gott bestimmen läßt; wer Gott selbst als Lebensgrundlage hat, so wie ein Kind seine Eltern. Diese Lebensgrundlage wird erst in der Gottesherrschaft wahrhaftig erreicht, erst dann, wenn alle andern Lebensgrundlagen der Vergangenheit angehören. Daraus ist ersichtlich, daß sich in dieser Zeit andere Lebensgrundlagen nahelegen: etwa die Eigenmacht oder das Bewußtsein, die Wahrheit im Besitz zu haben. Allerdings ist Gottessohnschaft nicht bloß der Zukunft vorbehalten, wie gerade die Bergpredigt zeigt (Mt 5,43–48). Es gibt dieses Phänomen auch jetzt, allerdings unter den Bedingungen der Endlichkeit. Zu den Bedingungen dieser Endlichkeit gehört, daß die Töchter und Söhne Gottes jetzt noch ganz anders definiert werden: als Söhne der Dummheit etwa, als Gegner der natürlichen Aggression und damit Verächter des Lebens, als Söhne des Defaitismus, jedenfalls als Söhne des Irrealen und Utopischen.

Unter diesen Bedingungen der Endlichkeit öffnet die Seligpreisung der Friedensstifter ein Fenster zur Gottesherrschaft. Sie weist an die Zukunftsträchtigkeit des Friedenshandelns, nicht etwa bloß des Friedenshandelns in weltweiten Dimensionen, sondern auch und gerade des Friedenshandelns unter den Mühen des Alltags. Der Unfriede ist nicht bloß ein weltpolitischer Sachverhalt, er durchzieht den Alltag in der Gestalt von Gewaltsamkeit in Wort und Tat, in der Gestalt von Abgrenzung und Ausschluß. Auch hier gilt es, dieses offene Fenster zu sehen.

«Selig die verfolgt worden sind wegen Gerechtigkeit, denn ihrer ist das Himmelreich. Selig seid ihr, wenn sie euch schmähen und verfolgen und alles Böse gegen euch sagen wegen mir (indem sie lügen). Freut euch und jubelt, denn euer Lohn ist groß im Himmel. So verfolgten sie ja auch die Propheten vor euch.» (Mt 5,10ff)

Diese Seligpreisung stammt traditionsgeschichtlich gesehen aus der Logienquelle. Sie dürfte, da sie sehr stark geprägt ist von den Erfahrungen der christlichen Gemeinde, hier auch ihren Ursprung haben. Ursprünglich sprach sie wohl bloß von Schmähung und Verleumdung, einer Leidenssituation, die schon in der Logienquelle verglichen wurde mit dem Geschick, das Israels Propheten erleiden mußten. Interessant ist das perfektische Partizip: es denkt offensichtlich an eine Verfolgung in der Vergangenheit, die aber die Gegenwart des Verfolgten ganz prägt. Solchen Verfolgten, die nicht über die Verfolgung hinauskommen können, gilt die Seligpreisung. Es sind demnach nicht etwa märtyrerhafte Helden, die ebenso gut gegen die Verfolger vorgehen könnten. Es sind Verfolgte, die gar nicht zurückschlagen *können* (eben darin liegt dann auch ihre Seligkeit, daß sie gar nicht in die Versuchung der Gewalt geführt werden). Worin die Verfolgung konkret besteht, wird aus dem Matthäustext nicht ersichtlich; die Lukasversion spielt auf den Synagogenausschluß an. Dieser Synagogenausschluß erfolgte gegen Ende des ersten Jahrhunderts im Zusammenhang der Maßnahmen des pharisäischen Judentums gegen alle – von diesem aus gesehen – ketzerischen Bewegungen. Ein Synagogenausschluß der Judenchristen etwa hatte völlige wirtschaftliche Isolation und damit höchste Lebensgefahr zur Folge. Es gehört zur Tragik des Christentums, daß es dem Judentum zu gegebener Zeit ähnliche Sanktionen auferlegte, wie es sie in früherer Zeit vom Judentum pharisäischer Richtung ertragen mußte.

Die Seligpreisung gilt nach Matthäus denen, die wegen Gerechtigkeit verfolgt sind. Zu beachten ist das artikellose *dikaiosynē* (Gerechtigkeit), woraus hervorgeht, daß es um ein Sein mit der Qualität Gerechtigkeit geht. Hier geht es also nicht um *die* eschatologische Gerechtigkeit, nach der die Menschen hungern (5,6), sondern um das menschliche Gerechtsein, welches einen partiellen Charakter hat. In der exegetischen Literatur wird in diesem Zusammenhang die Alternative von gerechtem Verhalten und Bekenntnis aufgestellt, und es wird betont, daß Matthäus nur das gerechte Verhalten, nicht aber das rechte Bekenntnis meine (man beruft sich dabei auf 7,21ff, wo aber das *Lippen*bekenntnis gemeint ist). Diese Alternative zwischen Verhalten und Bekenntnis ist ebenso falsch, wie sie beliebt ist. Auch Matthäus denkt keineswegs in solchen Alternativen. Das geht schon aus der Parallelformulierung von V.11 Ende hervor (wegen mir). Darin erscheint der tiefere Anlaß zur Verfolgung. Er ist keineswegs gegeben durch das gerechte Tun (Wer wollte denn schon Gerechte verfolgen?), sondern durch die fundamentale Beziehung zum Christus. Gewiß meint die Verfolgung wegen Gerechtigkeit *auch* die Verfolgung aufgrund eines bestimmten *Verhaltens*; aber eines Verhaltens, das gerade nicht an der Gerechtigkeit des Gesetzes orientiert ist, sondern an der Gerechtigkeit des Christus (auch historisch wären ja die Judenchristen nicht ausgeschlossen worden, wenn sie sich weiterhin der Definitionsmacht des Gesetzes unterzogen hätten). Schon das Verhalten war also am Christus orientiert, nicht mehr am Gesetz. Das brachte Schmähung und Verfolgung. Aber es ist zugleich offensichtlich, daß keineswegs bloß das Verhalten damit gemeint sein konnte. Historisch gesehen ging es um das Messiasbekenntnis zum Gekreuzigten, welches die Judenchristen außerhalb des Tolerablen versetzte. Dieses Bekenntnis entließ auch Kritik am Gesetz aus sich heraus. Es schloß auch Nachfolge in einem umfassenden, nicht bloß praktischen Sinn ein. Nach dem Matthäusevangelium gilt also die Zugehörigkeit zu Jesus als Ursprung von Verfolgung und Verleumdung, eine Zugehörigkeit, die viel weiter reichte als das Verhalten, die eine umfassende Gemeinschaft und ein radikaler Wechsel der Definitionsmacht meinte. Diesen radikalen Wechsel der Definitionsmacht können Taten niemals ganz ausdrükken, das zeigt das Urchristentum ebenso wie die gegenwärtige Christenheit, auch wenn es selbstverständlich ist, daß jener Wechsel nicht ohne tätliche Folgen bleiben kann. Gerade zur Praxis der Gerechtigkeit gehört das Bekenntnis zum gekreuzigten Messias, was die Alternative zwischen Verhalten und Bekenntnis als völlig unsinnig erscheinen läßt. Wenn dieses Verhalten parallelisiert wird mit dem der Propheten, die die gleichen Verfolgungen erleiden mußten, so ist völlig deutlich, daß es nicht auf das Tun beschränkt werden kann. Gerade die Propheten wurden ja nicht etwa aufgrund dessen verfolgt, was sie taten, sondern vielmehr aufgrund dessen, was sie sagten.

Die Seligpreisung gilt also, und darin nimmt sie ein wesentliches Anliegen der Jesusstufe auf, den Verfolgten, die gar nicht zurückschlagen *können*. Ihnen gehört das Himmelreich, das das Ende allen Zurückschlagens (auch des göttlichen) bedeutet. Gerade diese Ohnmacht soll Anlaß zu endgültigem Jubel sein. Wie wahr dies ist, können wir leicht erkennen. Wie wohl wäre es den Jüngern und Jüngerinnen Christi ergangen, wenn sie ohnmächtig geblieben wären!

Dennoch muß auf zwei Gefahren dieser Seligpreisung hingewiesen werden. Erstens könnte sie dazu verleiten, in dem Verfolgtsein schon die Legitimation für die eigenen Anschauungen und Verhaltensweisen zu sehen. Zwar ist der Verfolger *immer* im Unrecht, was jedoch nicht heißt, daß der Verfolgte dadurch ins Recht kommt: daß ein Unsinn Verfolgung erfährt, ist zwar Unrecht, macht ihn aber nicht zum Sinn. Fatal wäre, wenn die Verfolgung totale Legitimation der Verfolgten würde. Im Bannkreis dieses verfehlten Denkens bewegt sich etwa die heute beliebt gewordene Rede vom theologischen Besitzverzicht gegenüber dem Judentum, welcher in sich schließt, daß Jesus nicht mehr Gott in Person, nicht mehr Christus, gekommener Messias geheißen werden darf. Ursprung dieses Hangs zum theologischen Besitzverzicht ist die Schuld, welche unsere Väter als Verfolger und Vernichter von Juden auf sich geladen haben. Unrecht ist gar kein Ausdruck für das, was diese Verfolger taten. Wenn jedoch aus diesem Unrecht die These vom theologischen Besitzverzicht abgeleitet wird, so ist darin eben der einfache Mechanismus am Werk, wonach Verfolgung die Verfolgten in jeder Hinsicht ins Recht setzt.

Zweitens ist diese Seligpreisung auf einem schmalen Grat zwischen apokalyptischer Vertröstung einerseits und der eben geschilderten

Abhängigkeit vom Weltlichen andererseits. Wenn sie vom himmlischen Lohn derer spricht, die um der Christusbeziehung willen verfolgt sind, dann intendiert sie damit, daß der Mensch eine angemessene Widerstandskraft gegenüber dem Applaus der Welt bekommt. Diese Resistenz ist ständig sorgfältig und selbstkritisch zu bewahren: wer sich auf dem rechten Weg wähnt, wenn der Applaus der Welt ausbleibt, der hüte sich davor, auf die umgekehrte Weise abhängig zu sein von diesem Applaus. Die Resistenz darf nicht kontradependent sein, sie muß zustandekommen und ständig bedacht werden aufgrund der fundamentalen Christusrelation, von der diese Seligpreisung spricht. Unabhängigkeit von der Welt bedeutet ja noch keineswegs Abhängigkeit von Christus. Solchermaßen Unabhängige, welche ihre Unabhängigkeit nicht negativ sondern positiv, als Abhängigkeit von Christus, denken können, könnte aber wohl auch die Welt gut gebrauchen, und das müßte eigentlich ihren Applaus zur Folge haben. Damit ist die Überleitung zu den Jüngersprüchen V. 13–16 gemacht.

Die Seligpreisungen der Bergpredigt (Zusammenfassung)

Wenn wir die Seligpreisungen als Ganzes betrachten, können wir grundsätzlich zwei Stufen unterscheiden: die Jesusstufe einerseits, andererseits die Matthäusstufe, wobei wir hier sowohl die Erweiterungen aus der Logienquelle als auch die vormatthäische Interpretamente als auch die Redaktion durch Matthäus zusammenfassen.

Die Jesusstufe

Die Seligpreisung der Armen, der Trauernden und der Hungernden geht mit größter Wahrscheinlichkeit auf die Verkündigung Jesu zurück. Auffallendstes Merkmal ist die Unbedingtheit, mit der hier Arme, Trauernde und Kranke zusammengebracht werden mit der Gottesherrschaft. Die Unbedingtheit entspricht der Tatsache, daß die Seligpreisungen an nichts anknüpfen. Sie setzen weder eine bestimmte gottgemäße Aktion noch eine bestimmte Einstellung voraus. Sie setzen nichts anderes voraus als die Lage, in der sich die Angesprochenen faktisch befinden.

Auf der sprachtheoretischen Ebene bedeutet dies, daß es sich hier um sprachliche Handlungen, um Sprechakte handelt, die auf nichts anderes angewiesen sind als darauf, gehört zu werden. Die Seligkeit der Armen, Hungernden und Trauernden besteht nirgendwo sonst als in diesem Zuspruch: euch gehört das Gottesreich. In diesen sprachlichen Handlungen kommt die Ordnung der Zeiten durcheinander. Denn in ihnen ragt die Gottesherrschaft ins Jetzt herein. Sie sind insofern Trost, als sie die Angesprochenen gerade nicht auf die kommende Welt *ver*trösten. Einbruch der neuen Zeit in die alte Welt sind nicht nur die Seligpreisungen Jesu. Dasselbe gilt auch von den Gleichnissen, von den Wundern, von den Streitgesprächen. Die handgreifliche Zuwendung Jesu zu denen, die nichts haben, zu denen, die über Krankheit und Tod zu klagen haben, zu denen, die nichts zu essen haben, alle diese Momente handgreiflicher Zuwendung zu diesen Menschen sind der Kommentar der Seligpreisungen. Und sie sind zugleich die Bahn, die all denen vorgezeichnet ist, die nicht zu den Armen, Hungernden und Trauernden gehören. Ihre Sache wird es sein, die Armen zu beschenken, die Hungernden zu speisen, die Trauernden zu trösten. Überall, wo dieses geschieht, ragt die Gottesherrschaft in das Jetzt herein und wird zugleich die Seligkeit der Armen manifest.

Jesu Seligpreisungen sind Worte zur Lage der Armen, Hungernden und Trauernden. Sie schliessen ihre Situation auf für Gottes Kommen. Sie entdecken den *inneren Zusammenhang* zwischen ihrer jetzigen Lage und der Gottesherrschaft. Worin liegt dieser innere Zusammenhang? Er liegt im existenzbedrohenden Entzug lebenswichtiger Güter: die Armen sind bedroht durch den Entzug der lebensnotwendigen materiellen Güter, die Trauernden sind bedroht durch den Entzug der Lebendigkeit, die Hungrigen sind bedroht durch den Entzug elementarer Lebensmittel. Sie alle verbindet die Mittellosigkeit. Ihre Mittellosigkeit wird in den Seligpreisungen Jesu entdeckt, neu entdeckt könnte man sagen im Blick auf die Dynamik des Nehmens: selig sind diese, weil sie in der Situation des Nehmens sind. Diese Dynamik des Nehmens kommt genau deshalb zur Erkenntnis, weil Gottes Herrschaft als Dynamik des Gebens anschaulich wird: den Armen gehört das Himmelreich, die Klagenden werden getröstet werden, die Hungernden werden gesättigt werden. In der Dynamik des Nehmens, in der Angewiesenheit auf Gott den Geber aller Dinge und auf die Menschen als die Geber mancher Dinge, liegt ihre Seligkeit. Diese Aussagen enthalten zwar den Keim zu einem sozialpolitischen Programm, die Seligpreisungen selbst aber sind kein solches. Sie machen Gott am Menschen zum Ereignis, sie sind restlos ausgerichtet auf das Herz dessen, der sie hört.

Schließlich ist darauf zu achten, daß die Seligpreisungen Jesu keine entsprechenden Ausschlüsse nach sich zogen. Die Seligpreisung der Armen ist nicht begleitet von einem Fluch gegen die Reichen, die der Hungernden nicht von einem Fluch gegen die Satten, die der Trauernden nicht von einer Verdammung der Lachenden. Wer solches aus den Seligpreisungen entnimmt, hat zwar Lukas auf seiner Seite, nicht aber Matthäus und erst recht nicht Jesus. Jesus ging es, was bezeichnend ist für seine ganze Existenz, nicht um den Ausschluß der Unseligen, sondern um die Ausbreitung der Seligkeit, ihre Ausdehnung bis hin zu denen, die wahrhaftig niemand beglückwünschen konnte. Darauf ist zu achten. Dennoch ist festzuhalten, daß die Seligpreisungen der Mittellosen eine Kritik an den Bemittelten enthält. Und zwar eine Kritik an *den* Bemittelten, die ihre Mittel an sich reißen. An denen, die sich der göttlichen Dynamik des Gebens nicht anvertrauen, die nicht Werkzeuge in der Hand des Gebers sind.

Matthäus

Auf der Matthäusstufe sind die Seligpreisungen rein in der Anzahl beträchtlich mehr geworden. Die Gewaltlosen, die gar nicht in die Versuchung zur Macht geführt werden weil sie keine haben, sind dazugekommen. Ebenso die Mitleidigen, die reinen Herzens sind, die Friedensstifter, die um Jesu Willen verfolgten. Offensichtlich ist da die Dimension des Verhaltens stärker in den Vordergrund gerückt. Das sollte freilich nicht zu einer gesetzlichen Interpretation führen, zu einer Interpretation, die die Gaben der Gottesherrschaft abhängig macht von der moralischen Leistungsfähigkeit des Menschen. Der Akzent liegt stärker auf dem Verhalten, aber noch sind keine asketischen Kraftakte gemeint. Das Verhalten, von dem hier die Rede ist, ist näher bei dem, was wir vorher die Lage des Menschen genannt haben. Die Sanftmut meint auch bei Matthäus viel eher die Situation der Ohnmacht als den Kraftakt der Gewaltfreiheit, auch wenn es ganz klar um den konkreten Akt der Gewaltlosigkeit geht. Das Mitleid meint viel eher die

elementare Bindung an den Notleidenden als den Kraftakt der Selbstüberwindung, auch wenn ganz klar der konkrete Mitleiderweis
gemeint ist.

Matthäus vermochte, wo er ihm vorgegebene Seligpreisungen
interpretiert, neue Dimensionen an ihnen zu entdecken, die man
nicht mit dem exegetischen Schlagwort der Spiritualisierung abtun
sollte. Er entdeckte an der Armut die Dimension der geistlichen
Mittellosigkeit, der menschlichen Beschränktheit ebenso wie des
Mangels an Gottesbezug. Er weitete die Seligpreisung der materiell
Armen aus auf die geistlich Armen, mit gutem Recht. Er weitete die
Seligpreisung der Hungernden aus auf die, die nach Gerechtigkeit
sich sehnen, sowohl nach Gerechtigkeit in ihren Lebensverhältnissen
als auch nach Gerechtigkeit, die nur der höchste Gott geben kann.
Es ist dies ein Hunger und eine Armut, die nur der weniger kon-
kret nennen kann, der die ehemals verkehrte Welt noch einmal verkehrt.

Dabei wird die Verkehrtheit der Welt nicht überwunden, gleichgültig ob sie nun auf dem Kopf steht oder auf den Füßen: falls
einstmals das Geistige als einzig konkretes gegolten haben mag, so
wird diese Verkehrung nicht aufgehoben, wenn nun nur das Materielle konkret ist. Die matthäische Interpretation der Seligpreisungen
Jesu sollte vielmehr zu denken geben darüber, daß es so etwas wie
eine umfassende Armut geben könnte, eine Armut, die gleichermaßen materiell wie geistlich in Erscheinung treten kann.

Die Seligpreisungen, die im Laufe der Überlieferungsgeschichte
dazugekommen sind, sind nicht einfach aus der Luft gegriffen. Sie
weisen eine große inhaltliche Nähe auf einerseits zu den ursprünglichen Jesussprüchen andererseits zur Erscheinung des irdischen Jesus
insgesamt. Auch wenn es keine Jesusworte sein sollten – was unsicher
ist –, widerspiegeln sie dennoch keinen andern als Jesus selbst.

Anrede an die Jünger (Mt 5,13–16)

«*Ihr* seid das Salz der Erde,
wenn aber das Salz salzlos (eigentlich: töricht) wird,
wodurch wird (es) gesalzen werden? (Umschreibung: Wodurch
wird man es wieder salzig machen?)
Zu nichts hat es mehr Kraft, außer daß es hinausgeworfen und
von den Menschen zertreten wird.
Ihr seid das Licht der Welt.
Eine Stadt, die oben auf einem Berg liegt, kann nicht verborgen
bleiben (eigentlich: vor dem Sehen geschützt werden).
Man entzündet auch nicht eine Lampe und stellt sie unter den
Scheffel, sondern (man stellt sie) auf den Leuchter, und dann
leuchtet sie allen im Haus. (Der Akzent liegt nicht auf dem
Anzünden, sondern auf dem Leuchten.)
So soll euer Licht leuchten vor den Menschen,
so daß sie eure guten Werke sehen und euren Vater im Himmel
preisen (würdigen, ehren)».

Die traditionsgeschichtliche Situation dieser Gleichnisworte ist sehr
verworren. Sie stehen einerseits in der Logien-Überlieferung, kommen
andererseits aber auch bei Markus vor. Ein Vergleich der verschiedenen
Belege würde zeigen, daß dieselben Bildworte immer wieder anders
gedeutet und in andere Zusammnhänge gestellt worden sind. Das ist
solchen Bildworten durchaus gemäß, da sie ja von Haus aus ein
Sinnpotential haben, welches nicht durch die ursprüngliche Anwendung erschöpft ist. Es ließe sich hypothetisch eine Urform rekonstruieren und eine mögliche ursprüngliche Intention herausarbeiten. Für
unseren Zusammenhang der Auslegung der Bergpredigt trägt jedoch
dieses langwierige Verfahren, das in diesem Fall nur zu vagen Ergebnis-
sen führen würde, wenig Positives bei. Wir lassen deshalb die traditionsgeschichtlichen Vorstufen auf sich beruhen und wenden uns dem
Sinn zu, den die Worte im Matthäusevangelium haben.

Zunächst fällt auf, daß in ganz betonter Weise eine Menschengruppe
identifiziert wird mit zwei Gleichnisworten. *Ihr* seid es. Diese Betonung schließt in sich, daß die Angesprochenen so identifiziert werden
entgegen anderen Annahmen oder Common-sense-Urteilen (die ja

auch bei den Angesprochenen vorhanden sind). Ihr seid es, nicht die, von denen man es denkt. Auch nicht die, von denen ihr es denken mögt. Wer kommt denn da infrage, das Salz der Erde zu sein? Oder das Licht der Welt? Das Salz der Erde ist doch die Thora, das Gesetz. Das Licht der Welt ist doch Gott selbst, oder höchstens – wie im rabbinischen Denken – Israel, oder vielleicht einzelne ganz große Gelehrte der Schrift, vielleicht auch das Gesetz oder der Tempel. Im Kontext solcher allgemeiner Annahmen muß dieses Wort an die Angeredeten verstanden werden. *Ihr* selbst seid das Salz und das Licht der Welt, nicht das, was ihr immer gedacht habt. Wer ist da angeredet? Nach dem Zusammenhang der Bergpredigt sind es die Jünger, diese paar Nachfolger Jesu ohne jeden Lichtglanz. Die Jünger vertreten im Matthäusevangelium die Kirche. Gerade Matthäus macht sich keine Illusionen über den Zustand seiner Kirche. Diese Figuren, versammelt durch den Tod und die Auferweckung eines Gesetzesbrechers, diese paar Leute, fragwürdige und weniger fragwürdige Existenzen, sind das Salz für die Welt.

Zu beachten ist, daß keinerlei Zweifel darüber besteht, daß sie dieses Salz und dieses Licht sind. Es liegt *eine einfache Identifikation* vor: ihr seid das Salz. Häufig liest man diese Sätze als Aufforderung, etwas darzustellen: ihr sollt das Salz der Erde darstellen, oder: wenn ihr so und so handelt, dann seid ihr das Licht der Welt. Davon sagt der vorliegende Abschnitt nichts. Wodurch werden diese Leute zum Salz und zum Licht? Doch einfach dadurch, daß sie als solche angesprochen werden. Darin ist der vorliegende Abschnitt mit den Seligpreisungen sehr verwandt. Er nimmt auch die dort angesprochenen Menschen mit auf. Ihr, die Mittellosen am Ort des Geistes, ihr die Trauernden, ihr die Hungrigen nach Gerechtigkeit, die Sanftmütigen, die Mitleidigen, die Friedensstifter und Verfolgten, *ihr* seid das Salz. Nicht die Tora, nicht die großen Weisen, nicht der Tempel, sondern ihr. Eine erstaunliche Identifikation. Hat sie einen Anhalt in der Wirklichkeit? Daß diese Leute das Salz der Erde sind, hat ebenso viel und ebenso wenig Anhalt in der Wirklichkeit wie das, daß sie selig seien.

Was sagen die Metaphern, die hier auf die Jünger angewandt werden? Das Salz ist dazu da, Würze zu geben. Das Salz der Erde macht diese Erde genießbarer. Jedenfalls besteht das Wesen des Salzes im Würzen, darin, daß es ausgestreut wird und die Speisen durchdringt und verfeinert. Desgleichen ist das Licht zum Leuchten da. Bei den vorliegenden Metaphern geht es also zunächst um die Verfeinerung und Erleuchtung der Welt. Es geht darum, daß die Angesprochenen die Welt gerechter und das Leben lebenswerter machen. Ihr Dasein *hat* weltweite Relevanz – so unsinnig das erscheinen mag. Ein rabbinisches Wort sagt: «Das Salz des Geldes ist die Wohltätigkeit.» Das heißt: das Geld selbst gewinnt an Genießbarkeit dadurch, daß es wohltätig verteilt wird. Das Salz der Welt seid ihr. Das heißt: die Welt gewinnt an Güte dadurch, daß ihr da seid. Wieso das? Dadurch daß ihr euch nützlich macht. Nihil utilius sale et sole, schreibt Plinius in seiner Naturgeschichte (31,45), nichts ist nützlicher als Salz und Sonne. Die Relevanz des Salzes besteht darin, daß es nützlich ist. Genauso ist es mit der weltweiten Relevanz der Kirche.

Alle drei Metaphern drücken ferner eine Bewegung aus; die Bewegung auf die Welt zu. Salz ist nichts, wenn es nicht ausgestreut wird; Licht ist nichts, wenn es nicht ein Haus erleuchtet, oder wenn es nicht gesehen wird. Dies drückt die Bewegung aus; ja mehr noch: die Metaphern wollen den Widersinn dessen herausstellen, daß die Bewegung ausbleiben könnte. Es ist widersinnig, wenn man ein Licht brennen hat und es zugleich unter einen Scheffel stellt. Es soll auf den Leuchter gestellt werden. Dies geschieht jedoch nicht, damit das Licht sich zeigen kann. Sondern es geschieht, damit das Haus erleuchtet wird. Die Wendung, sein Licht nicht unter den Scheffel stellen, ist ja sprichwörtlich geworden. Sie meint, nicht hinter dem Berg zu halten mit dem, was ich vorzuzeigen habe. Sie meint, man solle die Qualitäten, die man hat, nicht in falscher Bescheidenheit verbergen. Dem Matthäustext geht es freilich nicht darum, daß die Jünger ihre Qualitäten auch zeigen. Ihm geht es um die Bewegung auf die Welt zu, die notwendig zu dieser Kirche gehört, will sie nicht unmöglichen Möglichkeiten verfallen. Es gab zur Zeit der Urchristenheit auch andere Modelle. Die Gruppe von Qumran etwa, welche sich auf sich selbst zurückzog, um in der Einsamkeit der Wüste das wahre Israel darzustellen. Solche Abgrenzungsmodelle kommen für die Kirche nicht infrage. Denn die wahre Identität des Menschen ist erreicht, wenn er sich nützlich macht. Gleich einem Vulkan soll er sein, der ständig Lava versprüht. Freilich kann niemand von der Bewegung auf die Welt hin leben. Wäre der Vulkan nicht angeschlossen an den glühenden Kern der Erde, hätte er nichts zu versprühen. So ist auch die Bewegung der Jünger getragen von ihrem Gottesbezug. Deshalb ist ihr Dasein für die Welt nicht etwa die Verwirklichung ihres Gottesverhältnisses, sondern die *Auswirkung* desselben. Und deshalb ist die Kirche genau dann für andere da, wenn sie sich konzentriert auf ihren eigenen Lebensgrund, wenn sie – statt sich an allen möglichen Modeströmungen und Zeitgeistern beleben zu wollen – sich besinnt auf das, was ihr feuriger Kern ist.

Interessant ist es schließlich, diese Metapher vom Salz zu vergleichen mit einem ähnlichen jüdischen Satz. Dort ist die Thora das Salz (Soph 15,8; Bill I 235). Es ist eine natürliche Vorstellung, die Welt durch Weisungen zu verbessern. Bis auf den heutigen Tag wird die Welt mit Forderungen gewürzt. Es bleibe jetzt dahingestellt, was diese Forderungen an Verbesserungen gebracht haben. Wichtiger ist, daß bei Matthäus so etwas wie eine Menschwerdung des Gesetzes stattfindet. Nicht mehr das Gesetz ist das Salz der Erde. Ihre Würze sind vielmehr diese paar Menschen. Hier ist das Gesetz Mensch geworden im Tun des Guten. Die Forderung ist in der Gestalt der Erfüllung Mensch geworden. Das Gute ist da nicht in der Forderung sondern im Erweis. Die Veränderung der Welt geht von Menschen aus, nicht von Postulaten. Mir scheint, dies wäre ein erwägenswerter Hinweis.

Der Text gibt im abschließenden V. 16 ausdrücklich an, in welchem Sinn er die Metaphern verstanden haben will. Das Licht der Welt ist nichts anderes als die *guten Werke*, welche die Menschen sehen sollen. Was ist ein gutes Werk? Aufgrund des nächsten Kontext müssen wir sagen: ein Werk, das die Welt genießbarer macht. Aufgrund des etwas größeren Kontexts müssen wir sagen: ein gutes Werk ist, was in den mittelbaren ethischen Aspekten der Seligpreisungen erscheint. Austeilen des Reichtums etwa, Speisung der Hungrigen, Stiftung von Frieden. Die ethischen Aspekte der Seligpreisungen geben manchen Hinweis auf das gute Werk. Desgleichen auch die nachfolgenden Antithesen: dort wird das Gesetz radikal interpretiert und ebenso radikal kritisiert. Ein Beispiel: die Nächstenliebe wird radikal verstanden als Liebe ohne Grenzen, und insofern wird das an Grenzen orientierte Gebot der Nächstenliebe kritisiert. Man könnte deshalb sagen: das Salz der Nächstenliebe ist die Feindesliebe. Das wäre wohl kein schlechter Ausgangspunkt zum Verständnis von Gesetzesinterpretation und Gesetzeskritik in den Antithesen. Jedenfalls haben auch sie zum Ziel, das gute Werk zu benennen.

Im Zusammenhang unserer Stelle spricht man gerne vom Zeugnischarakter der guten Werke, von der werktätigen Verkündigung der Kirche. Meistens wird diese dann noch ausgespielt gegen die Wortverkündigung. Das ist wieder so eine Alternative, die fatale Folgen gerade für das Leben der Kirche hat. Man sollte seine grauen Zellen etwas anstrengen, um die Farben dieser Stelle zu erkennen.

Es ist wahr, daß bei Matthäus die Bewegung hin zur Welt in keiner andern Gestalt geschieht als in der Gestalt der guten Werke. Für etwas anderes hat die Welt kein Verständnis. Die Menschen sollen eure guten Werke sehen. Sie sollen erfahren, was ihr ihnen zugute tut. Was wird aber da bezeugt mit diesen Werken? Offenbar etwas, was die Menschen zum Gotteslob veranlaßt. Sie sollen euren himmlischen Vater preisen. Offenbar geht es bei diesem guten Werk gerade nicht um Selbstdarstellung, gerade nicht darum, daß die Welt die moralische Statur und Glaubwürdigkeit der Kirche preist. Salz ist das gute Werk, wenn es nicht eingespannt ist in die Selbstdarstellung der Jüngerschaft. Denn nur dann kann es den Menschen zugutekommen. Die Bewegung auf die Welt zu hat das gute Werk nur, wenn es weder der Selbstdarstellung noch der Gottesverwirklichung dient. Allzuviele Werke geschehen zum Erweis eigener Glaubwürdigkeit, als Tatbeweis rechten Bewußtseins. Ihre Folge ist gerade nicht das Gotteslob, sondern das Lob ihrer Täter. Deshalb kommt in ihnen die salzige Bewegung gar nicht zum Zug; sie kommen nicht der Welt, sondern dem Täter zugute. Was kann die Kirche mit ihren Werken verkündigen? Das gute Werk kann gar nichts anderes sagen, kann für gar nichts anderes sprechen als für sich selbst. Das gute Werk erschöpft sich darin, daß es zugute kommt, daß es nützt. Nihil utilius opere bono, könnte man sagen, nichts ist nützlicher als das gute Werk. Deshalb kann bei diesem Zeugnis niemals die Kräftigkeit des Vulkans das Thema sein. Es bezeugt bloß den feurigen Kern, indem es ihn weitergibt im Versprühen der Lava. Dieses Zeugnis in guten Werken spricht die einzige Sprache, die von aller Welt verstanden wird.

Ist es nicht zu anspruchsvoll, dieses Konglomerat fragwürdiger und weniger fragwürdiger Existenzen Salz der Erde zu nennen? Wichtig ist, daß Jesus seine Jünger Salz der Erde nennt, um sie einzuweisen in das Tun des guten Werks. Diese Sprüche vom Salz und vom Licht haben ihren Ort in der Beziehung zwischen der *Kirche und ihrem Herrn* (nicht etwa in der Beziehung von Kirche und Welt). Anspruchsvoll wäre es, wollte die Kirche der Welt mitteilen, sie, die Kirche, sei das Salz und das Licht. Viel zu viele Gruppen und Institutionen machen diese Mitteilung zur Hauptsache. Demgegenüber gibt es nach dem vorliegenden Text nur *eine* Form, der Welt dies mitzuteilen. Es ist nicht Sache der Kirche, zu sagen, sie sei das Salz der Erde; ihre Sache ist es, Salz für die Welt *zu sein*, eben dadurch, daß sie das Beste tut zum Nutzen der Welt.

GESETZ UND GERECHTIGKEIT (Mt 5,17–48)

Im Bereich des damaligen jüdischen Denkens gab es nur eine Instanz, welche für die Gerechtigkeit maßgebend war: das Gesetz. Die urchristlichen Gemeinden dagegen gingen davon aus, daß es überhaupt nur *eine* maßgebende Instanz in der Welt gibt: Jesus Christus. Deshalb mußte er auch in Sachen Gerechtigkeit schlechthin maßgebend sein. Aus dieser Konstellation entstand im Urchristentum das Problem, wie das Verhältnis von Gesetz und Gerechtigkeit künftig zu bestimmen sei. Die vorliegenden Antithesen sind ein Beitrag zur Lösung dieses Problems. Bemerkenswert für das ganze Urchristentum ist, daß es das mosaische Gesetz nie einfach über Bord geworfen hat. Es hat festgehalten, was im Horizont des Christus festzuhalten war. Es hat gelernt vom Gesetz, was es nach Maßgabe des Christus zu lernen gab. Das Urchristentum legte dabei trotz aller Abgrenzung vom Judentum eine Lernbereitschaft an den Tag, die man bei den rabbinischen Gelehrten vergeblich sucht. Im Sinne einer globalen These könnte man sagen: das Gesetz ist im Urchristentum seiner universalen Definitionsmacht entledigt worden, weil Jesus Christus die universale Definitionsmacht hat (eine Definitionsmacht allerdings, die schon als solche ganz anderer Art war als die des Gesetzes). Wenn das Gesetz nicht mehr sagen muß, wie alles *in Wahrheit ist*, dann kann es wieder ein Beitrag zu der Frage sein, was *in Wahrheit zu tun* ist. Etwas von diesem Vorgang, in welchem das Gesetz allererst vom Himmel auf die Erde herabgeholt wurde, können wir auch in dem vorliegenden Abschnitt Mt 5,17–48 beobachten.

Zur Erfüllung gekommen (Mt 5,17–20)

Dieser kleine Abschnitt stellt ganz deutlich einen Einschnitt im Aufbau der Bergpredigt dar. Er bringt ein neues Thema: das Gesetz (V.17). Das Gesetz und seine sachgemäße Auslegung wird in den Antithesen verhandelt (V.21–48). Der Abschnitt V.17–20 gibt zwei inhaltliche Hinweise, auf welchen Bahnen die Verhandlung des Gesetzes verlaufen wird. Es geht einerseits um den Gegensatz von «auflösen» und «erfüllen» des Gesetzes, ein Gegensatz, der angesichts der kritischen Gesetzesauslegung der Antithesen von selbst entsteht. Es geht andererseits um eine Gerechtigkeit, welche diejenige der Pharisäer um vieles übertrifft (wie V.20 mit einem doppelten Komparativ ausdrückt). Was diese bessere Gerechtigkeit sein könnte, wird ebenfalls in den Antithesen geklärt.

> «Denkt nicht, ich sei gekommen das Gesetz oder die Propheten aufzulösen. Ich bin nicht gekommen aufzulösen sondern zu erfüllen.
>
> Denn amen, ich sage euch: Bis daß Himmel und Erde vergehen, soll nicht ein Jota oder ein Häkchen von dem Gesetz vergehen, bis daß alles geschieht.
>
> Also: Wer auch nur eines dieser geringsten Gebote außer Kraft setzt und die Menschen so lehrt, wird der Geringste heißen im Himmelreich. Wer es (sc das allergeringste Gebot) tut und lehrt, dieser wird groß geheißen im Himmelreich.
>
> Denn ich sage euch: Wenn *eure* Gerechtigkeit die der Schriftgelehrten und Pharisäer nicht bei weitem übertrifft, so werdet ihr nicht ins Himmelreich hineinkommen.» (Mt 5,17–20)

Diskrepanzen

Der vorliegende Text bietet sehr viele Verstehensschwierigkeiten. Sie sind nicht alle lösbar. Schon auf den ersten Blick springen Diskrepanzen ins Auge. Da wird davon gesprochen, daß Jesus nicht gekommen sei aufzulösen, obwohl die Antithesen und auch Streitgespräche im Matthäusevangelium das Gesetz kritisieren und teilweise sogar für ungültig erklären (Beispiel: die Reinheitsgebote, Mt 15). Was kann in diesem

Zusammenhang die Erfüllung von Gesetz und Propheten noch heißen? Ferner wird in V. 18 festgehalten, daß kein Jota und kein Häkchen suspendiert werden könne vom Gesetz bis zum Ende dieser Weltzeit. Wie paßt dies einerseits zu den Antithesen, welche noch viel mehr suspendieren als ein Jota oder ein Häkchen, und wie paßt dies zu der matthäischen These, das ganze Gesetz und die Propheten seien im Liebesgebot oder in der goldenen Regel zusammenzufassen? Ferner wird in V. 19 gesagt, daß das Gesetz bis ins Kleinste in Geltung bleiben müsse: kein einziges, und sei es ein noch so geringes, Gebot soll aufgehoben werden. Wie paßt dies wiederum zur matthäischen Reduktion auf das Liebesgebot und zur teilweise scharfen Kritik Jesu an einzelnen Gesetzesvorschriften? In V. 20 schließlich wird für die Jünger eine bessere Gerechtigkeit gefordert als die der Pharisäer. Was kann denn eine solche bessere Gerechtigkeit anderes sein als die noch peinlichere Beachtung der allerkleinsten Gebote, was zwar in V. 19 gefordert aber in der Bergpredigt überhaupt nicht erfüllt wird. Damit hätten wir wenigstens die wichtigsten Unstimmigkeiten aufgezählt, die sich aus diesem Text im Rahmen des Matthäusevangeliums ergeben.

Ein traditionsgeschichtlicher Lösungsansatz

Die genannten Diskrepanzen haben schon lange Anlaß gegeben zu traditionsgeschichtlichen Überlegungen. Bestärkt werden diese noch durch die Tatsache, daß in V. 18 sicher eine Logien-Überlieferung, in V. 19 vielleicht matthäisches Sondergut oder eine vormatthäische Bearbeitung des Logienquelle-Wortes von V. 18 vorliegt. Deutlicher redaktionellen Charakter tragen V. 17 und V. 20, zwei Sätze, die sachlich nicht so weit auseinander sind, wie sie von V. 18 f entfernt sind.

Die traditionsgeschichtliche Betrachtung vermag tatsächlich einen gewissen Lösungsbeitrag abzugeben. Es ist damit zu rechnen, daß die beiden mittleren Verse aus einer streng judenchristlichen Gemeinde stammen, in welcher das jüdische Gesetz noch voll in Geltung stand. Wir wissen, daß es solche gesetzestreuen Gemeinden gab (beispielsweise waren Teile der Jerusalemer Urgemeinde gesetzestreu und blieben weiterhin im Synagogenverband, während die Stephanusleute schon sehr früh den grundsätzlichen Konflikt zwischen Christus und dem Gesetz entdeckten). Diese gesetzestreuen Gemeinden unterschieden sich in nichts vom Judentum außer darin, daß sie Jesus Christus als den Messias Gottes verkündigten. Sie waren noch befangen in der alten Denkweise, in welcher sie groß geworden waren. Es sollte eine lange Zeit brauchen, bis diese judenchristlichen Gemeinden entdeckten, daß es keine christliche Theologie des Gesetzes geben kann. Noch im Galaterbrief hat es Paulus mit Leuten aus der Jerusalemer Urgemeinde zu tun, welche Christus und das Gesetz glaubten vereinbaren zu können, obwohl Christus die ganze Gnade verkörpert und keiner gesetzlichen Ergänzung bedarf, und obwohl das Gesetz es ausschloß, daß ein Gekreuzigter Messias ist, ganz zu schweigen davon, daß ein Messias ohne das apokalyptische Ende der Zeit sowieso ein Unding war. Solche gesetzestreuen Gruppen gab es also im Urchristentum. Auf sie dürften die beiden rigorosen Sätze auch zurückgehen (radikal sollte man diese gesetzlichen Sätze übrigens nicht nennen, radikal ist vielmehr die Gesetzesauslegung der Antithesen).

Ein erster Schritt zur Redimensionierung des Gesetzes wurde freilich schon von diesen Rigoristen getan. Sie begrenzten die Geltung des Gesetzes auf diesen Aeon. Das Gesetz wird Geltung haben, bis Himmel und Erde vergangen sind. Darin erscheint schon eine gewisse Verzeitlichung des Gesetzes, während im zeitgenössischen Judentum das Gesetz verewigt worden war. Gemäß zeitgenössischen Vorstellungen war das Gesetz schon da, bevor die Welt zu sein begann, und wird auch da sein, wenn die Welt nicht mehr ist. Diese Verewigung widerspiegelt die universale Definitionsmacht des Gesetzes (so wie alle Verewigungen von Anschauungen und Ideologien ihre universale Definitionsmacht widerspiegeln). Diese universale Definitionsmacht ist schon bei diesen Rigoristen wenigstens ansatzweise bestritten und durch Christus ersetzt worden.

So weit also die traditionsgeschichtliche Lösung. Sie ist allerdings auch keine vollumfängliche Lösung. Denn mit dem Hinweis darauf, die gesetzlichen Verse seien vormatthäisch, ist noch nicht erklärt, warum Matthäus diese Verse aufnahm. Damit muß er offensichtlich eine gewisse Absicht verbunden haben.

Der Schlüssel zur Lösung des Problems ist meines Erachtens der erste Satz (V. 17): Ich bin nicht gekommen aufzulösen, sondern zu erfüllen. Matthäus geht es offensichtlich darum, die Bergpredigt und überhaupt die ganze Erscheinung Jesu zu interpretieren als Erfüllung des Gesetzes.

Die Frage ist, was in diesem Zusammenhang «erfüllen» überhaupt bedeuten kann. Oberflächlich betrachtet scheint es einfach zu heißen, Jesus habe das Gesetz getan (so wie jeder gesetzestreue Jude). Diese Bedeutung stimmt aber offensichtlich nicht mit der Wirklichkeit überein: Jesus hat das Gesetz häufig gebrochen und auch sehr kritisch interpretiert. Gerade das hat ihm ja den Tod am Kreuz eingebracht. Dazu kommt ein philologisches Argument: *plērōsai* heißt ganz selten das Tun des Gesetzes (das würde viel eher mit *poiein* [«tun»] oder *tērein* [«halten, beachten»] wiedergegeben). Gehen wir dagegen von der Wortbedeutung von *plēroun* aus, so muß es heißen: vollmachen, zur Vollendung bringen, auf den Höhepunkt führen, beenden, ausfüllen. Angewendet auf das Gesetz kommt an unserer Stelle am ehesten infrage: das Gesetz zur Vollendung bringen (was auch als Gegensatz zum «auflösen» sinnvoll ist). Matthäus hält also fest: Christus löst das Gesetz nicht auf, sondern bringt es zur Vollendung.

Würden wir diese Aussage von der Erfüllung des Gesetzes verstehen auf dem Hintergrund der rigoristisch-judenchristlichen Thesen von V. 18f, so müßte damit so etwas wie eine perfektionierte Gesetzeserfüllung gemeint sein. Es ist jedoch unsachgemäß, die matthäische Aussage von V. 17 judenchristlich-gesetzlich beherrscht sein zu lassen. Matthäus formuliert in V. 17 das Verhältnis *Jesu* zum Gesetz, nicht das von rigorosen Judenchristen. Deshalb muß der Satz von dem her interpretiert werden, was Jesus im Matthäusevangelium sagt und tut. Sein Reden und Tun ist insofern die Vollendung des Gesetzes, als er die *Lebensintention* des Gesetzes zum Zuge bringt. Die Intention des Gesetzes ist es, Leben möglich zu machen, Leben zu bewahren. Tue das Gesetz, so wirst du leben, so formuliert das Alte Testament die Lebensintention des Gesetzes. Diese Lebensintention nun wurde durch Jesus zur Vollendung gebracht, statt daß sie aufgelöst würde.

Dies geschah einerseits durch seine Gesetzesauslegung, in welcher er die eigentliche Intention des Gesetzes aufdeckte. Wie dies genau aussieht, werden wir bei den Antithesen sehen können. Die Vollendung des Gesetzes geschah andererseits durch die Austeilung des Lebens, welche im Zusammenhang mit Jesus auf vielfältige Weise stattfand. Die eigentliche Intention des Gesetzes war es gewesen, Leben auszuteilen. Und diese Intention war gleichsam verschüttet durch den gesetzlichen Gebrauch des Gesetzes. (Ein gesetzlicher Gebrauch liegt vor, wenn der Zusammenhang zwischen dem Tun des Gesetzes und der Gabe des Lebens nicht evident ist beziehungsweise bloß behauptet wird. Dazu das folgende Beispiel: das Sabatgebot führt faktisch zur Beeinträchtigung des Lebens, weil es formalistisch eingehalten wird. Auch die gesellschaftlichen Normen unserer Zeit werden oft eingehalten, weil sie Normen sind, man vergleiche etwa den sonntäglichen Tanz um die Blechlawine, welcher bedingt ist durch bestimmte Freizeitnormen, ohne daß sie befragt würden auf ihr Verhältnis zum Leben.) In dieser Situation, da die Lebensintention des Gesetzes verschüttet war durch den gesetzlichen Gebrauch, trat Jesus an die Stelle des Gesetzes, indem er Vergebung zusprach, indem er Verachtete mit Gott in Verbindung brachte, indem er gesetzliche Schranken überwand. Das heißt: er überwand zugleich das Gesetz in seinem faktischen Gebrauch, um dessen Lebensintention umso besser zu vollenden. Hier sehen wir, daß Erfüllung des Gesetzes und Kritik am Gesetz sehr wohl zusammengehören. Wir sehen auch, daß die Erfüllung des Gesetzes erst dort geschehen kann, wo der Boden des Gesetzes verlassen wird.

Als Vollendung des Gesetzes bezeichnet Matthäus das Tun der Liebe beziehungsweise das Liebesgebot. Darauf läuft das ganze Gesetz hinaus. Mit dieser Konzentration auf das Liebesgebot reiht sich Matthäus ein in das ganze Urchristentum, sofern dieses einen gewissen Durchblick im Verhältnis Christus-Gesetz hatte. Mit dieser Konzentration auf das Liebesgebot stellt sich Matthäus etwa dem rigorosen Gesetzesverständnis vom Qumran entgegen, wo die Vollendung des Gesetzes in der Perfektion des Gehorsams gegenüber allen Geboten bestand. Matthäus begibt sich auch auf Distanz zum pharisäischen Gesetzesverständnis, für das eine solche Konzentration undenkbar gewesen wäre. Im Pharisäismus läßt sich sogar eine gewisse Tendenz feststellen, daß die Pflichten gegenüber Gott vorgezogen werden, wenn es zum Konflikt mit Pflichten gegenüber Menschen kommt. Darin spiegelt sich ein bedeutsamer Vorgang. Die Pharisäer gaben wohl nicht aus Unmenschlichkeit den Geboten den Vorzug, welche Pflichten gegenüber Gott vorschrieben. Diesen Vorzug genossen diese Gebote, weil das Gesetz gar nicht in erster Linie das Verhältnis zu den Menschen regelte, sondern vielmehr das Verhältnis zu Gott. Wenn das Gesetz mein Gottesverhältnis bestimmt, ist es selbstverständlich, die Gebote gegenüber Gott für wichtiger zu halten als die, welche ein Verhalten zu den Menschen betreffen. Deshalb gilt: diese pharisäische Tendenz läßt erkennen, daß hier das Tun des Gesetzes dazu da war, das Gottesverhältnis des Menschen zu bearbeiten, und nicht sein Weltverhältnis. Demgegenüber zeigt die Konzentration des Urchristentums auf das Liebesgebot, daß nun das Weltverhältnis des Menschen im Zentrum stand. Dasselbe zeigen übrigens auch sämtliche Streitgespräche und die Antithesen des Matthäusevangeliums. Das Gesetz hat seinen Ort, wo es um das geht, was ich dem andern schuldig bin. Hier hat das Gesetz seine Geltung. Und im Horizont dieser Ausrichtung auf die Liebe unter den Menschen kann es dann auch kritisiert werden. Wie kam es zu dieser Umorientierung im Urchristentum? Das Gesetz kam an diesen Ort, weil am andern Ort, am Ort des Gottesverhältnisses, Christus stand. Christus kommt für das Gottesverhältnis des Menschen auf, also kann das Gesetz konzentriert werden auf die Lebensverhältnisse unter den Menschen. Und eben hier hat es nach wie vor seine Gültigkeit als Orientierungsinstanz, freilich nur eine an Jesus gebrochene Gültigkeit.

Jetzt wird vielleicht auch verständlich, was die Aufnahme der rigoros-judenchristlichen Sätze bedeutet. Sie sagen, daß das Gesetz nicht reduziert werden kann. Als unversehrte Ganzheit bleibt es in Geltung. Matthäus kann diese Sätze aufgenommen haben, um die Erfüllung und Vollendung des Gesetzes durch Jesus abzugrenzen gegen einen Umgang mit dem Gesetz, der auf Reduktion einzelner Gesetzesgebote beruhte. Auch die Reduktion auf das, was tolerabel scheint, bleibt immer noch auf dem Boden des Gesetzes. Durch Reduktion läßt sich die Lebensintention des Gesetzes nicht vollenden. Deshalb ist Jesus nicht gekommen, aufzulösen, sondern zu erfüllen. Erfüllt wird das Gesetz jedoch nicht durch Reduktion, sondern durch Konzentration. In der Konzentration auf das Liebesgebot, welches in der matthäischen Fassung den Boden des Gesetzes insofern verläßt, als es nicht mehr der Bearbeitung des Gottesverhältnisses gilt, wird die Lebensintention des Gesetzes als einer Ganzheit erfüllt. Phänomenologisch gesehen haben wir es hier mit einem interessanten Vorgang zu tun. Das Gesetz steht für die Frage nach dem Willen Gottes. Im gewöhnlichen Gesetzesverständnis steht diese Frage nach dem Willen Gottes im Kontext dessen, wie das menschliche Gottesverhältnis zu gestalten sei. Der Wille Gottes ist maßgeblich, wo der Mensch sein Sein coram Deo (vor Gott) verhandelt und bearbeitet. Die matthäische Konzentration hat diese Frage nach dem Willen Gottes gleichsam umgeleitet. Sie behält nur dort ihr Recht, wo es um das Tun des Menschen coram hominibus (vor den Menschen) geht. Die Frage kann so umgeleitet werden, weil das Sein des Menschen coram Deo geklärt ist durch den in Jesus Christus ihm entgegen kommenden Gott. Diese Umleitung der Frage ist selbst schon der Lebensgrund der Liebe, auf die das Urchristentum sich konzentrierte. Denn Liebe kann dort entstehen, wo das Sein coram Deo geklärt ist und der Mensch also weder sich selbst noch Gott mehr etwas schuldet. Dort «schuldet» er dem andern nur die Liebe, und er kann seine Aufmerksamkeit dem schenken, was er dem andern schuldet. Diese Umleitung der genannten Fragestellung läßt sich auch nichtreligiös in mancherlei Hinsicht interpretieren. Wo das Normative im Kontext meiner Selbstidentifizierung beziehungsweise Selbstdarstellung verhandelt wird, kann es, das Normative, nicht wahrhaftig in seiner Lebensintention erkannt werden. Die Lebensintention des Normativen ist weder Identität noch Darstellung, sondern die Einweisung in das, was dem Leben dient. Matthäisch gesprochen: Einweisung in die guten Werke, die schön sind, weil sie gut sind.

Damit dürfte auch die Frage nach der besseren Gerechtigkeit zusammenhängen. Beachtenswert ist, daß den Pharisäern die Gerechtigkeit nicht etwa abgesprochen wird. Es geht nicht darum, für diese bessere Gerechtigkeit eine negative Folie zu finden. Mit dem doppelten Komparativ ist wohl angedeutet, daß es sich hier um eine Steigerung der Gerechtigkeit handelt, die qualitativ mehr ist als die Gerechtigkeit auf dem Boden des Gesetzes (Aus ihr machten wohl die Pharisäer das Beste!). Auf die Frage, wie denn diese qualitativ bessere Gerechtigkeit aussehen könnte, werden die Antithesen eine differenzierte Antwort geben. Pauschal geurteilt handelt es sich bei dieser Gerechtigkeit um die Liebe, die grenzenlos geworden ist (5,43–48). Gedeihen kann eine solche Liebe nicht mehr im Rahmen der Arbeit an meinem Gottesverhältnis, sondern nur noch auf der Grundlage, daß Gott ein Verhältnis mit dem Menschen eingegangen ist. Dieses Verhältnis ist für Matthäus verkörpert in Jesus Christus. In diesem Verhältnis ist schon etwas ausgeteilt worden von der Gerechtigkeit, mit welcher die Hungernden in der Gottesherrschaft gesättigt werden. Daß diese Gerechtigkeit ausgeteilt ist, erlaubt es, auf die Lebensintention des Gesetzes besser einzugehen. Dieses steht ganz und gar in Geltung, sofern es Weisung zur Lebensgestaltung unter den Menschen ist. Ganz und gar in Geltung steht es, wenn es konzentriert ist auf das Gebot der Liebe. Damit ist das Gesetz zur Vollendung gebracht. Nur wer dieser Gerechtigkeit teilhaftig ist, wird nach V. 20 ins Himmelreich eingehen. Ist das eine Drohung mit dem Ausschluß? Ist es der Versuch, die Kirche zur Entsprechung mit der Gottesherrschaft zu führen? Von Matthäus aus wäre beides denkbar. Die entscheidende Frage an Matthäus lautet aber: Was für Drohungen sind noch möglich, wenn die Liebe in dieser endgültigen Weise das einzig Wahre ist? Diese sachkritische Frage soll jetzt nicht beantwortet werden; es genügt, daß sie gestellt wurde.

Die Antithesen (Mt 5,21–48)

Die Antithesen bilden das eigentliche Herzstück dieses zweiten Abschnittes, wo es Matthäus um das Verhältnis von Gesetz und Gerechtigkeit geht. Hier legt Matthäus offen, was er unter der «besseren Gerechtigkeit» (V.20) versteht. Und am Schluß der Antithesen (5,48) faßt Matthäus das Anliegen dieser Auslegung des Gesetzes noch einmal zusammen unter dem Stichwort «vollkommen»: «Also: Ihr sollt vollkommen sein wie euer himmlischer Vater vollkommen ist.» Für Matthäus ist demnach in den Antithesen das wesentlichste gesagt, was auf die Frage nach dem Willen Gottes zu antworten ist.

Aber nicht nur für Matthäus sind in diesen Antithesen entscheidende Wegweisungen christlichen Verhaltens. Auch schon vor ihm waren sie vielbedachtes Thema im Horizont der Frage nach dem Willen Gottes. Das wird schon allein dadurch belegt, daß Teile davon oder Sätze daraus eine Verbreitung in der ganzen Urchristenheit hatten (man vergleiche etwa die Frage der Ehescheidung: sie erscheint nicht nur hier, sondern auch in der Logienquelle, in der markinischen und vormarkinischen Tradition, sowie bei Paulus). Die große Bedeutung der Antithesen für die urchristliche Theologie erhellt auch daraus, daß diese schon eine

lange Überlieferungsgeschichte hinter sich haben, in welcher sie bearbeitet, neu interpretiert, mit Beispielen versehen und auf verschiedene
Weise bedacht wurden. Wir verschaffen uns einen Überblick über
diesen Traditionsprozeß:

Die Überlieferung der Antithesen

Schon ein Blick in die Synopse würde zeigen, daß die Traditionsgeschichte der Antithesen sehr komplex ist. Wir wollen uns darauf
beschränken, die Hauptlinien zu sehen, was eine gewisse Vereinfa-
chung mit sich bringt.

Sofort ersichtlich ist aus der Synopse, daß ein Teil der Antithesen
zum matthäischen Sondergut, der andere Teil zur Logienquelle gehört.
Aus dem Sondergut stammen die Antithesen 1,2 und 4; aus der
Logienquelle die 3., 5. und 6. Antithese. Die Hypothese einer matthäischen Bearbeitung der Logienquelle ist hier nicht anwendbar. Denn
nicht alle Veränderungen gegenüber der aus Mt und Lk zu rekonstru-
ierenden Logien-Quelle lassen sich redaktionell erklären. Daraus ergibt
sich, daß die Q-Traditionen schon vor der Redaktion in der matthäischen Gemeinde in Gebrauch waren und dort auch schon bearbeitet
wurden. Diese Bearbeitung brauchen wir jetzt nicht im einzelnen
auszuführen. Es genügt, darauf hinzuweisen, daß die äußere Form, die
Form der Antithese, wahrscheinlich auf dieser vormatthäischen Stufe
auf alle sechs Abschnitte ausgedehnt wurde. Allerdings ist diese antithetische Form keine Schöpfung der vormatthäischen Gemeinde, sondern
sie geht aller Wahrscheinlichkeit nach auf den historischen Jesus
zurück. Um die Evidenz dieser Feststellung herauszuarbeiten, müssen
wir einen kurzen Blick auf dieses antithetische Reden tun.

Es hat die folgende Grundform: «Ihr habt gehört, daß zu den Alten
gesagt wurde»; es folgt ein Gebot oder Verbot aus der hebräischen
Bibel; «ich aber sage Euch»; es folgt ein Jesuswort, welches das
alttestamentliche Gebot kritisch auslegt. Die nächsten formalen Parallelen finden sich in der rabbinischen Gesetzesauslegung; hier kann der
Rabbi mit der Formel «ich aber sage» sich absetzen gegenüber der
Gesetzesauslegung eines andern Schriftgelehrten. Er setzt sich konkret
dann so von der Auslegung ab, daß er eine neue Auslegung vorträgt und
diese mit Schriftzitaten begründet. Dies ist, wie gesagt, die nächste

Parallele zu den Antithesen der Bergpredigt. Und gerade diese nächste Parallele weist hochbedeutsame Unterscheidungsmerkmale auf.

In den *matthäischen* Antithesen wird der Zuhörer zunächst erinnert an das, was ihm als Willen Gottes überliefert ist (das Element «ihr habt gehört»). Der Wille Gottes wird genauer umschrieben mit der Wendung «was zu den Alten gesagt wurde». Die Alten sind die Sinaigeneration, also die Generation der Gesetzesempfänger. Im Passivum «es wurde gesagt» verbirgt sich Gott als der Sprecher: «es wurde gesagt» steht entsprechend verbreiteter jüdischer Redegewohnheit für «Gott hat euch gesagt». Was hier also zum Gegenstand der Auseinandersetzung gemacht wird, ist das Gesetz selbst. Mit dem «Ich aber sage euch» setzt sich Jesus ab gegenüber dem Gesetz des Mose, und also nicht gegenüber einer Auslegung eines bestimmten Schriftgelehrten. Hier geht es demnach um eine Kritik am Gesetz, nicht an der Gesetzesauslegung. Daraus folgt: der Anspruch Jesu ist gar nicht vergleichbar mit dem Anspruch des Rabbi, er geht insofern weit über diesen hinaus, als Jesus sich mindestens auf die gleiche Ebene versetzt wie das göttliche Gesetz. Er beansprucht offenbar, den Willen Gottes gerade auch gegen das Gesetz zum Ausdruck zu bringen. Er beansprucht, an der Stelle Gottes zu sprechen, oder ganz einfach: er beansprucht, Gottes Wort zu sagen (genauso wie im Gesetz Gottes Wort zu vernehmen ist für die, die Ohren haben zu hören). Dieser Anspruch ist übrigens kein singuläres Phänomen bei Jesus. Er läßt sich an vielen Punkten seines Redens und Tuns beobachten. Hier, in den Antithesen, wird er untrüglich sichtbar. Dieser Anspruch Jesu sollte später eine große Bedeutung erlangen, zunächst für das Geschick Jesu und dann auch für den Glauben an Jesus. In den Augen des pharisäischen Denkens beispielsweise war ein solcher Anspruch zu verurteilen. Wer an der Stelle Gottes spricht, begeht damit einen frechen Griff nach Gott. Er greift nach dem Vater im Himmel, um ihn auf die Erde herunter zu ziehen. Das ist Blasphemie, Gotteslästerung. Dieses Urteil der Blasphemie, welches über Jesus ausgesprochen werden *mußte*, dürfte zumindest mitverantwortlich sein für das Todesurteil, mit welchem der Blasphemie ein Ende gemacht wurde. Andererseits war derselbe blasphemische Anspruch einer der Anhaltspunkte für die spätere Christologie. Die Christologie sagt ja nichts anderes, als daß dieser Mensch Jesus Gott in Person war. Sie ist insofern die positive Antwort auf sein blasphemisches Tun und Reden. Der Griff nach dem himmlischen Vater, um ihn auf die Erde herunterzuholen, war *ein* Anhaltspunkt für das Bekenntnis, daß Gott in diesem Menschen zur Welt gekommen sei. Das Bekenntnis der Fleischwerdung des Gotteswortes, wie es im Johannesevangelium erscheint, hat sehr viel zu tun damit, daß dieser Mensch Gottes Wort zu sagen beanspruchte. Soviel zur passionstheologischen und christologischen Tragweite dieses «Ich aber sage euch».

Der Anspruch, der in diesem «Ich aber sage euch» angemeldet wird, ist religionsgeschichtlich gesehen einzigartig. Weder das jüdische Denken vor Jesus noch die Bedürfnisse der Gemeinde nach Jesus können als Grundlage zur Herleitung dieses Redens infrage kommen. Deshalb haben wir es hier mit einem Phänomen zu tun, das mit größter Wahrscheinlichkeit auf den irdischen Jesus selbst zurückgeht (sogenanntes Diskontinuitätskriterium). Führt man es auf Jesus zurück, so kann dieser Anspruch eingereiht werden in eine Reihe anderer Aussagen und Handlungsweisen, die ebenfalls für Jesus charakteristisch sind. Auch dies spricht für den Ursprung beim irdischen Jesus (sogenanntes Kontinuitätskriterium).

Der Anspruch, an der Stelle Gottes zu sprechen, findet sein Gegenstück in den Aussagen, die jeweils dem Gesetzeswort entgegengestellt werden. Auffällig ist, daß in diesen Aussagen keinerlei Rekurs auf die hebräische Bibel gemacht wird. Das Wort Jesu allein steht der Aussage des Gesetzes gegenüber. Dies könnte zunächst den Anschein erwecken, als ob hier einfach eine Autorität gegen die andere ausgetauscht würde.

Schauen wir indessen genauer hin, so entdecken wir etwas – wie mir scheint – recht Bedeutsames. Jesus führt für das, was er zu sagen hat zum Willen Gottes, keinerlei Autorität mehr ins Feld, weder andere Stellen aus dem Gesetz noch andere Ausleger der Schrift (wie dies bei der rabbinischen Auslegung immer der Fall ist). Daraus folgt: es gibt keine Autorität, die diese Aussagen stützen könnte und müßte. Außer diesen Aussagen selbst gibt es nichts, was zu ihrer Verbindlichkeit ins Feld geführt werden könnte. Ihre Wahrheit besteht ganz und gar in dem, was sie sagen; ihre Wirkung beruht demnach ganz und gar darauf, was in ihnen zur Sprache kommt. «Nicht die Herkunft des Wortes überzeugt, sondern das Wort.» So hatte es in Dürrenmatts Bemerkung zur Rede der Reden geheißen. Das Gewicht dieses Wortes besteht ausschließlich in dem, was es sagt. Es wird nicht gewichtig gemacht durch etwas ihm Fremdes, weder durch die Autorität des Sinai-Gesetzes noch durch ehrwürdiges Alter. Das Wort Gottes wird ausschließlich an dem erkannt, was es sagt. Das bedeutet: es kann nicht existieren ohne den, der erkennt, was es sagt. Es ist ganz angewiesen auf den, der es wahrnimmt und damit Einsicht gewinnt in seine Wahrheit. Matthäus wird diese Rede vollmächtig nennen. Vollmächtig ist sie im Gegensatz zu allen Reden, die bloß gewalttätig sind dadurch, daß sie sich selbst Gewicht verschaffen durch Autorität oder durch Machtausübung. Diese Vollmacht nun, die hier zum Vorschein kommt, ist das Gegenstück zum «Ich aber sage euch». An der Stelle Gottes sprechen kann, wer auf diese Weise vollmächtig zu sprechen wagt.

Historisch gesehen läßt sich die antithetische Form positiv nur bei zwei Antithesen auf den irdischen Jesus zurückführen. Bei den andern vier Antithesen besteht eine gewisse Wahrscheinlichkeit, daß diese Form erst durch die vormatthäische Gemeinde auch auf sie ausgedehnt wurde. Sicher ist dies jedoch nicht. Diese Frage ist historisch interessant, sachlich jedoch nicht von großer Bedeutung, zumal der Ursprung des Antithetischen bei Jesus in zwei Fällen gut gesichert ist. Wenn wir einmal von der antithetischen Form absehen, so lassen sich auch die übrigen vier Antithesen *inhaltlich* auf den historischen Jesus zurückführen: das Scheidungsverbot ist mehrfach von Jesus belegt, ebenso das Schwurverbot; das Wort von dem Aufsichnehmen von Schlägen auf die Wange stammt mit größter Wahrscheinlichkeit von Jesus; ebenso das Gebot der Feindesliebe, das nicht nur keine Analogien hat in der Antike, sondern auch mit der Pointe der ganzen Existenz Jesu genau übereinstimmt. Halten wir fest: sachlich gehen die Forderungen der Antithesen auch bei der dritten bis sechsten auf Jesus zurück; ob und wieweit schon Jesus sie dem Gesetz gegenüberstellte in antithetischer Form, muß hier offenbleiben. Die folgende Interpretation nimmt an, sie seien in der matthäischen Gemeinde geformt worden. Zur historischen Lokalisierung wird – sofern nötig – bei der Einzelauslegung mehr zu sagen sein. Die matthäischen Antithesen treffen jedenfalls den Grundzug der Verkündigung Jesu genau. Wenn irgendwo dann begegnen wir hier der Gesetzesauslegung Jesu. Sie ist auch für uns Nachgeborene interessant, wie die folgenden Auslegungen hoffentlich zeigen werden.

Vom Töten und Zürnen (Mt 5,21–26)

«Ihr habt gehört, daß den Alten gesagt ward: du sollst nicht töten. Wer aber tötet, soll der Todesstrafe verfallen (*hē krisis* heißt hier nicht etwa die Gerichtsinstanz, sondern die Strafe, die nach alttestamentlichem Recht für diesen Fall die Todesstrafe war). Ich aber sage euch: Jeder, der seinem Bruder zürnt, soll der Todesstrafe verfallen. Wer aber zu seinem Bruder sagt: Raka (du Trottel), soll dem Synhedrium verfallen. Wer aber sagt: Dummkopf, soll der Feuerhölle verfallen.

Wenn du nun deine Gabe zum Altar bringst (zu ergänzen: um sie dort zu opfern), und dich dort daran erinnerst, daß dein Bruder etwas gegen dich hat, so laß deine Gabe dort vor dem Altar und geh, zuerst versöhne dich mit deinem Bruder und dann komm und bring deine Gabe dar!

Sei wohlgesinnt (eigentlich auf das Gute sinnend, das Gute dir ausdenkend) gegenüber deinem Gegner, (und zwar) sofort, solange du mit ihm unterwegs bist, damit der Gegner dich nicht dem Richter übergebe und der Richter dem (Gerichts-)Diener und du in ein Gefängnis geworfen wirst. Amen ich sage dir: Du wirst von dort nicht herauskommen, bis du den letzten Rappen (*kodrantēs* aus lat. quadrans, kleinste römische Münze) zurückgegeben hast.»

Zur historischen Situation

Wir sehen sofort, daß die vorliegende Antithese keine ursprüngliche Einheit darstellt. Schon allein der Wechsel von der zweiten Person Plural zur zweiten Singular ist ein Indiz dafür (Übergang von V. 22 zu 23). Dazu kommt, daß auch inhaltliche Unterschiede nicht zu übersehen sind. Zunächst geht es um das Töten und Hassen, dann um das Opfer und die Versöhnung, und schließlich um das Handeln, das einem Prozeß und einer Verurteilung zuvorkommt. Diese Signale haben schon lange dazu veranlaßt, literarkritische Thesen zu entwickeln.

Als Grundlage für unsere Auslegung dient die folgende traditionsgeschichtliche Hypothese, die meines Erachtens die größte Wahrscheinlichkeit für sich hat. Die *ursprüngliche Antithese Jesu* liegt mindestens in den Versen 21.22a vor. Erwägenswert ist, ob 22bc ebenfalls von Jesus stammt und dann eine Exemplifizierung der grundsätzlichen Aussage darstellt, oder ob die Gemeinde versucht hat, an zwei Beispielen die Antithese Jesu zu verdeutlichen. Keinesfalls liegt in diesen Beispielen ein Rückfall in die Kasuistik vor. Sie sind beide gar nicht als Fälle gemeint, sondern als Beispiele (die gerade einer kasuistischen Regelung widersprechen sollen: es wäre ja absurd, jemanden wegen der harmlosen Beschimpfung «Trottel» vor das Synhedrium zu ziehen). Eine *zweite kleine Einheit* liegt in dem Spruch von der Opfergabe und dem Bruder vor. Er dürfte ursprünglich nicht mit der Antithese vom Töten zusammengestanden haben, obwohl er mit großer Wahrscheinlichkeit ebenfalls von Jesus stammt (Diskontinuität: üblich war der Skopus der Reinheit des Opfers bei solchen Aussagen; um der Reinheit des Opfers willen soll das Trennende aus der Welt geschafft werden; dieser Gedanke liegt hier nicht vor, sondern es geht um die grundsätzliche Priorität der Zuwendung zum Bruder; Konsistenz: diese Prioritätensetzung kennzeichnet den Umgang Jesu mit dem Kultischen überhaupt). Der Spruch ist entweder von Matthäus oder von der vormatthäischen Gemeinde an die Antithese angehängt worden. *Schließlich* stammt das kleine Gleichniswort vom rechtzeitigen Ausgleich mit dem Gegner aus der Logien-Überlieferung. Matthäus hat es wohl an diese Stelle gesetzt, weil er schon zu Anfang der Antithesen hinweisen will auf die Feindesliebe, in welcher die neue Gerechtigkeit gipfelt. Die Herkunft dieses Gleichnisworts vom historischen Jesus ist, wenn sie auch wahrscheinlich ist, positiv nicht zu erweisen. Immerhin kann man sagen, daß das Zeitverständnis des Gleichniswortes – wir werden es in der Einzelauslegung etwas näher ansehen – mit dem Zeitverständnis Jesu sehr schön übereinstimmt. Auch wenn dieses Gleichniswort also nicht auf Jesus zurückgehen sollte, bringt es seine Intention dennoch gut zum Ausdruck.

Töten

In der ersten Sinneinheit unseres Textes geht es um das Verständnis des Tötungsverbots. Jesus knüpft an das alttestamentliche Verbot des Tötens an, wie es im Dekalog steht (Ex 20,13). Er knüpft ferner an die schon alttestamentlich festgelegte Rechtspraxis an: wer einen Menschen tötet, soll selbst getötet werden (Ex 21,12). Daran also anknüpfend hält Jesus dem Gesetz zunächst entgegen, daß jeder, der dem Bruder zürnt, demselben Todesurteil verfallen sei wie der Mörder. Mit dem Bruder ist hier aller Wahrscheinlichkeit nach einfach der andere Mensch gemeint, gleichgültig wie positiv oder negativ ich mich zu ihm stelle. Jesus dehnt also das Todesurteil, das nach dem Gesetz über den Mörder gefällt wird, aus auf den Zornigen und Hassenden. Dies wird in den zwei darauf folgenden Beispielen erläutert. Auch wenn jemand eines dieser harmlosen Schimpfwörter ausspricht, soll er dem Synhedrion beziehungsweise der Feuerhölle verfallen sein. Auch hier geht es um vernichtendes Urteil, wobei das weltliche Urteil mit dem endgültigen zusammenfällt. In merkwürdiger Maßlosigkeit hält Jesus dem geregelten Betrieb des Gesetzes entgegen, daß schon das harmlose Schimpfwort gerichtlich verfolgt werden müßte und sub specie Dei die Hölle verdiente. Es ist offensichtlich, daß eine solche Maßlosigkeit zur Weltgestaltung und zur gesetzlichen Regelung menschlichen Zusammenlebens völlig unbrauchbar ist.

Daraus erkennen wir: Jesus ging es überhaupt nicht um die gesetzliche Regelung des Zusammenlebens (wie sie in jeder Gesellschaft vorgenommen werden muß). Ihm ging es um die Frage nach der eigentlichen Dimension des Willens Gottes. Der Wille Gottes aber reicht viel weiter, als daß er das Funktionieren menschlicher Gemeinschaft gewährleistet.

Nun pflegt man in der exegetischen Literatur darauf hinzuweisen, daß die Verurteilung des Zorns durch Jesus keine Neuigkeit darstelle im Zusammenhang des jüdischen Denkens. Aussagen, die den Zorn negativ beurteilen, gibt es sowohl in der Weisheitsliteratur des Alten Testaments als auch in der Sektenregel von Qumran oder in manchen rabbinischen Aussagen (die allerdings sämtliche späteren Datums sind). Diese Verurteilung des Zorns ist indessen auch kein Spezifikum des jüdischen Denkens. Er wird auch in der stoischen Literatur nicht minder verurteilt, während der gerechte Zorn nach Aristoteles noch durchaus erlaubt ist. Wollte man demnach die Originalität Jesu darin sehen, daß er nicht erst das Töten sondern schon den Zorn verurteilt, so unterläge man in der Tat einer Täuschung.

Wo die Pointe und das eigentlich Antithetische bei Jesus liegen, entdecken wir, wenn wir uns die Verurteilungen des Zorns etwas genauer ansehen. Da gab es also in der Sektenregel von Qumran Verurteilungen des Zorns. Diese bezogen sich jedoch eindeutig auf den Zorn gegenüber Gemeindemitgliedern (1QS 6,25–27). Der Haß gegen die Draußenstehenden, gegen die Söhne der Finsternis, aber ist nicht nur erlaubt, sondern ausdrücklich im Namen Gottes geboten. Diesen Unterschied hat Jesus nicht gemacht. Er verurteilt auch den Zorn maßlos, ganz gleichgültig wie er zustande kommt. Das unterscheidet ihn auch von rabbinischen Aussagen, welche den Haß insofern verurteilen, als er *grundlos* ist. Dazu kommt etwas weiteres: in den schon genannten Aussagen der Qumrangemeinde werden für genau definierte Zornesäußerungen ebenso genau definierte Strafen angegeben. Auch in der rabbinischen Auslegung ist die Strafe der Schwere des Zorns angepaßt. Bei Jesus dagegen wird auch in der Strafe kein Unterschied gemacht. Für den Zorn, und sei es in der harmlosesten Form, fordert er die Todes- beziehungsweise die Höllenstrafe. Das bedeutet, daß er auch in der Strafe einen seltsam maßlosen Standpunkt vertritt. Schließlich gilt nach Sir 34,21f auch der als Mörder, der dem Armen den Lebensunterhalt entzieht. Hier wird das Tötungsvergehen ausgedehnt auf den Entzug der materiellen Güter, welche der Wohlhabende dem Armen wegnimmt. Es ist wohl verständlich, daß dies auch eine Art des Mordens ist. Bei Jesus dagegen findet sich nichts dergleichen: der Zorn, gerade auch in seiner nicht unmittelbar lebensbedrohenden Erscheinungsform des Schimpfwortes, ist ohne Einschränkung dem Töten gleichgestellt. Damit sind wir zu dem Punkt gekommen, wo die Pointe der Antithese Jesu ansichtig wird, und wo wir auch erst begreifen, warum es überhaupt um einen Gegensatz zum Gesetz geht. Diese Pointe läßt sich in drei Aspekten umschreiben, die alle drei unter dem Begriff der Maßlosigkeit gefaßt werden können.

1. Die Antithese Jesu zeugt von einem maßlosen Verständnis des Tötens. Denn das Töten wird ausgedehnt bis hin zum Zorn, der niemandem ein physisches Leid zufügt. Damit ist die elementare Fragerichtung des Gesetzes tatsächlich antithetisch aufgehoben. Das Gesetz fragt nach dem Grenzfall, nach *dem* Fall des Tötens, wo die Todesstrafe angebracht ist. Dieses Fragen nach dem Grenzfall widerspiegelt sich auch in der genauen Zumessung des Strafmaßes, während die Maßlosigkeit Jesu gerade auch bei der Strafe zum Ausdruck kommt. Für ihn gibt es nur das Höchstmaß, die Hölle, für alle Erscheinungsfor-

men des Tötens. Was es sowohl vor Jesus in der Gestalt des gerechten Zorns als auch nach Jesus in der Gestalt des heiligen Hasses gab, gibt es für ihn nicht. Der Haß und der Zorn ist Tötung, gleichgültig ob er berechtigt ist oder nicht. Die spätere kirchliche Vorstellung vom heiligen Haß, der sich auf die Sünder bezieht, ist ebenso überholt wie das Gebot des Feindeshasses in Qumran.

2. Ein wichtiges Implikat dieser Vorstellung vom Töten ist die ebenfalls maßlose Vorstellung vom Leben. Leben wird nicht erst dann weggenommen, wenn ich einem ans biologische Leben gehe. Ans Lebendige gehe ich ihm vielmehr ebenso durch meinen Zorn und meine Beschimpfung. Damit ist der Lebensbegriff weit über das Biologische hinaus ausgedehnt. Leben wird eigentlich verstanden als etwas Relationales. Leben besteht in der Beziehung der Liebe, die nicht beeinträchtigt wird von Haß und Zorn. Ich warte schon darauf, daß auch dieser Lebensbegriff mit dem Vorwurf der Spiritualisierung belegt wird. Auch hier wäre er deplaziert: Leben ist ein ganzheitliches Phänomen, das in den biologischen Gegebenheiten ebenso erscheint wie in den Beziehungen auf allen Ebenen.

3. Wer ein so maßloses Verständnis des Tötens hat, kann auf die Länge nicht zufrieden sein mit dem *Verbot* des Tötens. Dieses Verbot wird über kurz oder lang umschlagen müssen in das Gebot, das Leben zu bewahren und zu lieben. Im Rahmen des Gesetzes frage ich nach dem Erlaubten. Das ist eine maßvolle Frage, eine Frage nach dem Maß des Tuns. Die maßlose Frage lautet aber: Was ist geboten, damit das Leben nicht nur nicht weggenommen sondern zur vollen Entfaltung gebracht wird? Diese Wende vom Erlaubten zum Gebotenen ist eine *qualitative* Wende; sie ist der eigentliche Kern der Antithesen Jesu. Das Leben selbst gebietet es, daß ich es zum Zuge bringe und aktiv befördere. Deshalb gibt es für den, der nach dem Willen des Schöpfers allen Lebens fragt, eigentlich nur ein maßloses Verständnis des Tötens beziehungsweise die maßlose Frage nach dem, was angesichts des Lebens geboten ist. Diese Gerechtigkeit geht qualitativ über das hinaus, was als Gerechtigkeit zur Regelung des gesellschaftlichen Zusammenlebens notwendig wäre. Es ist die Liebe, welche das Gerechte zwar nicht übergeht, aber dennoch hinter sich läßt. Es kann nicht darum gehen, diese Aussagen bloß historisch zu verifizieren im jüdischen Gesetzesverständnis. Die maßvolle Frage nach dem Erlaubten ist ein Phänomen,

das auch in unseren Lebenszusammenhängen vorkommt (auch dort, wo es gar nicht mehr um Gott geht).

Opferbringen

Daß diese Pointe nicht ganz unbegründet ist, zeigt die nächste kleine Einheit des Textes (V. 23f) ganz deutlich. Hier geht es darum, daß die Versöhnung dem Opferbringen prinzipiell vorgeordnet ist. Wenn du zum Altar gehst und dich dort erinnerst, daß dein Bruder etwas gegen dich hat (nicht etwa: daß du etwas gegen deinen Bruder hast!), dann brich sofort ab, versöhne dich zuerst; dann magst du opfern. Hier ist offensichtlich nicht mehr das Verbot des Tötens verhandelt; hier geht es um das, was das Leben, in diesem Falle der Bruder, selbst gebietet. Es geht um die Aktivität zur Steigerung des Lebens, um das Zugehen auf den Bruder, dessen Relation zu mir gestört ist. Nicht bloß der Zorn ist zu unterlassen, sondern gerade auch bestehender Zorn ist aus dem Weg zu räumen. Also schlägt die Frage nach dem Erlaubten um in die Frage nach dem, was geboten ist. Also schlägt das Verbot des Gesetzes um in das Gebot des Evangeliums.

Bemerkenswert ist, daß Jesus mit keinem Wort danach fragt, ob der Bruder zu Recht oder zu Unrecht etwas gegen mich hat. Das ist nicht das Thema. Thema ist die objektive Schmälerung des Lebens, ganz gleichgültig wer die Schuld daran trägt. Diese objektiv vorliegende Schmälerung des Lebens verträgt sich nicht mit der Opferdarbringung. Solange sie existiert, ist zum Opfern keine Zeit. Das Opfer steht für die Zuwendung zu Gott, während die Versöhnung für die Zuwendung zum Menschen steht. Für die Zuwendung zu Gott ist keine Zeit, solange die Beziehung zu den Menschen unterbrochen ist. Dies ist eine Akzentsetzung, welche wir schon bei der matthäischen Konzentration auf das Liebesgebot beobachten konnten. Das Gesetz ist dort gültig und kommt in seiner Lebensintention zum Zuge, wenn es einweist in die Zuwendung zum Menschen. Wo es solche Zuwendung verhindert, indem es zum unzeitigen Opfer anhält, ist seine Lebensintention verkehrt. In gewisser Weise wird seine Lebensintention genau dort verkehrt, wo die Frage nach dem Erlaubten herrscht. Denn die Frage nach dem Erlaubten hat nicht die Zuwendung zum Menschen im Blick, die maßlos geboten ist, sondern sie richtet ihren Blick auf Gott. Deshalb ist die am Grenzfall orientierte Wahrnehmung des Willens Gottes gleich einem Opfer, das zur Unzeit stattfindet, zu einer Zeit nämlich, wo es um die unbegrenzte Zuwendung zum Menschen ginge.

Prozeßgegner

Eben diesen Zeitaspekt rückt das abschließende Gleichniswort vom Prozeßgegner in den Mittelpunkt des Interesses. Das Wort läßt vor unseren Augen die Situation zweier Menschen erstehen, die unterwegs sind zum Prozeß, den sie miteinander führen wollen. Das Wort fordert auf, schnell, rechtzeitig, dem Prozeßgegner wohlgesinnt zu sein. Das heißt: rechtzeitig sich etwas Gutes für den andern auszudenken. Dieses Gute wird in der Versöhnung bestehen, die unterwegs stattfindet. Kommt es nicht zu diesem Akt der Wohlgesinnung, so wird es zum Prozeß kommen. Dann wird die Sache vor Gericht entschieden. Vor Gericht ist es zu spät zum Wohlwollen. Vor Gericht herrscht die *dikē*, die Strafgerechtigkeit, welche ja von den Prozeßgegnern zuhilfe gerufen wird. Jetzt, unterwegs, wäre Zeit zum Wohlwollen, dann, vor Gericht, ist nur noch Zeit zur gerechten Zumessung der Strafe. Wo aber *dikē* (Gerechtigkeit) herrscht, gibt es kein Entrinnen, bis der letzte Rappen zurückbezahlt ist.

Dieses Gleichniswort verweist metaphorisch auf das kommende Gericht. Es arbeitet mit der Vorstellung von der Strafgerechtigkeit Gottes. Wichtig ist freilich, daß es sich für die Zukunft nicht um ihrer selbst willen interessiert. Es spricht nicht über das Dann, es spricht zum Jetzt. Thema ist nicht das Gericht, sondern das Unterwegssein. Das Gleichniswort erinnert an das künftige Gericht, um dem jetzigen Unterwegssein die richtigen Dimensionen zu geben. Dies ist kennzeichnend für das Zeitverständnis Jesu, wie es gerade auch in der Bergpredigt zum Ausdruck kommt. Jesus thematisiert die künftige Gottesherrschaft so, daß er sie ins Jetzt hereinzieht. Sein eigentliches Thema ist das Unterwegs des Lebens als der Ort, wo man sich einstellen kann auf die Gottesherrschaft. In der Einstellung zur Gottesherrschaft, die Jesus dem Menschen vermittelt, gewinnt dieser *jetzt* ein Verhältnis zum *Dann*. Damit ist die auch manchen Exegeten so wichtige Frage nach dem Zeitabstand buchstäblich unterlaufen. Wo es um die jetzige *Einstellung* zum Dann geht, wird das Verhältnis zwischen Zukunft

Gottes und Gegenwart des Menschen nicht mehr als Abstand gedacht (wie etwa im apokalyptischen Zeitverständnis). Die Gottesherrschaft, ganz gleichgültig wann sie kommt, taucht die Gegenwart in ein neues Licht. Die Gegenwart wird endgültig entscheidend (in ihr kann ich ja der Strafgerechtigkeit der Zukunft sozusagen zuvorkommen). Das Unterwegssein selbst trägt den Anspruch, rechtzeitig Wohlwollen zu erweisen, in sich. Man könnte sagen, daß dieses Gleichniswort Jesu die Gegenwart neu erschafft als entscheidende Zeit. Es stellt Zeit zur Verfügung, indem es auf die Möglichkeiten der Gegenwart aufmerksam macht. Zeit wird dadurch gewährt, daß sie als Raum entdeckt wird, wo Wohlwollen an der Zeit ist. Damit wird die Gegenwart nicht mehr einfach verstanden als eine Zeit, die verrinnt und auf die Zukunft hinausläuft, sondern sie wird vielmehr verstanden als eine entscheidende, der Zukunft zuvorkommende Zeit. Damit wird das menschliche Ausgestrecktsein nach der Zukunft unterbrochen. Der Hörer wird verwiesen an sein jetziges Unterwegssein. Daß er sich nach der Zukunft ausstreckt, wird gleichsam abgegolten in der Phantasie zum kommenden Gericht. So wird dem Menschen Zeit gewährt und damit wohl auch Leben, das ohne Zeit nichts ist.

Unüberhörbar ist der Anspruch, welcher in dieser Gewährung von Zeit beschlossen ist. Haben verpflichtet; Zeithaben verpflichtet nicht weniger. Zeithaben verpflichtet zum Wohlwollen, und zwar ganz und entscheidend. Das Zeithaben entsteht dadurch, daß das kommende Gericht direkt ins Jetzt hereingezogen wird. Der Abstand ist aufgehoben; auch die Gegenwart ist also kein Grenzfall mehr, der maßvoll abgegrenzt werden könnte gegen die Zukunft. Auch die Gegenwart ist kein Grenzphänomen mehr, so wenig der Wille Gottes am Grenzfall orientiert ist. Deshalb wird auch die Gegenwart maßlos verstanden als die Zeit des Unterwegsseins, wo Wohlwollen das einzig Angemessene ist. Auch die Gegenwart wird maßlos erschlossen für das, was in ihr *geboten* ist. Es wird nicht mehr gefragt, was angesichts der künftigen Gerechtigkeit noch erlaubt ist. Gerade sie gebietet jetzt maßloses Wohlwollen. Und eben so wird die Lebensintention der Zeit selbst entdeckt. Zeit ist Zeit zum Wohlwollen.

Von großer Bedeutung ist schließlich, daß in dem Gleichniswort Jesu zwischen dem Jetzt und dem Dann ein qualitativer Unterschied besteht. Es ist ja nicht so, daß die Gegenwart bloß eine Vorwegnahme der

Zukunft ist. Das wäre sie, wenn sie bloß als Übergangszeit zur Zukunft verstanden würde. Dann wäre jetzt eine Vorwegnahme der künftigen Strafgerechtigkeit geboten. Nun ist aber nicht Strafgerechtigkeit geboten, sondern Wohlwollen. Das heißt: die Vorstellung von der künftigen Strafgerechtigkeit Gottes wird im Jetzt nicht so maßgeblich, daß ich mich schon jetzt dieser Gerechtigkeit verschreibe. Jetzt gilt mehr als Gerechtigkeit: Wohlwollen, Freundschaft, Liebe. Damit kommt das, was jetzt geboten ist, der künftigen Gerechtigkeit nicht bloß zeitlich sondern auch sachlich zuvor. Das ist bezeichnend für die Gerichtsvorstellung Jesu. Und wenn dieses Zuvorkommen ernst genommen wird, dann ist es nur noch eine Frage der Zeit, bis die Jesusjünger Abschied nehmen können von der Vorstellung, daß Gottes Gericht bloß gerecht wäre und nicht auch wohlwollend im tiefsten Sinne des Wortes.

Zusammenfassung

Überblicken wir den Duktus dieser Antithese, so wird eine klare Linie wohl deutlich: Im ersten Teil (21f) geht es darum, das Töten maßlos zu verstehen. Damit wird die Frage nach dem Willen Gottes umgeleitet. Sie ist nicht mehr Frage nach dem, was noch erlaubt ist, sondern nach dem, was schon geboten ist. Die Frage nach dem, was tötet, schlägt von selbst um in die Frage nach dem, was lebendig macht. Dies wird im zweiten Teil durchgeführt (V. 23f), wo die unbedingte Zuwendung zum Menschen als das schlechthin Entscheidende herausgestellt wird, als das, was jedem Opfer überlegen ist. Die objektive Minderung des Lebens, welche sich in der Unstimmigkeit zwischen Menschen zeigt, muß aus der Welt geschafft werden durch Versöhnung. Versöhnung fragt nicht nach Recht und Schuld, sie ist maßlos ausgerichtet auf die Steigerung des Lebens, welche immer an der Zeit ist. Diesen Zeitaspekt thematisiert dann der dritte Teil (V. 25f), wo die Gegenwart entdeckt wird als schlechthin entscheidendes Unterwegssein. Da ist Wohlwollen angebracht, gerade weil nur jetzt dazu Zeit ist. Entdeckt wird der Anspruch, der im Zeithaben selbst liegt. Wer Zeit hat, hat Zeit zum Wohlwollen (und also hat er keine Zeit zum Strafen und Bedrücken). Daran erkennen wir, daß die Gottesherrschaft in der jetzigen Einstellung zu ihr maßgeblich wird, und daß gerade die Einstellung auf die kommende Herrschaft nicht eine Einlaßbedingung in sie ist, sondern der Gottesherrschaft ihrerseits Einlaß gewährt in das Reich der Welt.

Vom Ehebruch und vom Blick (Mt 5,27–30)

«Ihr habt gehört, daß gesagt wurde: Du sollst nicht ehebrechen. Ich aber sage euch: Jeder der eine Frau ansieht mit dem Ziel, sie zu begehren, hat schon die Ehe gebrochen mit ihr in seinem Herzen (diese Übersetzung ist insofern problematisch, als sie eine Aktivität der Frau anklingen lässt, die nicht zutrifft: nur *der Mann* bricht die Ehe eines andern Mannes, wobei der Frau keinerlei Aktivität zukommt).

Wenn aber dein rechtes Auge dich verführt, reiß es aus und wirf es von dir. Gut ist es für dich, daß eines deiner Glieder verloren geht und nicht dein ganzer Leib in die Hölle geworfen wird.

Und wenn deine rechte Hand dich verführt, schneide sie ab und wirf sie von dir. Gut ist es für dich, daß eines deiner Glieder verloren geht und nicht dein ganzer Leib in die Hölle fährt.»

Der erste Teil dieses Abschnittes stammt aus dem mätthäischen Sondergut und gehört wahrscheinlich zu den ursprünglichen, auf Jesus zurückgehenden Antithesen. Eine gewisse Unsicherheit besteht hinsichtlich des zweiten Teils: er ist in ähnlichem Inhalt auch in Mk 9 überliefert (wobei Matthäus ihn in der Markus-Parallele 18,8f noch einmal bringt). Lukas hat das Wort von Markus nicht übernommen. Deshalb besteht die Möglichkeit, daß diese beiden Sprüche hier aus der Logien-Überlieferung stammen (die Lukas – ebenso wie die Markus-Sprüche – auch nicht übernommen hätte). Vielleicht hat Matthäus die ihm vorliegende Antithese ergänzt durch diese zwei Sprüche, sei es aus der Markus-Tradition, sei es aus der Logien-Überlieferung. Andererseits könnte man auch annehmen, diese beiden Sprüche seien aus der vormatthäischen Gemeinde hierher gekommen und Matthäus habe sie als ganze vorgefunden. Über den historischen Ursprung dieser beiden Bildworte lassen sich nur Vermutungen anstellen, die uns jetzt nicht zu beschäftigen brauchen.

Die Antithese nimmt Bezug auf ein Gebot der Thora: du sollst nicht ehebrechen. Auf Ehebruch stand nach altem israelitischem Recht die Todesstrafe (vgl Dtn 22,20). Das Vergehen des Ehebruchs ist genau umrissen: Ehebruch ist der Geschlechtsverkehr eines israelitischen Mannes mit einer verheirateten oder verlobten israelitischen Frau. Das ganze Eherecht war patriarchalisch orientiert: Ehebruch seiner eigenen Ehe begeht nicht etwa ein Mann, der sich mit einer andern Frau einläßt. Der Mann kann seine eigene Ehe gar nicht brechen, er kann bloß die Ehe einer andern verheirateten Frau brechen. Demgegenüber kann die Frau nur ihre eigene Ehe brechen, wenn sie sich mit einem andern Mann einläßt. Das heißt: nur die Frau ist rechtlich zur Treue verpflichtet, während dem Mann noch verschiedene Möglichkeiten offen stehen. Allerdings wird, wenn er sich mit einer andern Frau einläßt, dies auch nicht einfach bagatellisiert, sondern immerhin als *porneia*, als Unzucht, gebrandmarkt. Es versteht sich von selbst, dass die Unzucht auch in jüdischen Überlegungen zur Ethik, die einigermaßen Niveau haben, keineswegs als Kavaliersdelikt gilt oder gar als Ausweis besonderer Männlichkeit. Dennoch bleibt festzuhalten, daß die rechtliche Regelung des Ehebruchs den Mann eigentlich nicht betraf, sofern es um seine eigene Ehe ging (die konnte er gar nicht brechen, aus einem sexistischen Grunde nämlich: schlicht weil er ein Mann war). Die Gebote des Dekalogs zielen auf die Regelung des menschlichen Zusammenlebens. In diesem Zusammenhang steht auch das Verbot des Ehebruchs. Es hat den Schutz der Zweierbeziehung zum Ziel. Es beruft sich auf den Willen Gottes und regelt damit gesellschaftliche Formen des Zusammenlebens. Mit dieser Regelung hängt zusammen, daß Ehebruch genau definiert wird, begrenzt wird auf physikalische Vorgänge sozusagen.

Allem Anschein nach hat dies den Widerspruch Jesu hervorgerufen. Antithetisch stellt er der gesetzlichen Regelung den unbegrenzten Ehebruch entgegen. Schon der Blick, mit welchem einer eine Frau ansieht, ist Ehebruch, zwar nicht unter den Augen der Öffentlichkeit, wohl aber in seinem Herzen. Nach dem Selbstverständnis Jesu steht seine Ausdehnung des Ehebruchs bis hin zum besitzergreifenden Blick im Widerspruch zur gesetzlichen Regelung der Sache. Der Widerspruch liegt darin, daß, wer nach dem Willen Gottes fragt, nicht stehen bleiben kann bei dem Grenzfall des physikalischen Vorgangs. Wer nach dem Willen Gottes fragt, kann nicht stehen bleiben bei der Regelung gesellschaftlicher Vorgänge, sondern er muß weiterschreiten bis dort hin, wo das Herz ins Zentrum rückt, das Herz, das keiner richterlichen Kontrolle und keiner gesellschaftlichen Analyse zugänglich ist. Dort, wo die Unverfügbarkeit der menschlichen Person sitzt, ist der Ort, wo von Gottes Wille zu reden ist. Wenn Gottes Wille nicht bis an diesen Ort kommt, dann ist er um sein eigentliches Wirkungsfeld betrogen. Die gesetzliche Regelung des Ehebruchs fragt deshalb nur begrenzt nach dem Willen Gottes. Und eine solchermaßen begrenzte Frage ist nach Jesus gar keine Frage nach dem Willen Gottes mehr.

Deshalb besteht ein Widerspruch zur gesetzlichen Regelung. Nun ist schon lange beobachtet worden, daß es neben dieser gesetzlichen Regelung des Zusammenlebens von Mann und Frau auch die weisheitliche Paränese gibt, die Ermahnung zum besseren Leben. Und mit dieser Paränese befindet sich Jesus nicht im Widerspruch: sowohl in der jüdischen als auch in der heidnischen Welt wurde *bisweilen* gesehen, daß der Ehebruch nicht erst durch die vollendete Tat geschieht, sondern schon durch die Absicht des Herzens. Diese Belege sind freilich nicht gerade häufig. Vor allem sind sie – sofern es sich um wirkliche Parallelen handelt – recht viel später als Jesus (2. und 3. Jh. n. Chr.). Daß schon der Blick den Tatbestand des Ehebruchs darstellt, ist jedenfalls nicht ganz unbekannt. Zu sagen, diese Einsicht entspreche dem damaligen common sense, ist jedoch eindeutig falsch. Zu der genannten frühjüdischen Weisheitstheologie befindet sich Jesus nur noch insofern im Widerspruch, als er die Paränese nicht als Ergänzung zum Gesetz sehen konnte, sondern als eigentliche Antithese zur gesetzlichen Regelung.

Wichtig ist, daß der Blick auf die Frau des andern genauer charakterisiert wird: Es ist der Blick des *epithymein*, des Begehrens. Es wäre unsachgemäß, wollte man dieses Begehren einengen auf ein Libido-Gefühl. Schon in Exodus 20 wird unter dem Begehren (im zehnten Gebot) eine Existenzbewegung verstanden, die sich fremde Güter einverleibt. Ähnliches gilt von der Begierde Adams. Sie richtete sich auf die unerlaubte Frucht. Diese mußte er sich einverleiben, weil er sich davon eine Steigerung des Lebens, einen Lebensgewinn versprach. Mit dem Begehren ist also jene Existenzbewegung gemeint, die Besitzansprüche stellt und sich nimmt, was einem nicht gehört. Dies ist nicht notwendig verbunden damit, daß ich Gefallen finde an etwas. Nicht alles, was mir gefällt, muß ich *deswegen* besitzen. Ausgedehnt wird der Ehebruch also keineswegs auf jeden Blick, etwa auf den Blick des Wohlgefallens, sondern vielmehr auf den besitzergreifenden, den einverleibenden Blick. Dieser besitzergreifende Blick tastet die Würde der Beziehung an, in welcher die besagte Frau steht. Und diese Beziehung macht ihr und ihres Partners Leben aus. Gewiß könnte man dies auch viel primitiver verstehen. Man könnte sagen, die Frau werde als

Eigentum des Mannes betrachtet und deshalb sei der begehrliche Blick ein Vergehen gegen dieses Eigentumsrecht. Daß im damaligen Judentum so gedacht worden ist, ist nicht von der Hand zu weisen (sowenig es in unseren aufgeklärten Zeiten von der Hand zu weisen ist). Daß Jesus von solchen Eigentumsverhältnissen her geredet hat, ist schon etwas weniger wahrscheinlich, insbesondere wenn man sein Verhältnis zu den Frauen berücksichtigt. Sei dem wie ihm wolle. Der besitzergreifende Blick ist jedenfalls ein Einbruch in eine Beziehung, kein handgreiflicher gewiß, aber dennoch ein Einbruch im Herzen des Einbrechers. Und dieser Einbruch ist Thema, wenn es um den Willen Gottes geht.

Man hat in der Auslegungsgeschichte immer wieder die Begierde mit der Lust (der *hēdonē*) ausgetauscht. Verurteilungswürdig war dann nicht mehr das Besitzergreifende, sondern das Lustvolle als solches. Diese Verurteilung des Lustvollen entsprach dem Zeitgeist der Spätantike. Auch die rabbinische Theologie und das Christentum wurden von diesem Zeitgeist erfaßt. Dieser Zeitgeist, welcher die Lust verurteilt, ist das genaue Gegenstück zu einem der Geister unserer Zeit. Er ist das Gegenstück zum Lustprinzip, wonach etwas genau deshalb gut ist, weil es Lust erzeugt. Sowohl die Verurteilung als auch die Vergötterung der Lust denkt viel zu egozentrisch: Thema des Ehebruchs bin nicht ich, der Eindringling, Thema und eigentliche Pointe ist vielmehr die Beziehung, die einen Lebensraum darstellt und die nicht ungestraft beschädigt wird.

Egozentrisch denkt auch eine breite Strömung innerhalb der rabbinischen Theologie. Die Gleichsetzung des Blicks mit dem Ehebruch erscheint dort ganz häufig im Zusammenhang mit der Vermeidung jeglichen Kontakts mit der Frau. Hier steht nicht mehr die Würde der Beziehung im Mittelpunkt, sondern die Verunreinigung durch den Kontakt mit Frauen. Wer eine Frau ansieht, setzt sich einem verunreinigenden Einfluß aus. Deshalb soll der Gelehrtenschüler die Frauen nicht ansehen, soll er nicht mit ihnen reden, soll er Distanz halten, selbst zu der eigenen Frau. Hier ist die Ausdehnung des Ehebruchs auf den Blick geboren aus der Berührungsangst. Die Frau als Ursprung des Bösen könnte einen schlechten Einfluß ausüben auf die Integrität des Frommen. Einschlägig wäre hier jene Umkehrung der Denkrichtung, welche wir schon angetroffen haben: unrein macht den Menschen nicht das, was von außen in ihn hereinkommt, sondern vielmehr das, was aus ihm herauskommt, und sei es gar aus seinem Auge. Frauenfeindlichkeit entsteht (ebenso wie übrigens Männerfeindlichkeit) aus der Berührungsangst. Berührungsangst entsteht aus der verkehrten Reinheitsvorstellung, welche die Reinheit im Abstandnehmen wähnt, weil sie das Böse aus dem eigenen Herzen hinausverlegt in die Einflüsse. Diese Reinheitsvorstellung hat Jesus zurechtgebracht. Achte auf den Ursprung des Bösen in deinem eigenen Herzen! Achte auf den Ehebruch, der aus deinem eigenen Herzen konnt! Achte weniger auf deine Würde als auf die Würde der Beziehung, in welche du einbrichst! Daß diese Zurechtbringung etwas abwirft gegen die Frauenfeindlichkeit, kann zwar am Verhalten Jesu abgelesen werden. Dennoch wäre es zu viel gesagt, wollte man das Einstehen für die Sache der Frau zum Thema dieser Antithese machen (wie das neuerdings manche Exegeten tun). Thema ist vielmehr die Würde der Beziehung und die Umkehr der Denkrichtung in Sachen Reinheit. Daß dabei etwas herausspringt gegen die Frauenfeindlichkeit, scheint klar zu sein. Das gibt Anlaß zur Hoffnung, hier sei schon vorgebeugt gegen die Männerfeindlichkeit, die – wie sich gezeigt hat – auch zur Zukunft dieses Textes gehört.

Ganz im Zuge der Umkehrung der Reinheitsvorstellung lassen sich die rigorosen Sätze vom Herausreißen des Auges und dem Abschlagen der Hand verstehen. Das Auge und die Hand sind vorgestellt als Werkzeuge des Herzens, durch die das Böse manifest wird in der Welt. Hand und Auge sind Auswege des Bösen aus dem Herzen. Diese Auswege des Bösen aus dem Herzen sollen ihm verstellt werden. Die Ausfallstraßen sollen gesperrt werden. Denn es ist besser, verstümmelt ins Gottesreich einzugehen, als sogenannt integer in die Hölle zu fahren. In der exegetischen Literatur ist umstritten, ob diese Sätze wörtlich gemeint seien. Für wörtliches Verständnis könnte sprechen, daß in vereinzelten rabbinischen Texten tatsächlich gefordert wird, bei sexuellen Vergehen seien die Hände abzuschneiden. Bis auf den heutigen Tag werden derart barbarische Methoden bekanntlich praktiziert, vor allem im Bereich des Islam. Für symbolisches Verständnis dieser Sätze könnte sprechen, daß es Jesus ja keineswegs um eine gesetzliche Regelung des Ehebruchs ging. Nur im Rahmen einer gesetzlichen Regelung aber wäre das buchstäbliche Verständnis einigermaßen angebracht. Wie dem auch sei: die Sätze sind dermaßen rigoros, daß sie auf jeden Fall eine Provokation bedeuten für jeden vernünftigen Menschen.

Im Rahmen der Einleitung zur Bergpredigt wurde diese Antithese beigezogen, weil sie auf die Fremdheit dieser Ethik vor Augen führt. Ich erinnere ausdrücklich daran, daß – würde diese Antithese öffentlich maßgebend – dies zu einem Zusammenbruch des Wirtschaftslebens und erst recht zum finanziellen Kollaps der Invalidenversicherung führen müßte. Weite Teile des wirtschaftlichen Betriebs beruhen auf nichts anderem als dem auf Besitz ausgerichteten Blick. Anders ließe es sich nicht erklären, daß, wenn jemand mich zum Besitz eines Autos veranlassen will, er eine Frau auf die Kühlerhaube setzt. Der begehrliche Blick ist offenbar selbstverständlich geworden, so selbstverständlich, daß man mit ihm Geschäfte ankurbeln kann.

Überhaupt scheint ja die Rede vom Ehebruch in Verruf geraten zu sein. Treue zu einem Partner scheint, will man den Wortführern der öffentlichen Meinung glauben, nicht nur altmodisch zu sein sondern auch noch hinderlich für die sogenannte Selbstverwirklichung. Zur Beurteilung dieser neuen Selbstverständlichkeiten bedarf es einer genauen Problemanalyse, die hier nicht geleistet werden kann (sie ist wohl Sache der theologischen Ethik). Immerhin ist klar, daß die Antithese Jesu ein völliger Fremdkörper ist im Gefüge unserer Welt. Sollen wir sie deshalb einfach abstoßen? Abtun als Denkmal einer lustfeindlichen Zeit? Das scheint mir doch etwas fragwürdig. Wir könnten doch auch uns und unsere Selbstverständlichkeiten durch solche Fremdkörper etwas infrage stellen lassen. Nicht daß wir – gleichsam fundamentalistisch – die Antithesen in öffentliches Recht überführen sollten. Dennoch könnten wir uns von ihr die Frage stellen lassen, wie es denn unter uns mit der Würde der Beziehung stehe. Oder was denn die altmodische Treue zur Entfaltung und nicht zur Behinderung des Lebens austrage. Oder was denn die Selbstverständlichkeit des besitzergreifenden Blicks zu tun habe damit, daß Partner zum Besitztum werden und damit – sinnigerweise – zum Wegwerfartikel. Oder was denn an der Selbstverwirklichung überhaupt lebensfreundlich sei. Vielleicht ist die Selbstverwirklichung ebenso verkehrt gerichtet wie die Reinheitsvorstellung, die das Böse im Einfluß lokalisiert. Vielleicht ist Selbstverwirklichung, die in der Ausdehnung meiner eigenen Würde und meines eigenen Besitzes besteht, gar kein Zugang zum Leben. Solche und viele Fragen könnten wir uns stellen lassen, würden wir diesen fremden Gast aufnehmen bei uns.

Vom Scheidungsrecht und von der Unmöglichkeit, eine Frau wegzuschicken
(Mt 5,31f)

«Es ist aber gesagt: Wer seine Frau entläßt, soll ihr einen Scheidebrief geben.

Ich aber sage euch: Jeder, der seine Frau entläßt – außer wegen einer Unzuchtssache – treibt sie in den Ehebruch. Und wer eine Entlassene heiratet, treibt Ehebruch.»

Die Ehe gehörte auch im Urchristentum zu den grundlegenden Ordnungen des Zusammenlebens. Von der Eheauffassung waren praktisch alle Christen betroffen. Deshalb verwundert es nicht, daß Jesu Stellung zur Ehe weite Kreise gezogen hat, was widerspiegelt wird in der verzweigten *Traditionsgeschichte*, die dieses Wort hinter sich hat.

Zur Traditionsgeschichte

Ohne die langwierige Argumentation jetzt im Einzelnen aufzurollen, präsentiere ich das wahrscheinlichste Resultat der Traditionsgeschichte. Am Überlieferungsursprung stand wohl ein Jesuswort, welches sich aus der Version bei Mt 5,32 rekonstruieren läßt. Dieses Wort lautete etwa: «Jeder, der seine Frau wegschickt, treibt sie in den Ehebruch. Und wer eine Entlassene heiratet, bricht die Ehe.» Dieses Jesuswort hat eine klare Bedeutung: Ehescheidung im Sinne der Entlassung der Frau gibt es nicht. Dies wird auf zwei Seiten hin ausgeführt. Einerseits gilt: wer eine Frau wegschickt durch den legalen Akt des Scheidebriefes, treibt sie insofern zum Ehebruch, als sie durch die Entlassung gar nicht frei wird (aus ihr wird keine Geschiedene, die wieder heiraten könnte). Andererseits gilt: wer eine entlassene Frau heiratet, treibt insofern Ehebruch, als er in die Ehe einbricht, die bei ihrer Entlassung nur vermeintlich aufgelöst wurde. Beide Seiten der Medaille legen gleichermaßen Zeugnis ab davon, daß für Jesus die Ehescheidung gar nicht existiert.

Dieser Satz Jesu gelangte wahrscheinlich in die Logien-Überlieferung, wodurch sich der Sachverhalt erklärt, daß zu Mt 5,32 eine Lukas-Parallele in Lk 16,18 existiert. Lukas hat etwas andere Akzente gesetzt, die uns jetzt nicht zu beschäftigen brauchen. Gleichzeitig gelangte dasselbe Jesuswort in die vormarkinische Gemeinde, wo es angefügt wurde an eine Geschichte (ein Apophthegma) zum selben Thema (Mk 10,2–9.10.11f). Die wohl auch auf Jesus zurückgehende Geschichte votiert gegen die Möglichkeit der Ehescheidung, indem sie auf die Schöpfungsordnung zurückgreift und feststellt: Was Gott zusammengefügt hat, soll der Mensch nicht trennen. Diese Geschichte von der Unauflöslichkeit der Ehe wird ergänzt durch das genannte Jesuswort, welches dieselbe Pointe hat. Schon bei Markus oder gar in der vormarkinischen Gemeinde wird der Jesusspruch im Sinne der Gegenseitigkeit umgeformt. Nicht nur der Mann, der eine Frau entläßt, treibt Ehebruch, sondern ebenso die Frau, die einen Mann entläßt. Diese Gegenseitigkeit entspricht der jüdischen Rechtspraxis nicht mehr, wonach ausschließlich der Mann das Recht hatte, einen Scheidebrief auszustellen.

Schließlich ist das genannte Jesuswort auf einem noch anderen Wege gleichzeitig in den Bereich der paulinischen Überlieferung gekommen. Paulus kennt es und zitiert es ausdrücklich als Herrenwort zuhanden der Verheirateten (1Kor 7,10f). Auch hier ist das Scheidungsverbot *gegenseitig* ausgesprochen, sofern der Mann und die Frau gleichermaßen Rechts*subjekte* sind (Die Frau soll sich nicht von ihrem Manne scheiden ... und entsprechend soll der Mann seine Frau nicht wegschicken).

Aller Wahrscheinlichkeit nach fand das Jesuswort von der Logienquelle aus seinen Weg in die vormatthäische Gemeinde. Hier wurde es wohl angepaßt an rechtliche Verhältnisse und erhielt die sogenannte Unzuchtsklausel. Das Scheidungsverbot gilt nicht im Falle der Unzucht der Frau (und das heißt im Fall, daß die Frau mit einem oder mehreren andern Männern geschlafen hat). Ebenfalls in der vormatthäischen Gemeinde wurde das Gebot wohl in die antithetische Form gebracht, indem es der Rechtspraxis des Judentums antithetisch gegenübergestellt wird. Von hier übernimmt Matthäus diese Aussage, ohne ersichtliche redaktionelle Eingriffe. Gleichzeitig übernimmt er nach dem Markusaufriß die Geschichte Mk 10,2–9.10.11f in Mt 19,3–9. Dieses Apophthegma überarbeitet Matthäus in seinem Sinne und fügt im Jesuswort dieselbe Unzuchtsklausel ein, die er in der vormatthäischen Überlieferung vorfand.

Betrachten wir zuerst den *rechtlichen Kontext*, in welchem das Jesuswort stand. Er ist gegeben einerseits durch die Regelung, wie sie im Alten Testament (Dtn 24,1 ff) und im Judentum vorlag. Hier ist es das Recht des Mannes, der Frau einen Scheidebrief auszustellen und sie wegzuschicken. Dasselbe Recht für die Frau besteht nicht. In besonders schwerwiegenden Fällen hat die Frau zwar das Recht, eine Scheidung zu verlangen (Kethuba 7,9f: bei einem Aussätzigen aus Gründen der Ansteckung, und bei einem mit einem Polypen behafteten aus Gründen des Mundgeruchs). Eine gewisse Tendenz zum Schutz der Frau gegen die Willkür des Mannes ist hier unübersehbar. Allerdings haben außerordentlich viele dieser Vorschriften den Makel an sich, daß sie dem Mann eine relativ mühelose Scheidung von der unliebsamen Frau verschaffen. Rechtlich jedenfalls bleibt die Sache klar: ein Scheidungsrecht gibt es eindeutig, und es ist eindeutig nur das Recht des Mannes, die Scheidung zu vollziehen.

Interessant ist im Zusammenhang der Rechtslage eine Diskussion zwischen den Rabbinenschulen Hillels und Schammais. Es geht um die Auslegung der schon genannten Stelle Dtn 24,1ff, wo die Scheidung erlaubt ist, sofern der Mann etwas Schandbares an der Frau entdeckt hat. Die Diskussion zwischen Schammai und Hillel konzentriert sich darauf, was das Schandbare sei. Die Schule Schammais läßt als eine solche Schandtat nur die Unzucht selbst gelten, während für Hillels Jünger alles mögliche infrage kommt: wenn sie eine Speise hat anbrennen lassen; wenn er eine andere findet, die schöner ist als sie; wenn eine Frau mit den Männern badet; wenn sie auf der Straße gierig trinkt; usw. In den Bemühungen Schammais können wir bei etwas gutem Willen den Versuch sehen, die Frau vor der Willkür des damaligen Scheidungsrechtes wenigstens etwas zu schützen.

Näher an die Aussage Jesu heran kommt auf der einen Seite Philo, für den jede Ehescheidung etwas Ehebrecherisches an sich hat (allerdings später und nicht so eindeutig ausgesagt wie Mt 5,32). Etwas ähnliches wie ein Scheidungsverbot gibt es auch in der Gemeinde von Qumran. Es betrifft allerdings nicht die Gemeindemitglieder selbst, die ja aus Gründen der Reinheit zölibatär lebten, sondern die Essener, die innerhalb der gewöhnlichen Gesellschaft lebten. Hier liegt jedoch der

Akzent nicht eigentlich auf dem Scheidungsverbot, sondern vielmehr auf dem Verbot der *Polygamie* (11Q Tempel 57,17–19; CDC 4,21– 5,2). Wodurch dieses Polygamieverbot (das vielleicht ein Scheidungs- verbot einschloß) motiviert ist, läßt sich aus den Texten nicht erheben; am nächsten liegt der in der Qumrangruppe alles beherrschende Gedanke der Reinheit.

So bleibt es also dabei, daß Jesus eindeutig eine allgemein akzeptierte Rechtspraxis ablehnt, und nicht bloß relativiert. Er lehnt die Scheidung in einem Maße ab, wie es nirgends in seiner Umwelt feststellbar ist. Dieses Maß ist teilweise dadurch bedingt, daß es Jesus ganz und gar nicht um eine gesetzliche Regelung der Lebensverhältnisse geht. Seine Kritik richtet sich ja gerade gegen die gesetzliche Regelung im Namen Gottes. Ein Arrangement mit der menschlichen Hartherzigkeit ist unvereinbar mit dem Willen Gottes. Wenn die Ehe sub specie Dei betrachtet wird, kann sie nicht einfach aufgelöst werden wie ein contrat social. Jesus argumentiert nicht auf der gesetzlichen Ebene, deshalb bringt er auch keine gesetzlichen Argumente. Es gibt für dieses Verbot der Ehescheidung überhaupt keine Argumente außer der Evidenz, die es selbst hat. Die Verbindlichkeit beruht ausschließlich auf dem Gesag- ten, das sich an die Einsicht des Angesprochenen wendet. Die Ehe ist sub specie Dei eine Lebensgemeinschaft, so lautet seine Aussage paraphrasiert, und als solche ist sie einmalig und unauflösbar. Diese Beziehung zwischen einem Mann und einer Frau hat eine Würde, die durch den Mann nicht angetastet werden darf. Das Scheidungsrecht mag aus der Not des Mißlingens entstanden sein. Es ist jedenfalls kein gottgemäßes Recht. Vielmehr ist es ein Recht, das schon in der Regelung ein Arrangement mit der mißlungenen Liebe eingeht.

Auch hier begegnen wir jener Maßlosigkeit, die wir auch in früheren Antithesen angetroffen haben. Auch die Ehe als schöpfungsmäßige Anordnung wird von Jesus maßlos verstanden. Daß dies faktisch eine gewisse Parteinahme für die Frau bedeutete, ist offensichtlich. Das Scheidungsrecht begünstigte einseitig den Mann und dessen vermeintli- che Selbstverwirklichung beziehungsweise Konsummentalität. Wenn ihm dieses abgesprochen wurde, wurde damit faktisch die Stellung der Frau verbessert. Daraus jedoch zu schließen, diese Verbesserung sei die entscheidende Intention Jesu gewesen, ist nicht nur historisch unzutref- fend sondern auch sachlich schief (sie läßt sich ideologisch gut begreifen, was die Sache jedoch auch nicht besser macht). Jesus ging es weder um die Sache des Mannes noch um diejenige der Frau. Jesus ging es ganz und gar um die Sache der Gottesherrschaft, um den unbedingten Anspruch Gottes, der in den Ordnungen des Zusammenlebens zur Sprache kommen muß. Weil es Jesus um diesen Anspruch Gottes ging, ging es ihm – so könnte man höchstens sagen – auch um die Sache des *Menschen*. Daß dem Menschen die Möglichkeit gegeben ist, eine intensive Verbindung einzugehen mit einem andern Menschen, trägt selbst den Anspruch in sich, diese Verbindung unendlich ernst zu nehmen und sie also für unauflöslich zu halten. Mit der Ehe selbst ist ihre Unauflöslichkeit gegeben, genauso wie mit dem Leben selbst der Anspruch gegeben ist, es auf alle nur erdenkliche Art zu fördern und zu lieben.

Es ist offensichtlich, daß eine derart eschatologische Ethik sich nicht ohne weiteres eignet zur Gestaltung der alltäglichen Verhältnisse. Sie ist auch gar nicht ohne weiteres gemeint als rechtliche Regelung. In dieser Hinsicht bewies schon das Urchristentum eine große Freiheit gegenüber diesem Jesuswort, ohne es dadurch anzutasten. So trat etwa in den paulinischen Gemeinden das Problem der Ehen zwischen Christen und Nichtchristen in den Vordergrund. Hier sollte nach Paulus der *Nicht*christ das Kriterium sein: wenn *ihm* eine Ehe mit einem Christen nicht mehr tragbar erscheint, soll sie geschieden werden. Auch die matthäische Gemeinde hatte das Jesuswort zu vereinbaren mit dem Problem der rechtlichen Regelung. Sie zieht sich deshalb darauf zurück, daß sie Scheidung nur im Falle der Unzucht für zulässig hält. Hier sehen wir den *mittelbaren* Einfluß des Jesuswortes auf die Scheidungspraxis. Der Traum von der unendlichen Würde dieser Beziehung wirkte sich aus in der großen Zurückhaltung, welche die matthäische Gemeinde der Scheidung entgegenbrachte. Nur Unzucht läßt es rechtfertigen, daß eine Ehe geschieden wird (ähnlich wie bei Schammai). Der diese Regelung tragende Gedanke wird wohl sein, daß eine Ehe durch die Unzucht *faktisch zerstört* ist, sodaß es dann für alle Seiten besser ist, sie auch rechtlich aufzulösen. Auch die christliche Kirche mußte zu allen Zeiten mit diesem radikalen Jesuswort fertig werden. Es gibt die gesetzliche Lösung, wo das Scheidungsverbot Jesu unmittelbar übergeführt wird in die Rechtspraxis (was zu großen Unmenschlichkeiten führen muß). Und es gibt die Auffassung, die Ehe sei eine weltliche

Sache, die auch nach weltlichen Maßstäben geregelt werden müsse (vor allem der Standpunkt der Reformation). Immerhin führt auch in dieser säkularen Auffassung der Ehe der Satz Jesu dazu, daß die Ehe, wenn schon, schweren Herzens geschieden wird. Das ist sein mittelbarer Einfluß auf die Praxis des Alltags. Die Scheidung schweren Herzens steht in krassem Gegensatz zu der Scheidungspraxis unserer Zeit, welche oft gedankenlos und respektlos ist.

Doch das eigentliche Thema dieser Antithese ist gar nicht die Scheidungspraxis, sondern vielmehr die Frage nach dem wahren Wesen menschlicher Partnerschaft. Da erheben sich dann andere Fragen im Zusammenhang mit dem radikalen Scheidungsverbot Jesu. Es erhebt sich etwa die Frage, ob denn der Ehepartner wahrhaftig so austauschbar sei wie unsere sogenannt permissive Gesellschaft meint. Gibt es denn nicht auch gute Gründe, an einer Partnerschaft zu arbeiten, Energie einzusetzen für ihr Gelingen, statt sich dem Mißlingen einfach zu überlassen? Gibt es nicht Gründe für die Annahme, der Partner sei durch nichts zu ersetzen? Oder es dämmert angesichts dieser Antithese die Frage, ob denn die Ehe nicht doch eine gewisse geschichtliche Einmaligkeit an sich habe. Ist das Leben so, daß eine Ehe jederzeit aufgelöst und mit einem andern Partner wiederholt werden kann? Oder es dämmert die Frage, ob denn die Rede von dem Gott, der zwei Menschen zusammenfügt, völlig sinnlos sei. Ist die Ehe einfach ein Sozialkontrakt, dessen Urheber die Handlungsmacht der Partner ist? Wie verhält sich dies zur Lebenserfahrung, zu den Geschichten, die zu erzählen sind, wie einer den andern gefunden hat? Oder es erhebt sich schließlich die Frage, ob denn die Liebe selbst nicht doch auf Ewigkeit aus sei. Ist die Ehe eine Institution, in welcher die Liebe Gestalt gewinnt – eine Liebe, die es gewiß auch sonst noch gibt – und ist sie von da her nicht auch auf Ewigkeit aus wie die Liebe selbst?

All das sind Fragen, die sich stellen. Sie wandern auf dem schmalen Grat zwischen dem einen Abgrund, aus dem Jesuswort wieder eine gesetzliche Regelung zu machen, und dem andern Abgrund, das Jesuswort einfach für obsolet zu erklären. Diese Fragen wollen etwas zeigen von den mittelbaren Folgen der radikalen Ethik Jesu. Sie müssen unbedingt vermehrt werden durch des Lesers eigene, weitergehende und tiefergründige Fragen.

«Wiederum habt ihr gehört, daß zu den Alten gesagt wurde: Du sollst keinen Meineid schwören, sondern du sollst dem Herrn deine Eide einlösen (nicht: leisten, da die Pointe in der Einlösung des Eides liegt).

Ich aber sage euch: Schwört überhaupt nicht! Weder beim Himmel, denn er ist ein Thron Gottes, noch bei der Erde, denn sie ist der Schemel seiner Füße, noch nach Jerusalem hin, denn sie ist die Stadt des großen Königs, noch bei deinem Haupt sollst du schwören, denn du kannst kein einziges Haar weiß oder schwarz machen. Euer Wort soll sein: Ja, ja; nein, nein. Was über das hinausgeht, ist vom Übel.»

In *traditionsgeschichtlicher Hinsicht* geht diese Antithese zurück auf ein Schwurverbot, das vom irdischen Jesus stammt. Dieses Schwurverbot begegnet auch im Jakobusbrief, dort aber nicht als Antithese und in einer Form, welcher ursprünglicher zu sein scheint als die vorliegende Fassung: «Vor allem, meine Brüder, schwört nicht: weder beim Himmel, noch bei der Erde, noch irgend einen andern Eid. Vielmehr euer Ja soll Ja, euer Nein Nein sein. Sonst verfallt ihr dem Gericht» (Jak 5,12). Dieses Schwurverbot Jesu wurde in der vormatthäischen Gemeinde genauer bedacht. Dabei wurde erkannt, daß es im Widerspruch steht zur Regelung des Gesetzes, welches den Eid ausdrücklich erlaubt und nur den Meineid verbietet. Deshalb wurde das Verbot in dieser Gemeinde als Antithese ausgestaltet (wenn es nicht schon, was unsicher ist, von Jesus antithetisch formuliert wurde). Ebenfalls in der vormatthäischen Gemeinde wurde das Ausweichen auf Ersatzfloskeln ausgeschlossen. Um einen Eid mit Gebrauch des Gottesnamens zu vermeiden, konnte man ausweichen auf den Schwur bei der Erde, beim Himmel, bei Jerusalem und dergleichen mehr. Die matthäische Gemeinde hält fest, daß solche Ausweichformeln kein Ausweichen gegenüber dem Eid selbst erlauben. Bei was immer sie schwören mögen, immer bekommen sie es mit Gott zu tun. Dieser Ausschluß der Ausweichmöglichkeiten zeigt ganz deutlich, daß das Problem nicht etwa der Gebrauch des Gottesnamens ist sondern eindeutig das Schwören selbst. In dieser Hinsicht hat die matthäische Gemeinde die

Sachintention Jesu genau getroffen. Denn das Ausweichen auf Ersatzformeln ist ja eine bloß gesetzliche Erfüllung des Schwurverbots, ein Gehorsam, der gar kein wahrhaftiger Gehorsam ist.

Auch in dieser Antithese begegnet uns die kritische Abgrenzung Jesu gegenüber der Thora. Während das jüdische Gesetz nur den Meineid mit Sanktionen belegt, während etwa Philo bloß vor dem unvorsichtigen Schwören warnt, während auch die rabbinische Theologie den leichtfertigen Gebrauch des Gottesnamens im alltäglich ganz häufigen Schwören verurteilt, verbietet Jesus den Schwur überhaupt, gleichgültig ob er nun leichtfertig geschehe, gleichgültig ob er als Reinigungseid eines Angeklagten vor Gericht geschehe oder in der Umgangssprache. Das Verbot des Schwörens steigert damit die schon vorhandenen Vorbehalte gegen fahrlässiges Schwören so sehr, daß ein qualitativer Umschlag erfolgt.

Was ist dieser qualitative Umschlag? Die Antwort wird klar, wenn wir dem Phänomen des Schwörens etwas nachdenken. Nach dem Gesetz ist der Meineid verboten. Das bedeutet, daß der Schwur selbst etabliert ist als eine angemessene Form, die Wahrheit des Gesagten zu bekräftigen. Wo die Wahrheit des Gesagten bekräftigt werden muß, ist schon in der Regelung ein Arrangement mit der Unwahrheit getroffen worden. Wo die Wahrheit beschworen werden muß, herrscht im Reden oft Unwahrheit. Dies kann man auch daran erkennen, daß schon damals das Schwören eine inflationäre Ausdehnung in die Umgangssprache erfuhr. Dieser Vorgang entspricht sachlich dem, daß in der Zürcher Umgangssprache die Floskel «Ehrewort» geradezu inflationär häufig vorkommt. Solche Bekräftigungszeichen zeigen den Schwund des wahrhaftigen Redens an. Deshalb gilt: das Meineidverbot macht, weil es den Eid als angemessenes Mittel der Bekräftigung schützt, die Wahrheit zu einem Grenzfall. Sie begrenzt die Wahrhaftigkeit auf ganz besondere Fälle, die eigens gekennzeichnet sind.

Immerhin kommt aber im Eid die Wahrhaftigkeit des Redens mit Gott selbst in Berührung. Immerhin zeigt sich am Phänomen des Eides, daß die menschliche Wahrhaftigkeit nur im Gottesbezug entsteht und erhalten werden kann. Offensichtlich hat nur Gott die Möglichkeit, den Menschen zu wahrhaftigem Reden zu bringen. In der menschlichen Sprache liegt immer schon die Lüge auf der Lauer. Diese kann durch nichts in der Welt ausgeschlossen werden. Der Zusammenhang zwischen Gott und der Wahrhaftigkeit wirkt sich beispielsweise darin aus, daß sich im Gerichtsverfahren der Eid hält – trotz der fortgeschrittenen Säkularisierung.

Weil also im Eid das menschliche Reden mit Gott in Berührung kommt, hat Jesus das Schwören gänzlich verboten. Denn gerade beim Eid, wo das menschliche Reden mit Gott in Berührung kommt, stellt sich ja heraus, daß Wahrhaftigkeit vor Gott gar nicht begrenzbar sein kann auf bestimmte Grenzfälle. Der Eid ist deshalb ein in sich selbst widersprüchliches Phänomen: gerade wo das Reden unter die Augen Gottes tritt, verbietet sich das Schwören. Denn Gott ist im Spiel als Geber der Sprachfähigkeit. Und als Geber der Sprachfähigkeit hat er den Anspruch, daß seine Gabe unbegrenzt in seinem Sinne verwendet werde. Anthropologisch gesprochen heißt das: mit der Begabung des Sprechenkönnens selbst ist der Anspruch gegeben, durch jedes Wort die Wahrheit und nichts als die Wahrheit kundzutun. Haben verpflichtet; auch das Haben von Sprache verpflichtet zur uneingeschränkten Wahrhaftigkeit. Um diesen Anspruch dieser Gabe des Schöpfers ans Licht zu bringen, verbot Jesus das Schwören. Er entzog damit nicht etwa der menschlichen Selbstentfaltung eine Möglichkeit, sondern er wies vielmehr dem menschlichen Sprechen noch einmal – wie einst der Schöpfer selbst – die Möglichkeit zu, die Wahrheit zu sagen. Die Sprache hat die Vollmacht, wahrhaftig zu sein. Und weil sie diese Vollmacht hat, ist jede Begrenzung ein Verstoß gegen die Gabe der Schöpfung.

Was damit gesagt ist, kann man sich klar machen, wenn man an die Tragweite des Lügens denkt. In der Lüge – um ein Beispiel zu nennen – entziehe ich mich dem andern. Ich sage ihm nicht, was ich eigentlich zu sagen hätte, sondern vielleicht das, was mir im Augenblick opportun erscheint. Gewiß erspare ich mir und ihm vielleicht einen Streit oder sonstige Unannehmlichkeiten, aber zugleich entziehe ich dem andern die Möglichkeit, mit mir selbst in Beziehung zu treten. Das ist nichts anderes als die Einschränkung seiner und meiner Lebendigkeit, welche ja nicht zuletzt in der Beziehung besteht. Oder – um noch ein Beispiel zu nennen – ich täusche den andern in der Lüge über das, was der Fall ist. Ich entziehe ihm die Wirklichkeit, die doch der Lebenshorizont und der Lebensbezug auch seines Lebens ist. Besonders raffiniert ist jene Verbreitung von Lügen, die sich selbst das Etikett gibt, alle Dinge endlich beim Namen zu nennen. Auch in diesem Vorgang des Wirklichkeitsentzugs findet zugleich ein Entzug von Lebendigkeit statt. Nicht zuletzt deshalb, weil dadurch der, der sich selbst belügt, ungestört weiter schlafen kann.

Wer die Unwahrheit sagt, sagt in seinem Ja zugleich ein Nein mit und in seinem Nein zugleich ein Ja. Das heißt: was er sagt, ist doppeldeutig, ist zwiespältig wie der Existenzvollzug derer, die nicht reinen Herzens sind. Deshalb lautet die matthäische Mahnung: Sagt Ja Ja und Nein Nein. Das, was mitgesagt ist, soll nichts anderes sein als das, was gesagt ist. Wo im Ja ein Nein und im Nein ein Ja mitgesagt ist, da legt sich Nebel über die menschlichen Beziehungen. Dieser Nebel verleitet dazu, immer mehr Bekräftigungsformeln zu verwenden, um an den Ort über dem Nebelmeer gelangen zu können. Aber – das ist die Lehre aus dem Schwurverbot Jesu – die Bekräftigung der Wahrheit ist kein gangbarer Weg. Sie ist vielmehr ein Arrangement mit der Unwahrheit. Und der Nebel wird dichter und dichter. Das Traurige ist, daß sich im Nebel besonders viele Unfälle ereignen.

Gerade anhand dieser Antithese sehen wir schön die Problematik, welche eine gesetzliche Erfüllung der Forderung Jesu in sich birgt. Immer wieder ist in der Kirchengeschichte aus dieser Forderung der Schluß gezogen worden, ein Christ dürfe keinen Eid schwören. Das ist wohl wörtlich wahr, geht aber an der Sachintention Jesu vorbei: nicht auf das Nicht-Schwören zielt sie eigentlich, sondern auf die Wahrhaftigkeit in jedem Wort.

Von der Vergeltung zum Aushalten des Bösen (5,38–42)

«Ihr habt gehört, daß gesagt ward: Auge für Auge, und Zahn für Zahn.
Ich aber sage euch: Leistet dem Bösen keinen Widerstand!
Sondern: Wer dich auf deine rechte Backe schlägt,
biete ihm auch die andere.
Und dem, der dich vor Gericht ziehen und dir dein Untergewand nehmen will, laß ihm auch den Mantel.
Und wer dich zu einer Meile Mitgehen zwingt (*angareuein* ist ein Wort aus dem militärischen Sprachgebrauch und bedeutet so etwas wie requirieren), geh mit ihm zwei!

Dem, der dich bittet, gib, und von dem, der von dir borgen will, wende dich nicht ab.»

Die *traditionsgeschichtliche Analyse* dieser fünften Antithese ist komplex und mit manchen Unsicherheiten behaftet. Große Wahrscheinlichkeit läßt sich nur hinsichtlich des Logienquelle-Anteils erreichen. Aus der Logienquelle stammen wahrscheinlich die Sachaussagen in den Versen 39b–42 (par Lk 6,29f). Sie sind dort nicht antithetisch formuliert. Daraus folgt mit einiger Wahrscheinlichkeit, daß sie ihre antithetische Form erst in der vormatthäischen Gemeinde erhalten haben (manche Exegeten führen diese sogar erst auf den Evangelisten Matthäus zurück). Einiges spricht dafür, daß diese Mahnsprüche in der Logienquelle ursprünglich verbunden waren mit der sogenannten Goldenen Regel. Diese Goldene Regel trennte Matthäus ab, um sie an den Schluß des *inhaltlich* ethischen Teils der Bergpredigt zu stellen (Mt 7,12 formuliert den Grundsatz in der Praxis der Gerechtigkeit). Verfolgt man diese Mahnsprüche noch hinter die Logienquelle zurück, so ergibt sich als wahrscheinlichster Ursprung der historische Jesus selbst (Das Unähnlichkeitskriterium erbringt hier ein deutlich positives Resultat, da solche Aussagen sich in der Umwelt Jesu so nicht finden; im übrigen passen diese Mahnsprüche sowohl zur Verkündigung als auch zum konkreten Verhalten Jesu; Kriterium der Konsistenz).

Von einiger Tragweite sind gewisse Einzelbeobachtungen. Wenn wir Mt 5,40 mit der Lukas-Parallele vergleichen, so stellen wir eine Umkehrung in der Reihenfolge fest: bei Matthäus wird das Untergewand genommen, worauf auch der Mantel zu überlassen sei; bei Lukas hingegen wird der Mantel genommen, worauf auch das Untergewand zu geben sei. Dieser Unterschied läßt sich wie folgt erklären. Matthäus denkt an die Wegnahme des Untergewands auf dem Wege des Prozessierens: ein Armer, der verliert, muß sein Untergewand als Pfand hergeben. Wenn dies geschieht, soll er auch seinen Mantel lassen. Lukas dagegen versteht diesen prozeßrechtlichen Hintergrund entweder nicht mehr und denkt dann natürlicherweise an die Hergabe des Mantels, oder er stellt sich die Situation des Beraubtwerdens als Hintergrund vor und spricht dementsprechend zuerst von dem, was einem zuerst weggenommen wird. Ferner ist V.41 ohne Parallele bei Lukas. Daraus kann folgen, daß dieser Spruch schon in der Logienquelle fehlte (und deshalb nicht bei Lukas steht) oder aber daß Lukas diesen Spruch wegließ, weil er mit solchen Requirierungssitten nicht mehr vertraut war. Schließlich ist die Lukas-Parallele zu Mt 5,42 bedeutend radikaler: Gib jedem, der dich bittet, und wer das Deine nimmt, von dem fordere es nicht zurück (Lk 6,30). Matthäus dagegen spricht nur vom Bitten und vom Borgen. Vom Borgen ist aber auch in Lk 6,34 die Rede, sodaß Matthäus es von dort her bezogen haben könnte. Soviel zu Einzelheiten.

Unsere *Auslegung* trägt der Traditionsgeschichte insofern Rechnung, als sie bei den schon in der Logienquelle vorhandenen Mahnsprüchen einsetzt um erst von diesen aus die Frage zu stellen, inwiefern darin eine Antithese zum geltenden Gesetz liegt (wie sie ja von der vormatthäischen Gemeinde aufgestellt wurde). Der erste Spruch (V. 39b) spricht von der Ohrfeige, die mit dem Hinhalten der andern Backe beantwortet werden soll. Wie jedermann aus seiner eigenen Erfahrung wissen kann, steht bei einer Ohrfeige nicht etwa die Schmerzzufügung im Vordergrund. Die Ohrfeige steht vielmehr für die Beleidigung, die sie zufügt, und für den Haß, der in ihr handgreiflich wird. Zur Debatte steht ein völlig alltägliches Phänomen des Hasses und der Beleidigung. Dieses sollen damit beantwortet werden, daß ich mich nicht nur nicht wehre, sondern vielmehr noch weitere Angriffsflächen darbiete. Daß es sich bei diesem Angebot der anderen Backe *nicht* um eine subtile Form des Wehrens handelt, sollte keiner weiteren Begründung bedürfen.

Im zweiten Spruch geht es um die Prozeßsituation, in welcher einer sein Gewand als Pfand hergeben muß. Dieser soll dann seinen noch viel wertvolleren Mantel auch noch hingeben. Das widerspricht nicht nur dem common sense sondern auch dem alttestamentlichen Pfändungsrecht, wonach der Mantel nicht dauernd pfändbar ist, weil er die unentbehrliche Bettdecke des Armen darstellt. Er muß – wenn er gepfändet ist – dem Betreffenden jeden Abend wieder zurückerstattet werden.

Der dritte Spruch thematisiert das zwangsweise Weggeleit, das durch die Armee oder die römischen Staatsbeamten requiriert werden konnte. Unter dem Wort *angareuein* verstand man dann auch jede Form vor Zwangsarbeit, die von Armee und Staat verlangt werden durfte. Hier kann erzwungene Begleitung in unsicherer Gegend oder ein Lastentransport gemeint sein (das erstere ist freilich auch etwas merkwürdig:

ist denn einer, den ich zur Begleitung zwinge, wirklich ein Weggefährte in unsicherer Gegend?). Im Falle einer solchen Zwangsarbeit soll ich sie nicht nur widerspruchslos tun, sondern darüber hinaus die Arbeitsleistung verdoppeln.

Wenn wir diese drei Fälle im Überblick betrachten, so gewinnen sie eine große innere Kohärenz. Man hat den inneren Zusammenhang dieser drei Mahnungen immer wieder in dem Moment der Gewaltfreiheit sehen wollen. In der Gewaltfreiheit, welche Unterdrückte zu ihrer Waffe machen. Wäre die Gewaltfreiheit die Pointe dieser Sprüche, so wären sie eingeebnet in die allgemeine Aufforderung zur Gewaltfreiheit, wie sie in der ganzen Antike überall und immer wieder erhoben wurde. Es ist besser, Unrecht zu leiden, als Unrecht zu tun, heißt es schon bei Plato (Gorg 469c). Die Frage ist freilich, ob diese Alternative wirklich trifft: gibt es nur die Wahl zwischen Unrecht erleiden und Unrecht tun? Ähnliche Mahnungen zur Gewaltfreiheit des Philosophen finden sich in der stoischen Tradition nicht selten. Dasselbe gilt für die jüdische und die rabbinische Paränese. Rabbi Abbahu (um 300 n.Chr.) sagte: Immer gehöre der Mensch zu den Verfolgten, nicht zu den Verfolgern. Auch hier also dieselbe merkwürdige Alternative. Ein anderer Mischnatraktat rühmt die, welche nicht wiederbeleidigen, wenn sie beleidigt worden sind. So weit scheint die Sache also klar. Wenn ich vor der Wahl stehe, entweder zu den Verfolgern oder aber zu den Verfolgten zu gehören, ist das Bessere eindeutig. Daneben muß jedoch gesehen werden, daß dieselbe gesamte Antike den Gedanken der gerechten Vergeltung ebenso kennt. Auch im Judentum wird die Mahnung zum Gewaltverzicht mit Vorliebe dann ausgesprochen, wenn ich mich nicht selbst preisgeben muß und wenn kein Gottesrecht verletzt worden ist. «Wenn dich einer töten will, komme ihm zuvor und töte ihn» (Sanh 72a Bill I 342). Das steht in derselben Mischna, in der auch die Mahnungen zum Gewaltverzicht stehen. Und dies ist ja auch keineswegs unvernünftig. Sowohl im Blick auf die hellenistische als auch auf die jüdische Anschauung gilt es festzustellen, daß diese Ambivalenz vorhanden ist. Es ist einerseits vom Gewaltverzicht die Rede, andererseits von der durchaus legitimen Anwendung von Gewalt in der Notwehr. Diese Ambivalenz ist bis heute erhalten geblieben. Sie gehört wohl zum Menschlichen selbst. Und genau diese Ambivalenz hob Jesus auf, indem er nur noch das Erleiden von Unrecht als menschlich gelten ließ, so wie er auch selbst durch das Erleiden von Unrecht eigentlich Mensch wurde.

Nun gibt es eine Reihe von Aussagen im Judentum, welche unzweideutig auffordern zum Verzicht auf Rache, zur Geduld im Unrecht. Betrachtet man den Kontext dieser Aussagen, so entdeckt man immer wieder den Gedanken der Rache Gottes. Gott gehört die Rache, Gottes Sache ist es, zu strafen, also kann es nicht meine Sache sein, zurückzuschlagen und mich zu rächen. In diesen Aussagen ist dann zwar die menschliche Rache aufgegeben, nicht aber der Gedanke der Rache selbst. Die Vergeltung wird an Gott delegiert. Wer garantiert aber, daß nicht bald wieder einer kommt, der die Vergeltung im Namen Gottes selbst durchführt? Bei Jesus gibt es keinen einzigen Hinweis darauf, daß der Verzicht auf Zurückschlagen auf dem Zurückschlagen Gottes beruht. Hier wird eben der Gedanke des Zurückschlagens selbst aufgegeben. Beziehungsweise es wird der Gedanke aufgegeben, daß die Gewaltfreiheit auch noch eine Waffe in meiner Hand werden könnte.

Schließlich gilt es zu beachten, daß die Etikette Gewaltfreiheit für unsere drei Mahnsprüche nicht zutrifft. Sie fordern ja nicht einfach zum Verzicht auf Gegenwehr auf. Sie empfehlen nicht einfach gewaltloses Verhalten in einer von Gewalt geprägten Welt. Vielmehr zielen sie darauf, der Gewaltanwendung und der Beleidigung seien noch mehr Angriffsflächen zu geben. Sie plädieren dafür, der Beleidigung nicht nur nichts entgegenzusetzen, sondern die andere Wange. Das bedeutet: es geht nicht nur darum, dem Bösen keinen Widerstand zu leisten, sondern darum, das Böse gleichsam zu verschlingen dadurch, daß ihm noch mehr Boden gegeben wird. Statt um die Passivität des Duldens geht es um die Aktivität im Aufsichladen des Unrechts. Das Böse soll ins Leere laufen, damit es sich darin totlaufe. Dieser qualitative Sprung ist zu beachten, welche diese Forderungen gegenüber der Forderung der Gewaltfreiheit oder des Gewaltverzichts aufweisen. Es ist derselbe qualitative Sprung, den wir beim Gebot der Feindesliebe antreffen werden: es ist eines, Feinde nicht zu behelligen, und es ist ein anderes, Feinde zu lieben.

Es ist meines Erachtens unverkennbar, daß diese Mahnungen ein gerüttelt Maß an Weltfremdheit aufweisen. Sie kümmern sich ebenso wenig um die Aufrechterhaltung der weltlichen Gerechtigkeit, wie um die Erniedrigung und Beraubung jener Armen, die sich nach diesen

Sätzen richten. Diese Weltfremdheit hängt zusammen mit der Tatsache, daß diese Forderungen nichts anderes präsentieren als die Gottesherrschaft. Die Gottesherrschaft wird das Ende aller Vergeltung bringen – das Ende auch der Vergeltung Gottes – und deshalb ist es schon jetzt angebracht, mit dem Zurückschlagen zu Ende zu kommen. Mit der Fremdheit hängt es zusammen, daß hier eine Ethik erscheint, die ganz und gar nicht an den Folgen orientiert ist. Sie kümmert sich nicht darum, inwieweit die Unterdrücker von ihr profitieren werden. Sie motiviert das Tun aber auch nicht mit den guten Folgen. Insofern kommt diese Ethik dem Einwand, sie sei unwahr, weil sie folgenlos sei, schon zuvor. Das Tun wird ganz auf seinen Ursprung in der Gottesherrschaft reflektiert, nicht auf seinen Zweck in der Welt. Das ist das Ende aller Finalisierung des Ethischen. Ein zeitgenössischer jüdischer Ausleger versucht, eben diesen entscheidenden Punkt der Bergpredigt Jesu rückgängig zu machen. Der Zwangsbegleiter, so sagt er, habe genau deshalb eine weitere Meile mit dem römischen Soldaten mitzugehen, weil sich dann ein Gespräch ergeben könne und er aus dem Feind einen Freund machen könne. Bei allem Respekt vor dem Freundemachen muß festgehalten werden, daß diese Art von Finalisierung des Tuns überhaupt nicht im Interesse Jesu lag. Jesus entwarf die Forderung Gottes nicht aus den Folgen, die sie allenfalls zeitigen, und nicht aus dem Zweck, dem sie allenfalls dienen könnte. Er entwarf die Forderung ganz und ausschließlich aus dem Gottesgedanken, aus der ins Jetzt hereinragenden Gottesherrschaft. Das scheint mir auch weltlich beherzigenswert: zu viele Untaten wurden schon vollbracht wegen eines guten Zwecks. Die an dem Zweck orientierte Ethik läßt sich noch einordnen in die Maßstäbe der Welt. Die ausschließlich am Guten selbst und nicht am guten Zweck orientierte Ethik ist und bleibt ein Fremdkörper. Es wird die Frage sein, was eine solche fremde Ethik überhaupt noch zu suchen hat in unseren weltlichen Gefilden.

Wieder besser auf dem Erdboden stehen wir bei der Mahnung zum Geben und zum Ausleihen (V. 42). Hier ist einfach davon die Rede, daß keine Bitte ausgeschlagen und keine Anfrage um Geld oder Güter abschlägig beantwortet werden solle. Gewiß, auch dies ist noch reichlich ungewöhnlich in unserer Welt, aber es läßt sich immerhin einordnen in die Ermahnungen zur Wohltätigkeit, die zur condition humaine gehören. Diese Mahnung intendiert doch einfach, daß keiner, der mich braucht, abgewiesen werden soll. In der Bitte spricht sich die Bitte um Gewährung von Leben aus, sei es materiell, sei es spirituell. Auch dies erscheint manchmal gar nicht menschenmöglich und manchmal sogar unangebracht zu sein.

In der matthäischen Gemeinde wurden diese Mahnsprüche in den Kontext der Antithesen eingebracht und selbst zu einer Antithese umgestaltet. Die Mahnungen Jesu stehen nun in Antithese zum Vergeltungsprinzip des Alten Testaments (Auge um Auge, Zahn um Zahn). Dieses Vergeltungsprinzip gilt zunächst für den Bereich gerichtlicher Verfahren. Es kommt nicht nur im Alten Testament vor, sondern ist ein Rechtsgrundsatz im ganzen Alten Orient (es findet sich schon im Codex Hammurapi). Die eigentliche Intention dieses Rechtsgrundsatzes war nicht etwa die Legalisierung der Vergeltung, sondern vielmehr die Reduktion der Vergeltung auf das gerechte Maß. Für *ein* Auge nicht mehr als *ein* Auge, das ist der Tenor dieses Prinzips. Es dokumentiert daher den Versuch, die Eskalation des Bösen zu verhindern. Der Vergeltungsgrundsatz hat seine Funktion also gerade in der Eindämmung des Bösen.

Nun wäre es sicher falsch, wollte man das Vergeltungsprinzip auf den gerichtlichen Bereich beschränken. Es ist auch weithin maßgebend im alltäglichen Verhalten. Auch hier hätte es die Funktion, Eskalationen zu verhindern. Der Gedanke, daß ich Gleiches mit Gleichem vergelte, ist so naheliegend, daß er schon fast als natürlich bezeichnet werden kann. Er leitet sich ab aus einer Vorstellung von Gerechtigkeit, die offenbar mit dem Leben selbst gegeben ist (was man schon daran erkennen kann, daß sie bei Kleinkindern sehr früh auftaucht). Man sollte diese Gerechtigkeitsidee und das ihr entsprechende Vergeltungsprinzip keinesfalls desavouieren. Es wäre schon vieles viel besser, wenn in der Vergeltung bloß mit gleicher Münze zurückbezahlt würde. Man sollte diesen Vergeltungsgedanken auch nicht historisch lokalisieren im Alten Testament; er ist zwar dort auch zuhause, aber nicht weniger heimisch ist er im alltäglichen Leben in aller Welt.

Zu diesem Vergeltungsprinzip stehen die Mahnsprüche Jesu unverkennbar im Widerspruch. Matthäus formuliert diesen Widerspruch: «Ich aber sage euch: Widersteht dem Bösen nicht!»

Dieser Satz liegt ohne Zweifel in der Konsequenz der Mahnungen Jesu. Die Frage ist, ob er sie wirklich abdeckt. Gehen die Mahnungen

Jesu nicht weiter als bis dorthin, wo ich dem Bösen keinen Widerstand mehr leiste? Wenn unter diesem Widerstandsverzicht bloß das Erdulden des Unrechts verstanden wird und nicht das aktive Aufsichnehmen von noch mehr Unrecht, dann reichte der Satz nicht an die Mahnungen Jesu heran. Immerhin unterstreicht er einen wesentlichen Gedanken daraus. Wer dem Bösen Widerstand leistet, hat zwar das Prinzip der Vergeltung für sich, aber er ordnet sich zugleich ein in den Kreislauf der ständigen Reproduktion des Bösen. Da ist freilich nicht in erster Linie an staatliche Autoritäten gedacht, die Übeltäter zu bestrafen haben, sondern primär an Jünger Jesu, in deren Hand es ist, Vergeltung zu üben oder eben nicht. Sie sollen sich dem Kreislauf des Bösen nicht überlassen, indem sie diesem Bösen eben keinen Widerstand mehr entgegen setzen. Dadurch wird es zum Verschwinden kommen.

Was bedeuten solche radikalen Gedanken in unserer Welt? Dieses Problem stellte sich auch für die Jünger Jesu spätestens in dem Moment, wo sie keine Outsidergruppe mehr waren, sondern selbst die Gestaltung der Welt in die Hand nehmen mußten (also in der sogenannten Konstantinischen Wende). In dem Moment war es den Christen nicht mehr möglich, sich zu distanzieren etwa von der staatlichen Strafgerichtsbarkeit oder dem Militärdienst. Deshalb verlagerte sich die wörtliche Befolgung dieser Sätze wiederum in Randgruppen, jetzt aber von der *Kirche* aus gesehen nicht mehr vom römischen Reich (bekanntestes Beispiel sind die Täufer). Ist es zulässig, diesen Randgruppen den Gehorsam gegenüber der Bergpredigt zuzusprechen und ihn der Großkirche einfach abzusprechen? Steckt da nicht ein Problem, das sich nicht auf diesen einfachen Nenner von Gehorsam und Ungehorsam bringen läßt? Für Christen, die Verantwortung tragen, kann ja der Gehorsam gegenüber diesen Sätzen nicht einfach heißen, daß sie die Grundsätze weltlicher Gerechtigkeit über Bord werfen. Die strafrechtliche Sanktion muß beispielsweise aufrechterhalten werden, obwohl die Forderung Jesu eindeutig gegen sie spricht. Sonst würde die Welt im Chaos versinken oder durch den heiligen Krieg vernichtet werden. Deshalb werden die genannten Randgruppen bis zu einem gewissen Maße zu Recht Schwärmer genannt, wenn Schwärmer heißt, die Welt dem Chaos zu überlassen. Solcher Gehorsam kann in der Tat nur deshalb existieren, weil andere sich die Hände schmutzig machen.

Sind also solche Sätze bloß den Randgruppen anvertraut, weil nur den Outsidern überhaupt Gehorsam möglich ist? Man könnte sich ja gut vorstellen, daß solche Minoritäten sozusagen ein prophetisches Mahnmal darstellen, zeichenhaft die Bergpredigt befolgen und so ein kritisches Element der Liebe in der alten Welt der Gerechtigkeit sind. Gerade die gegenwärtige Minderheitssituation der Kirche scheint derartiges nahezulegen. Dennoch ist dies meines Erachtens kein gangbarer Weg, und zwar nicht schon deshalb, weil ich vom Zeichensetzen nichts halte. Vielmehr ist die Mahnung Jesu selbst viel zu ernst gemeint, als daß sie zur Doktrin von Minderheiten werden dürfte. Sie gilt gerade auch dem Christen, der weltliche Aufgaben zu erfüllen hat. Sie gilt darüber hinaus jedem Menschen, der nach dem wahren Leben sucht. Manchem ist zwar der wörtliche Gehorsam verwehrt, weil er von Staates wegen dem Bösen Widerstand leisten muß. Aber die Mahnung, im Kreislauf des Bösen nicht mitzumachen, ist dennoch in sein Herz gelegt. Sie soll ihn aufwecken, wenn er dem Prinzip der Vergeltung zu selbstverständlich verfällt. Auch die «gerechte» Vergeltung ist ungerecht, wenn sie nicht schweren Herzens getan wird. Die Mahnung Jesu soll stören, wenn Gewalt im Namen des Staates bedenkenlos ausgeübt wird. Sie soll manchen irritieren, wenn er mit staatlicher Autorität Bitten leichten Herzens abschlägt.

Solche Sätze sind dem Menschen immer nur ins Herz gelegt. Sie in strukturelle Gegebenheiten, etwa in die Strukturen einer Kirche, umsetzen zu wollen, ist unmöglich. In den Strukturen, auch wenn es diejenigen der Kirche sind, muß es gerecht zugehen (und es ist viel Arbeit zu tun, um dieses Ziel zu erreichen). Aber im Herzen derer, die in diesen Strukturen tätig sind, ist das an der Gottesherrschaft orientierte Wort Jesu aufbewahrt. Es meldet sich zu Wort, wenn die Gerechtigkeit zu selbstverständlich wird. Dasselbe gilt für das alltägliche Verhalten: wer von sich selbst sagt, er handle im Alltag nach dem Gebot Jesu, der prüfe sich, ob er nicht einem Selbstbetrug zum Opfer falle. Auch in alltäglichen Vorgängen herrscht weithin das Gerechte – bestenfalls! – es im Namen der Bergpredigt überwinden zu wollen, müßte ins Chaos führen. Und dennoch ist auch hier die Forderung Jesu präsent im Herzen derer, die berührt sind davon. Und eben so wird sie auch hier wirksam einerseits darin, daß das Gerechte gerechter gestaltet wird, und andererseits darin, daß da und dort etwas gelingen kann, was schon jetzt der kommenden Gottesherrschaft entspricht. Mehr – so scheint mir – kann man nicht sagen. Wer hier von Verinnerlichung spricht, prüfe doch einmal seinen Wortschatz.

Von der Nächstenliebe zur Liebe selbst (5,43–48)

Nicht zufällig steht dieser Abschnitt am Schluß der Antithesen. Denn hier kommt das Antithetische zu seiner Vollendung; hier wird vollends klar, was die Gesetzesinterpretation der Antithesen als ganze ausrichten will. Das Gebot von der Feindesliebe ist jedoch zugleich die Spitze der ethischen Verkündigung Jesu; nicht etwa ein Grenzfall, die Grenzsituation der Liebe, sondern vielmehr der Fall, wo die Liebe als sie selbst erscheint. Jesu Gebot der Feindesliebe hat nicht nur im Neuen Testament sondern in der ganzen Kirche immer als das christliche Spezifikum gegolten, wo Jesus unmittelbar und unverkennbar sein eigenes Wort spricht. Erst in neuester Zeit beeilen sich manche Exegeten, dieses Gebot der Feindesliebe in aller Welt zu finden, im zeitgenössischen Judentum zuerst und mit Vorliebe, aber auch im Islam und in der antiken Welt überhaupt wenn auch mit etwas weniger Vorliebe, oder im Buddhismus mit großem Staunen. Plötzlich scheint es, als ob alle Welt die Feinde zu lieben geboten habe. Haben sich die Kirchenväter allesamt getäuscht? Hat sich auch Nietzsche einfach getäuscht, wenn er mit kaum zu überbietender Vehemenz das *christliche* Gebot der Feindesliebe kritisierte und solche Sklavenmoral weit von sich wies? Haben sich auch die Marxisten einfach getäuscht, wenn sie sich distanzieren von der christlichen Feindesliebe, die sie eine Heuchelei nennen und dem bourgeoisen Sündenpfuhl zuschreiben, weil nur der Haß der Feinde sich für Revolutionen eignet? Haben alle diese sich getäuscht, wenn sie in der Feindesliebe das spezifisch christliche Gebot und darüber hinaus eine Provokation sondergleichen sahen? Es könnte wohl sein, daß nicht sie sondern die genannten Exegeten sich täuschen, weil sie Kraut und Rüben miteinander vergleichen und oberflächliche Ähnlichkeiten zum Anlaß nehmen, überall dasselbe zu finden. In der Auslegung werden wir etwas auf diese Täuschung eingehen.

Das Gebot der Feindesliebe ist die auf die Spitze getriebene Forderung Jesu. Und es ist zugleich die Forderung, die sich mit dem weltlich Gewohnten überhaupt nicht mehr vereinbaren läßt – wenigstens für den, der mit offenen Augen durch die Welt geht. Ihre Weltdistanz ist so groß, daß ihre Nähe zur Gottesherrschaft mit Händen zu greifen ist. Man braucht sich nur umzusehen, gerade auch in der Geschichte der Kirche, aber nicht weniger in der Geschichte des Judentums oder des Islam, und man wird dessen gewahr, wie fern die Feindesliebe uns liegt. Man braucht sich nur umzusehen in Staat und Gesellschaft, und man erkennt die Weltfremdheit der Feindesliebe. Wo immer es mit rechten Dingen zugeht, da werden die Feinde gehaßt. Der Haß wird gerechtfertigt, theologisch mit dem göttlichen Haß gegen die Sünder, apokalyptisch mit der göttlichen Vernichtung der Bösen, die schon jetzt im Haß vorwegzunehmen sei, ideologisch mit dem angeblich haßfreien Ziel der Geschichte, zu dem nur der jetzige Haß der Feinde führe, psychologisch beziehungsweise psychohygienisch mit der Notwendigkeit zu hassen, damit der psychische Kleinhaushalt nicht durcheinanderkomme. Überall, wo es mit rechten Dingen zugeht, werden die Feinde gehaßt, werden sie bekämpft (und sei es auch mit «humanen» Mitteln, wie die Konventionen des Krieges vorschreiben), oder sie werden links liegen gelassen (was für die Feinde scheinbar am angenehmsten ist). Wo es mit rechten Dingen zugeht, werden die Feinde gehaßt, und deshalb ist umgekehrt dort, wo die Weltweisheit Feindesliebe geraten erscheinen läßt, gehörige Skepsis am Platz. Entfeindungsliebe nennt man dies heute, die Kunst, aus Feinden Freunde zu machen. Wo die Feinde aufgerichtet und die Gegner mit Milde bedacht werden, da ist der Verdacht am Platz, es gehe nicht mit rechten Dingen zu.

«Ihr habt gehört, daß gesagt ward: Du sollst deinen Nächsten lieben und deinen Feind hassen.

Ich aber sage euch: Liebet eure Feinde und bittet für die, die euch verfolgen, so werdet ihr zu Söhnen eures Vaters im Himmel. Denn er läßt seine Sonne aufgehen über Böse und Gute und läßt regnen über Gerechte und Ungerechte.

Wenn ihr nämlich nur die liebt, die euch lieben, welchen Lohn habt ihr? Tun nicht auch die Zöllner dasselbe? Und wenn ihr nur eure Brüder grüßt, was tut ihr Außerordentliches (*to perisson* ist das, was über das Gewöhnliche hinausgeht)? Tun nicht auch die Heiden dasselbe? Seid *ihr* nun vollkommen, wie euer himmlischer Vater vollkommen ist.»

In *traditionsgeschichtlicher Hinsicht* läßt sich nur sagen, daß die Verse 44–48 in ihrem sachlichen Grundbestand auf die Logienquelle zurückgehen. Freilich erscheinen diese Aussagen bei Lukas in ganz anderer Reihenfolge (Feindesliebe – Beispiele von der Wange und dem Mantel, Aufforderung alles zu geben – Goldene Regel – Beispiele für gruppeninterne Liebe – Sohnschaft – Barmherzig wie der Vater barmherzig ist). Es ist nicht mehr sicher auszumachen, wer die ursprüngliche Reihenfolge bewahrt hat. Aller historischen Wahrscheinlichkeit nach gehörte das Gebot der Feindesliebe schon in der Logienquelle mit der Begründung zusammen, daß Gott seine Sonne über Böse und Gute gleichermaßen scheinen lasse. Unsicher ist, ob in diesem Zusammenhang auch die Beispiele von der gruppeninternen Liebe und der Satz von der Barmherzigkeit Gottes, der die Barmherzigkeit der Jünger zu entsprechen habe, gehörte (bei Matthäus: Vollkommenheit). Jedenfalls spricht vieles dafür, daß die antithetische Form erst von der vormatthäischen Gemeinde oder von Matthäus selbst stammt. Wichtig ist für Matthäus diese Antithese, weil sie das Finale seiner Gesetzesauslegung darstellt. Dies unterstreicht er auch durch die Vollkommenheitsforderung von V. 48.

Wenn man bei einem Wort eine höchste Wahrscheinlichkeit erreichen kann, mit der es auf den historischen Jesus zurückgeht, dann ist es bei diesem. Das Gebot der Feindesliebe hat zwar – wie in der Einleitung schon angedeutet wurde – viele Doppelgänger, aber es ist in dieser vorliegenden Gestalt dennoch ein religionsgeschichtliches Unikum und aus dem Judentum keinesfalls ableitbar (obwohl es nichts anderes als den jüdischen Liebesgedanken zur Vollendung bringt). Das Gebot hat seinen Ursprung bei Jesus, dies gilt auch für die schöpfungstheologische Begründung (V. 45) und höchstwahrscheinlich auch für das Entsprechungsverhältnis zu Gottes Barmherzigkeit. Manche Exegeten führen auch die Beispiele für gruppeninterne Liebe auf Jesus zurück; möglich ist dies sicher, positiv erweisen läßt es sich jedoch nicht. (Klammerbemerkung: die wissenschaftlichen Belege für die Herkunft eines bestimmten Wortes von Jesus entscheiden ganz und gar nichts über die Wahrheitsfrage. Auch hier gilt, daß nicht die Herkunft des Wortes überzeugt, sondern das Wort selbst. Dennoch ist es nicht gleichgültig, ob ein Wort von Jesus stammt oder nicht. Denn der Glaube, der sich auf Jesus bezieht, hat nicht einen mathematischen Punkt oder eine beliebig formbare Masse zum Gegenüber, sondern die konkrete Gestalt des Jesus von Nazareth. Die Rückführung eines Wortes auf ihn beantwortet also die Wahrheitsfrage zwar nicht, aber nichtsdestoweniger gibt sie der Wahrheitsfrage die konkrete Gestalt, ohne die sie gar nicht sinnvoll gestellt werden könnte. Daß der Glaube sich auf geschichtliche Fakten bezieht, bedeutet keineswegs, daß er nun nicht mehr Glaube sei, im Gegenteil: erst mit Bezug auf geschichtliche Fakten wird der Glaube selbst ein menschlicher Glaube, der sich nicht davonschleicht aus dem Gewirr des Geschichtlichen. Der Geschichtsbezug führt den Glauben hindurch zwischen der Skylla des angeblich freien Beliebens, das gerade wegen seiner Beliebigkeit niemals frei ist, und der Charybdis der Notwendigkeit des Begriffs, die einen menschlichen Glauben gar nicht mehr zuläßt sondern vielmehr die Unterwerfung des Menschen erfordert. So viel zur theologischen Relevanz historischer Urteile. Weil sie diese Relevanz haben, werden sie im Anmarsch zur Auslegung auch immer behandelt. Ihre Unsicherheit ist kein Argument gegen ihre Relevanz, im Gegenteil, aber das wäre ein weiteres weites Feld ...).

In unserer Auslegung gehen wir davon aus, daß mindestens das Gebot der Feindesliebe und seine Begründung von Jesus selbst stammt, und daß die restlichen Aussagen aus der Logienquelle jedenfalls nicht im Widerspruch zur Verkündigung Jesu stehen. Auch die antithetische Form tut dies nicht; sie legt im Gegenteil das Gebot Jesu sehr sachgemäß aus, wie wir gleich sehen werden.

Mit der Einordnung in die Antithesen ist das Gebot Jesu eingebracht in den Zusammenhang der Gesetzesauslegung beziehungsweise der Frage nach dem Willen Gottes. Deshalb wird es dem Gebot der Nächstenliebe, wie es im Alten Testament vorkommt, gegenübergestellt (Lev 19,18). Die Nächstenliebe ist also gar nicht etwa eine christliche Erfindung. Dies muß man sagen im Kontrast zu vielen Aussagen, wonach das Christentum geradezu die Religion der Nächstenliebe sei. Es trifft zu, daß das Christentum den ganzen Willen Gottes konzentriert sah im Doppelgebot der Liebe; eine Konzentration, die weder dem Alten Testament noch dem jüdischen Schrifttum erschwinglich war. Und dennoch ist diese Konzentration nur die Hervorhebung eines der Sache nach alttestamentlichen Gebots, wiewohl schon dieser Konzentrationsvorgang in eine Richtung weist, die über das Gesetzliche hinausgeht. Dem Gebot der Nächstenliebe also steht das Gebot der Feindesliebe gegenüber. Diese Gegenüberstellung veranlaßte zu einer Präzisierung des Levitikusgebots, die sich so im Alten Testament nicht findet: «und deinen Feind hassen.» Aus der Tatsache, daß das Gebot des Feindeshasses nicht vorkommt im Alten Testament, wird immer wieder der Schluß gezogen, Matthäus oder die Gemeinde vor ihm verdrehe den eigentlichen Sinn der hebräischen Bibel aus Gründen des Antijudaismus. Wer solches sagt, hat eine sehr oberflächliche Sichtweise. Die Frage ist gar nicht, ob Matthäus hier ein Gebot als alttestamentlich ausgebe, das sich dort gar nicht finde, sondern die Frage ist vielmehr, ob die Zufügung des Feindeshasses die sachlich adaequate Interpretation des Gebots der Nächstenliebe sei. Und um dies zu entscheiden bedarf es mehr als eines oberflächlichen Hinsehens. Da wäre zunächst einmal daran zu erinnern, daß das Gebot der Nächstenliebe in alttestamentlicher Zeit sich nur auf die Volksgenossen bezog. Der Nächste ist der Israelit, keinesfalls etwa ein Philister oder ein Babylonier. Im Laufe der Zeit wurde dieses Gebot dann ausgeweitet auf die Fremdlinge, die im Land Gastrecht genossen. Dies wurde häufig noch präzisiert durch die Aussage, der Fremdling müsse ein Vollproselyt sein, also einer, der sich dem Gesetz Israels ganz unterzieht. Das bedeutet: das Gebot der Nächstenliebe wurde ausgedehnt auf jene Fremden, die bereit waren, Nächste zu werden. Samaritaner und Heiden wurden sehr häufig ausgeschlossen von dieser Liebe. Auch in der Gemeinde von Qumran, wo der Begriff «Nächster» häufig ist, wird er beschränkt auf die Gruppenmitglieder. Und hier findet sich das ausdrückliche Gebot, die Feinde als Feinde Gottes zu hassen (1QS 1,9f: Haß zu den Söhnen der Finsternis, Liebe zu den Söhnen des Lichts). Solche Stimmen kommen in der rabbinischen Theologie auch vor, wenn man auch sehen muß, daß sich nicht häufig sind.

Was ergibt sich aus dieser Auslegungstradition des Gebots der Nächstenliebe? Sie wurde nicht vorgeführt, um das jüdischen Denken zu desavouieren. Sie wurde vorgeführt, weil sich in ihr das Phänomen der Nächstenliebe unverkleidet zeigt: die Nächstenliebe trägt in sich selbst die Begrenzung der Liebe. Die Nächstenliebe trägt in sich selbst die Frage, *wer* der Nächste ist (vgl. Lk 10,29!). Das Gebot stellt als solches die Frage nach den Grenzen der Liebe. Es läuft faktisch auf die begrenzte Liebe hinaus, und dann auch auf den Haß des Feindes, auch wenn dieser nicht ausdrücklich geboten ist. Um dieses Phänomen der begrenzten Liebe geht es in dieser Antithese. Und man kann es nicht aus der Welt schaffen, indem man ein paar eher universal tönende Auslegungen vorträgt. Es ist überhaupt nicht bloß eine historische Erscheinung, etwa beschränkt auf die jüdische Theologie. Ganz im Gegenteil: die Begrenzung der Liebe erscheint gerade auch in der Geschichte der Kirche, die allzuhäufig entgegen den Lehren ihres Herrn die jüdische Abgrenzung von den Heiden, die als Feinde Gottes gehaßt werden müssen, übernommen hat. Und die begrenzte Liebe erscheint nicht weniger auch in unseren Tagen, wo ständig neue Heiden erschaffen werden durch solche, die nur zwischen sich und allen anderen zu unterscheiden vermögen. Der Gruppenegoismus herrscht gar nicht bloß in Selbstverwirklichungsgruppen, sondern auch in solchen mit wunderschönen Zielen und imposanten Weltverbesserungsprogrammen. Um dieses Phänomen geht es, und zu diesem Phänomen der begrenzten Liebe, das auch erscheint im jüdischen Gesetzesverständnis, befindet sich Jesu Gebot der Feindesliebe im Widerspruch. Bevor man diese Antithese historisch kritisiert, sollte man sich fragen, ob Jesus nicht doch etwas Wichtiges entdeckt habe an der Nächstenliebe. Er hat entdeckt, daß die Nächstenliebe mit dem Makel behaftet ist, zum Gruppenegoismus und zur gruppeninternen Liebe zu verkümmern. Das ist eine selbstkritische Frage. Und schon um dieser selbstkritischen Frage willen ist Jesu Gebot der Feindesliebe in der Welt.

In der exegetischen Literatur pflegt man auf die vielen Parallelen hinzuweisen, welche dieses Gebot namentlich im jüdischen Schrifttum und auch in der Stoa, im Buddhismus und im Islam habe. Es trifft zu, daß manche Aussagen in eine gewisse Nähe zum Gebot Jesu kommen. Das erklärt sich aus dem einfachen Sachverhalt, daß dieses Gebot Jesu eben die wahre Liebe ans Tageslicht bringt. Von dieser wahren Liebe mögen auch andere manches geahnt haben. Immerhin lohnt sich ein genaueres Hinsehen auf die Wolke der Belege, wenigstens anhand ein paar besonders naher Beispiele. Dabei wird nämlich klar, mit welcher Reinheit die Liebe im Gebot Jesu tatsächlich erscheint. Ich nehme als erstes Beispiel eine alttestamentliche Stelle (1 Sam 24,20): «Wenn einer seinen Feind antrifft, läßt er ihn dann friedlich seiner Wege ziehen?» Diese Frage stellt Saul, nachdem ihn David in der Höhle von Engedi verschont hatte. Es ist eigentlich eine rhetorische Frage und sie belegt alles andere als die Feindesliebe. Sie belegt, daß die Tötung des Feindes der Normalfall ist. Immerhin ließ David in diesem Fall seinen Feind Saul unbehelligt ziehen. Das ist gewiß erstaunlich. Aber einen Feind nicht zu behelligen ist noch lange nicht vergleichbar mit der Liebe, die Jesus zu den Feinden fordert.

Gerne wird in unserem Zusammenhang auf Spr 25,21 verwiesen: «Wenn deinen Feind hungert, so speise ihn; dürstet ihn, so gibt ihm zu trinken.» Wahrhaftig eine eindrückliche Aussage, die von konkreter Zuwendung zum Feind spricht. Sie wird gern zitiert, weniger gern wird allerdings ihre Fortsetzung zitiert: «so wirst du feurige Kohlen auf sein Haupt sammeln, und der Herr wird es dir vergelten» (25,22). Soll das etwa Feindesliebe sein, wenn ich den Feind durch meine Zuwendung nur noch mehr ins Unrecht setze?

Im Traktat Schabbat 31a wird gefordert, man solle einem Heiden auch nicht antun, was einem selbst unliebsam sei. Es ist jedoch ein Unterschied, ob ich meinem Feind das mir Unliebsame nicht antue, oder ob ich ihn liebe. Es ist eines, jemanden unbehelligt zu lassen, und es ist ein anderes, jemandem sich in Liebe zuzuwenden. Das ist nicht nur eine Frage der Steigerung: von der Nichtbehelligung zur Liebe führt kein Weg aufwärts, es liegt zwischen beiden eine qualitative Differenz. Die qualitative Differenz ist identisch mit dem Schritt von dort, wo der Feind sich selbst überlassen wird, dorthin, wo ihm in zuvorkommender Weise Dasein gewährt wird.

Feindesliebe kommt auch bisweilen angedeutet vor in den stoischen Texten. Hier wird davon gesprochen, Böses nicht mit Bösem zu vergelten (Epict Ench 42; Diss III 22.54). Dies geschieht jedoch nicht aus Gründen der Feindesliebe, sondern zunächst aus Gründen der stoischen Selbstvervollkommnung. Auch der Feind ist mir ein Trainingspartner, der meine Geduld, meine Leidenschaftslosigkeit, meine Freundlichkeit ausbildet (Diss III 20.9). Die stoische Milde und Freundlichkeit gegenüber den Feinden beruht letztlich darauf, daß der Feind mit seiner Untat gar nicht an den Weisen herankommt: der wahre Stoiker gleicht einem Stein, einem unerschütterten Felsen in den Wogen des Meeres. Untaten erreichen ihn nicht, wieso soll er dem Feind böse sein? Diese Feindesliebe ist geboren aus der inneren Distanz zu allen Dingen. Von dieser Distanz führt kein Weg zum Liebesgebot Jesu, das sich gerade an die richtet, die wahrhaftig verletzt und verfolgt sind. Aus der Distanz kann Liebe nicht entstehen, bestenfalls Duldung und Milde (was auch nicht zu verachten ist, aber auch nicht zu verwechseln mit der Botschaft Jesu).

Alle Belegstellen – und eine Durchmusterung weiterer Beispiele ergäbe kein anderes Bild – weisen entweder darauf hin, daß sie in einem ganz anderen theologischen oder anthropologischen Kontext stehen, von welchem sie auch anders bestimmt werden als das Gebot Jesu. Oder sie weisen auf gewisse Dinge hin, die man dem Feind praktischerweise nicht antun solle.

Demgegenüber ist das Gebot der Feindesliebe, wie es bei Jesus erscheint, ganz von der Liebe aus gedacht. Ihm geht es weder um das, was die Welt erträglicher macht, noch um das, was mit den Feinden geschehen soll. Ihm geht es ganz und gar um die Gottesherrschaft, beziehungsweise darum, daß die Liebe auch den Feinden gilt, weil die Liebe selbst dieses gebietet. Beim Gebot der Feindesliebe geht es demnach um die Entfaltung der Liebe selbst. Die Feindesliebe ist die jeder möglichen Beschränkung entledigte, die reine Liebe. An ihr erkennt man das Wesen der Liebe: sie liebt grundlos und unbedingt, ja mehr noch, sie liebt gegen besseres Wissen. Von dem, was man gewöhnlich unter Liebe versteht, unterscheidet sie sich qualitativ: sie liebt nicht das schon Liebenswerte, sondern sie macht das Nichtige zum Geliebten. Sie macht das Unerhebliche erheblich, sie macht das Wertlose wertvoll. Sie macht aus dem Feind einen Nächsten, ganz gleichgültig wie dieser selbst sich verhalten mag. Ein Nächster wird er in der Einbildung dessen, der ihn liebt. Daran kann man erkennen, daß die Feindesliebe die Liebe selbst entdeckt, nämlich die Liebe in ihrer Kreativität, die schöpferische Liebe. Man könnte sich fragen, ob es solche Liebe gebe. Das ist nichts anderes als die Gottesfrage. Und auf der Suche nach einer Antwort könnte man fragen: Hat nicht Jesus so geliebt, als er die göttliche Suche nach dem Unerheblichen darstellte? Hat nicht Jesus so geliebt, als er für seine Feinde betete? Ist nicht die Welt selbst, so wie sie da ist, ein Denkmal der schöpferischen Liebe Gottes?

Wie dem auch sei, im Licht der uneingeschränkten Liebe muß jede gesetzliche Regelung der Liebe eine Beschränkung darstellen, die faktisch darauf hinausläuft, die Welt in einen geliebten und einen gehaßten Sektor einzuteilen. Gesetzlich geregelt muß die Liebe werden, wenn sie aus dem Versuch der Weltgestaltung entworfen wird. Wenn die Liebe sogenannt praktikabel entworfen wird, wird sie gesetzlich geregelt und also beschränkt. Das können wir daran erkennen, daß selbst Weltverbesserungsprogramme, die sich in Übereinstimmung mit der Liebe wähnen, nicht darum herumkommen, die Welt einzuteilen in Feinde und Freunde. Die Beschränkung liegt schon in dem *bloßen Faktum* einer solchen Regelung, ganz gleichgültig wie sie im Einzelnen ausfallen mag. Feindesliebe ist dementsprechend die gänzliche Aufhebung gesetzlicher Regelung der Liebe. Das aber bedeutet: sie ist die endgültige, die Welt hinter sich lassende, die eschatologische Liebe. Man könnte auch sagen: sie ist die einzig wahre Liebe, beziehungsweise das, was das Phänomen des Liebens selbst gebietet. Wenn das Lieben unter die Augen Gottes tritt (und wo wäre es nicht unter den Augen Gottes?), dann wird die Liebe auf diese Weise endgültig.

Sehr bemerkenswert ist meines Erachtens, wie selbstverständlich dieses Gebot Jesu mit der Tatsache von Feinden rechnet. Man könnte ja sagen, alle Menschen seien dieselben Exemplare einer Gattung, versammelt unter demselben Himmel, also gebe es gar keine Feinde, also sei die Liebe auf alle Menschen auszudehnen. Das Gebot Jesu ist – gemessen an einer solchen theoretischen Überlegung – viel lebensnäher. Der faktische Lebensvollzug läßt immer wieder Feinde entstehen. Das sieht man ganz gut am Beispiel der politischen Diskussion: gerade in der politischen Diskussion, namentlich in derjenigen über den Frieden, entstehen laufend Feindschaften. Das scheint mir unvermeidlich zu sein; jedenfalls spricht es gar nicht etwa gegen die Friedenswilligkeit der Diskussionspartner. Vielmehr spricht sich darin der einfache Sachverhalt aus, daß der faktische Lebensvollzug Feinde entstehen läßt. Das Liebesgebot Jesu nun geht auf diese faktische Situation ein: es gebietet, die nun einmal entstandenen Feinde zu lieben, statt sie bloß theoretisch aus der Welt zu schaffen. Die Entstehung von Feinden schafft man nicht dadurch aus der Welt, daß man den Begriff des Feindes problematisiert oder nach dem Recht oder Unrecht von Feindschaft fragt. Nach Jesus gibt es nur einen sachgemäßen, weil am Lebensvorgang orientierten Umgang mit den Feinden: sie zu lieben.

In der nachfolgenden *Begründung* (V. 45) macht Jesus deutlich, warum die Feindesliebe geboten ist. Zunächst tönt die Begründung so, als ob die Feindesliebe bloß ein Mittel zum Zweck wäre: «damit ihr zu Söhnen eures Vaters im Himmel werdet». Das erscheint so, als ob die

Gottessohnschaft das Ziel, die Liebe der Weg sei. Damit wären wir bei einer Finalisierung der Liebe, die ihrem eigenen Wesen widersprechen müßte. Die Finalisierung des Ethischen ist zwar so lange unproblematisch, als ich das Ethische im Horizont der Weltverbesserung ansiedle (und also nicht wirklich radikal nach dem Guten frage). So bald jedoch die Liebe zum Maßgebenden wird, ist es mit der Finalisierung vorbei: denn die Liebe kann gar keinen andern Zweck haben als eben sich selbst. Dagegen scheint die Begründung bei Matthäus zu sprechen. Dies scheint freilich nur so. Denn der springende Punkt liegt in dem Ausdruck «Söhne Gottes». Wenn im Bereich des Judentums von Sohn Gottes die Rede ist, so meint dies nicht eine substanzielle Aussage. Der Ausdruck Gottessohn meint vielmehr eine bestimmte Gottes*relation*. Man kann sich dies vergegenwärtigen an anderen Ausdrücken: beispielsweise konnte das zeitgenössische Judentum von Söhnen dieser Weltzeit sprechen und diese den Söhnen der kommenden Weltzeit gegenüberstellen. Wie wird jemand ein Sohn dieser Welt beziehungsweise ein Sohn der kommenden Welt? Ein Sohn dieser Welt ist einer, der ganz im Bereich dieser Welt lebt, und der sich ganz von diesem Bereich bestimmen läßt. Ein Sohn der kommenden Welt ist einer, der zwar immer noch in dieser Welt lebt, der aber so sehr auf den Bereich der kommenden Welt bezogen ist, dass er ganz von jenem kommenden Bereich her lebt. Daraus folgt: der Ausdruck «Sohn von» wird verwendet, um die Zugehörigkeit zu einem bestimmten Bereich auszudrücken. Wichtig ist dabei, daß dieser Bereich den ihm Zugehörigen wesentlich bestimmt. Nach rabbinischem Verständnis ist ein Sohn Gottes, wer sich ganz auf die Thora konzentriert und dann den Willen Gottes tut: «Beschäftigt euch mit der Thora und den Gebotserfüllungen, so werden alle sehen, daß ihr meine Söhne seid», heißt es Dt R 7 zu Dtn 29,1. Es besteht ein innerer Zusammenhang zwischen dem Wandel eines Menschen und dem Bereich, in welchem er lebt und von dem her er bestimmt ist. Ein Sohn des Automobils beispielsweise lebt im Bereich des Autos, in einer Autolandschaft sozusagen, und sein Wandel wird buchstäblich bestimmt sein von dieser Landschaft (er wird nämlich keinen Schritt mehr gehen wollen oder können). Sein Wandel *entspricht* dem Bereich, in dem er lebt.

Wenden wir diese Überlegungen auf unseren Text an, so verliert er den finalen Anschein. Liebt eure Feinde, damit ihr zu Söhnen eures

Vaters im Himmel werdet, das heißt eben nicht, die Feindesliebe sei zu tun, um etwas anderes zu erreichen (eben die Sohnschaft), sondern es heißt, daß *im Tun der Feindesliebe selbst* der Mensch zum Gottessohn wird. Wer die Feinde liebt, ist insofern ein Gottessohn, als er sich ganz von Gott bestimmen läßt. Ist dies denn überhaupt eine menschliche Möglichkeit? Im jüdischen Denken war die Gottessohnschaft nie einfach gegenwärtig, sie hatte immer einen Zukunftsaspekt: die Gottessohnschaft Israels oder der Gerechten Israels wird erst am Ende der Tage verwirklicht sein. So unsachgemäß diese apokalyptische Zurücknahme der Gottessohnschaft im Rahmen der neutestamentlichen Christologie sein mag, in ihr ist dennoch ein Wissen aufbewahrt, das mit Vorteil beachtet wird. Das Wissen nämlich, Gottessohnschaft im eigentlichen Sinne des Wortes sei erst möglich, nachdem Gott selbst eine eschatologische Wende herbeigeführt habe. Ein Sohn der kommenden Welt zu sein, ist nicht einfach menschenmöglich, es ist erst möglich, wenn diese Welt, die uns nach wie vor prägt, zum Vergehen gebracht wird. Darin widerspiegelt sich auch der uns bekannte Zusammenhang zwischen dem Ensemble aller Gegebenheiten, der Welt, und den Möglichkeiten des Einzelnen. Der Einzelne kann in seinem Tun die Welt nicht überspringen, er ist in sie eingespannt. Neu kann sein Tun nicht werden, ohne daß seine Welt neu wird (was in unseren Tagen zu großen Frustrationen führt, wenn man es nicht mehr weiß).

Was bedeutet dies für das Gebot der Feindesliebe? Es muß auch in diesem Fall von einer eschatologischen Wende gesprochen werden, die es überhaupt möglich macht, daß Gottessohnschaft entstehen kann. Man könnte sagen, die eschatologische Wende sei das Gebot selbst, die Radikalität der Forderung. Jedoch, solche Wenden werden nicht mit Forderungen herbeigeführt, schon gar nicht die Wende zur Feindesliebe. Wir sagten, die Feindesliebe sei die reine Liebe, die Liebe ohne Beschränkungen (welche ihr eben fremd sind), die schöpferische Liebe. Deshalb ist die eschatologische Wende zu sehen in dem *Geschehen der Feindesliebe Gottes*. Dieses Geschehen hat den Namen Jesus Christus. An Gottes Stelle suchte er das Verlorene, erschuf er aus Wertlosem Wertvolles, überwand er die Distanz, die der Mensch in seiner Vermessenheit oder seiner Pietät zwischen sich und Gott errichtet. Jesus Christus ist die Verkörperung der Feindesliebe Gottes, und deshalb ist er selbst jene eschatologische Wende, die Feindesliebe möglich macht.

Eben deshalb ist ein Sohn Gottes, wer die Feindesliebe tut. Von der apokalyptischen Wende versprach man sich die Vernichtung der Bösen und das Gericht über die Gottlosen. Diese Wende ist eingetreten, und zwar in der Gestalt des Gottes, der seine Feinde aushält, der seine Feinde um Einverständnis bittet. Nur davon lebt die Feindesliebe, und diesem Geschehen muß sich aussetzen, wer zur unbeschränkten und darin Schranken überwindenden Liebe vorstoßen will.

Gerade hier ist vollends deutlich, wie unsachgemäß die Finalisierung des Tuns angesichts der Bergpredigt Jesu ist. Finalisierung des Tuns entsteht ja überall dort, wo das Tun noch etwas anderes erbringen muß, als es selbst ist. Beispielsweise muß das Tun die Welt ihrem eigenen Ziel einen Schritt näher bringen (ganz gleichgültig, wie dieses Ziel formuliert wird, ob im Sinne einer klassenlosen Gesellschaft oder eines Reiches der Freiheit). Die Feindesliebe dagegen lebt von dem Glauben, daß der Christus die Verkörperung des finis mundi (Ende/Ziel der Welt) sei. Wer an den finis mundi inmitten der Welt glaubt, dessen Tun ist von der Last befreit, jenen finis mundi allererst herbeizuführen. Der Glaube an den finis mundi überwindet die Finalisierung des Tuns. Auf diese Weise gibt er der Welt das Tun zurück, das sich in der Finalisierung ständig von der Welt distanziert. Oder ganz einfach: der Glaube an *diesen* finis mundi wirkt sich aus in der Liebe ohne finale Hintergedanken.

Nun gibt Jesus der Feindesliebe in V. 45b eine inhaltliche Begründung. Wer ein Sohn Gottes ist, entspricht Gott. Und wer Gott ist, wird jetzt gesagt, schöpfungstheologisch sozusagen. «Denn Gott läßt seine Sonne aufgehen über Böse und Gute, läßt regnen über Gerechte und Ungerechte». Hier wird Feindesliebe gleichsam natürlich theologisch begründet. Ist sie etwa gar nichts Eschatologisches, sondern das Natürliche schlechthin? Der natürliche Sachverhalt, daß Böse und Gute gleichermaßen von den Gaben der Schöpfung profitieren, wird ganz häufig zitiert in der antiken Welt. Indes läßt gerade die weite Verbreitung erkennen, wie vieldeutig dieser Sachverhalt ist. Im Buch der Natur kann offenbar ganz verschiedenes gelesen werden.

Da ist etwa Eliphas, der besorgte Freund *Hiobs,* der das göttliche Schöpfungswalten heranzieht, um die zerbrechende Vorstellung von der *Gerechtigkeit* Gottes zu retten. «Ich aber würde mich an Gott wenden», sagt Eliphas zu Hiob, «..., der große Dinge tut, unergründlich, wunderbar und ohne Zahl, der Regen spendet auf die Erde, und

Wasser sendet auf die Fluren, daß er die Niedrigen hoch hinstelle, daß die Trauernden emporsteigen zum Glück; der zunichte macht der Listigen Pläne, daß ihre Hände nichts Bleibendes schaffen, der die Klugen in ihrer Arglist fängt ...» (5,8ff). Hier wird auch Gottes Walten in der Natur angesprochen. Was wird darin gelesen? Es dient als Beweis der göttlichen Gerechtigkeit, wonach der Niedrige aufkommt, der Hochmütige und Listige dagegen zunichte wird. Hiob soll absehen von seinem Schicksal, er soll auf Gottes Walten und auf die Gerechtigkeit seiner Ordnung hinsehen.

Doch ganz anderes kann man aus dem Buch der Natur lesen, gerade die Gegenrede Hiobs zeigt dies (9,1ff) «Der Berge versetzt, sie merken es nicht», sagte er, «der sie umkehrt in seinem Grimme, der die Erde aufschreckt von ihrem Ort, der zur Sonne spricht und sie strahlt *nicht* auf». Die Natur zeigt Gott als einen, der bloß Katastrophen über sie bringt. Wer will diesen katastrophalen Gott zur Rede stellen? Wer hat etwas vorzubringen angesichts seiner Übermacht? «Wollte ich ihn vor Gericht ziehen, er stünde nicht Rede», fährt Hiob weiter, «ich kann nicht glauben, daß er mich hörte, er, der im Sturmwind nach mir hascht und mir ohne Grund viele Wunden schlägt, der mich nicht Atem schöpfen läßt, sondern mich sättigt mit bitterm Leid». Auf das Buch der Natur stützt sich hier gerade der *Unglaube*. Statt dem lebensspendenden Regen sieht er die vernichtenden Sturmfluten, statt der wärmenden Sonne ihre Verfinsterung, statt des kühlen Windes den verheerenden Sturm. Im Walten Gottes in der Schöpfung sieht der Unglaube, wie es Hiob sagt, daß alles auf eines herauskommt angesichts der überwältigenden Macht des Schöpfers. «Es ist eins!», fährt er weiter, «Darum sage ich: Schuldlose wie Schuldige vernichtet er! Wenn seine Geisel plötzlich tötet, so lacht er der Verzweiflung der Unschuldigen» (9,22f). Das ist auch eine Botschaft, die im Buch der Natur zu lesen steht. Sie setzt den Unglauben ins Recht und führt den Glauben in die Anfechtung.

Da ist – um ein anderes Beispiel zu nennen – der *Prediger*. Auch er liest im Buch der Natur. Eine ganz andere Lehre zieht er daraus: «Ein Geschlecht geht dahin, und ein anderes kommt; aber die Erde bleibt ewig bestehen. Die Sonne geht auf, die Sonne geht unter und strebt zurück an ihren Ort, wo sie wiederum aufgeht. Der Wind weht gen Süden, er kreist gen Norden, immerfort kreisend weht der Wind, und in seinem Kreislauf kehrt er zurück ...». Dieses ständige Kreisen ist Sinnbild vergeblichen Mühens, Symbol eines gänzlich unbefriedigten Daseins: «Das Auge wird nicht satt zu sehen, das Ohr wird nicht voll vom Hören» (1,4–6.8b). Deshalb muß der Mensch erkennen, daß alles nichtig ist, alles umsonst (1,2b). Die Schöpfung offenbart die Nichtigkeit des menschlichen Daseins, die Vergeblichkeit allen Mühens, die Aussichtslosigkeit allen Sehens und Erkennens. Der Prediger liest im Buch der Natur. Und er findet die Gleichgültigkeit Gottes, welche die Gleichgültigkeit alles Geschehens und alles Tuns nach sich zieht.

Schließlich ist da *Seneca*, der stoische Philosoph. Er liest das Vernünftige, das Logische, im Buch der Natur. «Wenn du die Götter nachahmen willst», so Seneca, einen andern Stoiker referierend, «so laß auch den Undankbaren Wohltaten zu kommen; denn auch den Bösen geht die Sonne auf und auch den Piraten stehen die Meere offen» (De Beneficiis IV,26,1). Fast denkt man, etwas ganz nahe mit Jesus Verwandtes gefunden zu haben, und man ist versucht, aus Seneca einen Kryptochristen – einen anonymen Christen sozusagen – zu machen. Solcher Versuchung erliegt, wer solche Sätze isoliert herauspickt beziehungsweise sie aus einem Buch abschreibt, ohne Seneca in die Hand zu nehmen. Wer bei Seneca nachliest, stellt allerdings das Folgende fest: Gott teilt den Undankbaren seine Wohltaten gar nicht aus Güte mit, sondern weil er denen, die seiner Gaben würdig sind, diese Gaben gar nicht geben kann, ohne sie zugleich auch denen zu geben, die sie gar nicht verdienen (28,1ff). Den Undankbaren gibt Gott nur, weil er den Dankbaren geben will. Dazu kommt: die Undankbaren sind im Einzelfall genau zu prüfen. Es gibt solche, die töricht sind und nicht wissen, was sich gehört. Diesen sollen trotzdem Wohltaten erwiesen werden. Es gibt aber auch solche, deren Undankbarkeit ein Laster ist. Ihnen Wohltaten zu erweisen, wäre im höchsten Maße unvernünftig. Wir sehen: mehr als das Vernünftige liest der Verständige auch nicht im Buch der Natur.

Ein Motiv für die Feindesliebe kann das Buch der Natur nur werden, wenn es in der Weise Jesu aufgeschlossen wird. Das Phänomen des Regens, der allen zugutekommt, und der Sonne, die für alle scheint, muß zuerst der Mehrdeutigkeit entrissen werden. Es muß dem entrissen werden, der es für die ausgleichende Gerechtigkeit Gottes in Anspruch nimmt, es muß gleichermaßen dem entrissen werden, welcher in ihm nur den vernichtenden Gott wahrnimmt. Auch dem Resignierten muß es entzogen werden, der in der Schöpfung nur die Gleichgültigkeit Gottes und damit die Gleichgültigkeit seiner Geschöpfe sieht. Und auch dem Vernünftigen muß es entrissen werden, der in der Natur das bloß Vernünftige vernimmt. Genau dies tut Jesus in der vorliegenden Antithese: er entreißt die Schöpfung der Mehrdeutigkeit und nimmt sie in Anspruch für die Eindeutigkeit der Liebe, die auch vor dem Ungerechten und Feind nicht haltmacht.

Wann aber hat die Schöpfung eine solche Eindeutigkeit? Sicher nicht einfach jetzt, wo alle andern Sichtweisen nur zu begreiflich sind. Eindeutig wird die Schöpfung erst sein, wenn die Zeit zu ihrer Erfüllung kommt; wenn es einen neuen Himmel und eine neue Erde geben wird. Genau diese eschatologische Zeit nimmt Jesus schon vorweg, wenn er die Schöpfung schon jetzt zum Zeugen der Feindesliebe macht. Er tut so, als ob die neue Welt schon Wirklichkeit wäre. Darum treibt er nicht einfach theologia naturalis, er treibt theologia eschatologica, welche – wie man hier sehen kann – zu einer natürlicheren Theologie führt. Wie dem auch sei: Jesus macht auch mit seiner schöpfungstheologischen Begründung des Eschaton jetzt maßgebend. Er bringt diese Welt unter den Einflußbereich des Kommenden. Das ist auch das fundamentale Merkmal seiner ethischen Verkündigung.

Eine solchermaßen mit dem Schöpfergott entworfene Feindesliebe entspricht Gott darin, daß sie – wie er – den Feinden die Lebensgrundlagen nicht entzieht. Die Feinde müssen zu leben haben. Das ist das genaue Gegenteil dessen, was man sonst mit Feinden tut. Dem Feind wird das Leben entzogen, sei es durch buchstäbliches Töten, sei es durch den Abbruch der Beziehung. Dem Feind wird theoretisch und praktisch die Lebensberechtigung entzogen. Das geschieht ja mitten unter uns zur Genüge, unser Blick braucht gar nicht hinter den eisernen Vorhang zu schweifen. Meistens geschieht dies mit höchster Legitimität: die Guten, die sich gegen die Bösen zusammenschließen, sind meistens im Recht. Das macht ihr Verhalten jedoch keinesfalls besser: Lebensentzug bleibt Lebensentzug, gleichgültig aus welcher Absicht und mit welcher Legitimation er geschieht. Damit wird der Feind auf seine Feindschaft fixiert.

Eine solchermaßen mit dem Schöpfergott entworfene Feindesliebe entspricht Gott darin, daß sie schöpferisch ist, wie die beiden in diesem

Abschnitt angeführten Beispiele zeigen: «Wenn ihr nur liebt, die euch lieben, welchen Lohn habt ihr? Tun nicht auch die Zöllner dasselbe? Und wenn ihr nur eure Brüder grüßt, was tut ihr Außerordentliches? Tun nicht auch die Heiden dasselbe?» Das sind Beispiele für ein Verhalten, das bloß wiedergibt, was es bekommt. Das ist Gerechtigkeit; und es geschieht ja häufig genug, daß nicht einmal wiedergegeben wird, was bekommen wird. Die Gerechtigkeit ist nicht schöpferisch, sie ist für Jesus selbstverständlich. Die Liebe dagegen ist schöpferisch, weil sie gibt, wo sie nichts erhalten hat, und weil sie weitergibt, ohne auf Erhalten aus zu sein. Genau das ist Feindesliebe. Sie pflegt nicht nur die vorhandene Liebe, das gruppeninterne Liebespotential. Sie läßt Liebe denen zukommen, die nichts zu bieten haben, im Gegenteil, die Böses geboten haben. Darum ist die Feindesliebe die Liebe selbst, weil die Liebe selbst sich vermehrt.

Und darum ist das maßgebende Stichwort solcher Ethik das Außerordentliche. Sie fordert, was über das Gewöhnliche hinausgeht. Das Außerordentliche tun heißt das Gerechte, das Vernünftige, das Angemessene hinter sich lassen. Das ist freilich kein Einspruch gegen das Gerechte, keine Kritik am Vernünftigen, kein Widerspruch gegen das Angemessene. Denn die Liebe, die sich dem Außerordentlichen verpflichtet weiß, wird sich zuerst um das Ordentliche kümmern wollen. Sie wird das Ordentliche keinesfalls übergehen. Auf eine Formel gebracht: die Ethik des Außerordentlichen verhält sich nicht antithetisch zur Ethik des Gewöhnlichen, sondern vielmehr *komparativisch*. Jesus fordert ein Verhalten, das sich komparativisch verhält zu dem, was weltlich angemessen und auch erzwingbar ist. Dieses Verhalten übergeht das Gewöhnliche nicht, sondern überholt es. Denn die Liebe ist nicht auf das Ungerechte aus, sondern auf das mehr als Gerechte. Die durch den Bereich der Feindesliebe Gottes erschaffene Liebe tut nicht das Unvernünftige, sondern das mehr als Vernünftige. In diesem Sinne gilt: das Außerordentliche ist *das* Stichwort der Forderung Jesu, weil es eben das Merkmal des *Komparativischen* in den Mittelpunkt rückt.

Es ist evident, daß eine solche Ethik das Durchschnittliche weit hinter sich läßt. Deshalb belegt Matthäus sie mit dem Ausdruck «Vollkommenheit». «Seid *ihr* nun vollkommen, wie euer himmlischer Vater vollkommen ist» (V. 48). Gewiß meint Vollkommenheit hier nicht einfach äußerste Perfektion. Die Vollkommenheit Gottes besteht ja nicht zuerst in seiner Perfektion, sondern darin, daß er aufs Ganze geht. Die Vollkommenheit Gottes besteht in seiner Eindeutigkeit, einer Eindeutigkeit, die Jesus auch im Walten des Schöpfers gesehen hatte. Die Forderung Jesu lebt nur dann, wenn die Zwiespältigkeit des Geschöpflichen tot ist. Diese Zwiespältigkeit verschwindet nur, wenn der Mensch mit dem eindeutigen Gott in Berührung kommt. Mit dem eindeutigen Gott kommt er in Berührung, wenn er von seiner Verkörperung, von Jesus, angerührt ist. Das heißt: wenn er *sich selbst als geliebten Feind erfährt.* Deshalb gerät diese Liebe nicht auf dem Boden des Gesetzes: dort erfahre ich mich als von Gott respektiert – vielleicht auch mit einem Schuß unverdienter Gnade. Die Vollkommenheitsforderung ist keine gesetzliche Forderung. Eine solche müßte sich selbst vernichten. Sie ist die Forderung, sich ganz dem vollkommenen Gott auszusetzen, gerade abzusehen von aller Selbstperfektion. Sie ist die Forderung, zunächst und vor allem sich der Feindesliebe Gottes auszusetzen, da aufs Ganze zu gehen. Alles andere braucht nicht gefordert zu werden, weil es geboten ist.

Gesetz und Gerechtigkeit (Zusammenfassung)

Erfüllen statt Auflösen

Der Abschnitt über das Verhältnis von Gesetz und Gerechtigkeit wird eingeleitet durch eine Erwägung zum Verhältnis von Auflösung und Erfüllung des Gesetzes (durch Jesus; 5,17–20). Es wird festgehalten, daß Jesus nicht zur Auflösung sondern zur Erfüllung des Gesetzes gekommen sei. Unter Erfüllung ist zu verstehen, daß das Gesetz zur Vollendung gebracht wird. Die Lebensintention des Gesetzes wird dadurch zur Erfüllung gebracht, daß dem Tun eine neue Lebensgrundlage gegeben wird. Christus kommt für das Gottesverhältnis des Menschen auf, also kann das Gesetz konzentriert werden auf die Lebensverhältnisse. Damit ist der gesetzliche Gebrauch des Gesetzes aufgehoben: es entsteht eine Konzentration auf die Liebe, die – obwohl vom Gesetz gefordert – auf dem Boden des Gesetzes nicht leben kann. Diese ist auch gemeint mit der *besseren Gerechtigkeit.* Es geht um die Liebe, die sich komparativisch zur Gerechtigkeit verhält, weil sie qualitativ mehr ist als die Gerechtigkeit.

Die Antithesen

Die Antithesen thematisieren an konkreten Beispielen das Verhältnis von Gesetz und (besserer) Gerechtigkeit. Die traditionsgeschichtliche Situation ist teilweise sehr kompliziert. Die Sachaussagen gehen fast ohne Ausnahme auf den historischen Jesus zurück. Die antithetische Form ist nur in zwei Fällen für Jesus zu belegen, während sie in den übrigen Fällen auf Matthäus oder die vormatthäische Gemeinde zurückgeht (*Der Sache nach* ist sie in allen Fällen angemessen). Die Gesetzesauslegung Jesu in den Antithesen weist folgende Hauptmerkmale auf:

a) Sie ist gekennzeichnet durch Maßlosigkeit. Während das Gesetz am Grenzfall orientiert ist, macht Jesu Forderung den Willen Gottes unbegrenzt geltend. Das Töten wird ausgedehnt auf das (harmlose) Schimpfwort, der Ehebruch auf den besitzergreifenden Blick. Die Ehe wird maßlos als nicht scheidbar verstanden, die Wahrhaftigkeit auf jedes Wort ausgedehnt (statt auf den Grenzfall des Schwörens beschränkt zu bleiben). Dem geregelten Widerstand wird die Forderung entgegengehalten, es sei überhaupt kein Widerstand zu leisten. Und die Liebe schließlich wird maßlos verstanden, insofern sie erst am Feind den Prüfstein ihrer Echtheit findet. Der entscheidende Schritt, der sich in dieser Maßlosigkeit verbirgt, ist der Schritt von der Frage nach dem Erlaubten zur Frage nach dem Gebotenen. Angesichts des Gesetzes wird faktisch nach dem Erlaubten gefragt, obwohl angesichts des Willens Gottes die Frage nach dem Gebotenen das einzig Sinnvolle wäre.

b) Die Forderung Jesu ist ferner gekennzeichnet durch die Überwindung des *Egozentrischen* in der Ethik (Egozentrisch kann gerade auch die Praxis des Altruismus sein, wenn es dabei in erster Linie um *meine* Würde geht.). Diese Überwindung ist begleitet von einer bedeutsamen Umkehrung der Fragerichtung: zu fragen ist nicht, welche Einflüsse mich verunreinigen. Zu fragen ist vielmehr, welche Ausflüsse aus meinem Herzen das Böse verbreiten. Die Ausdehnung des Ehebruchs auf den begehrlichen Blick beispielsweise lenkt die Aufmerksamkeit weg von der Frage nach meiner Würde zur Frage nach der Würde der Beziehung, in die ich – sehenderweise – einbreche. Die Überwindung des egozentrischen (oder – was auf dasselbe herauskommt – theozentrischen) Verhaltens geschieht zugunsten des «altro»-zentrischen Tuns.

c) Die Forderung Jesu hat ein weiteres Erkennungsmerkmal darin, daß sie die *Verpflichtung des Habens* aufdeckt. Sie formuliert den Anspruch, der mit der Gabe des Lebens selbst gegeben ist, sofern dieses als Gabe Gottes gelten soll. Deshalb führt sie menschliches Tun direkt unter die Augen Gottes, setzt es ohne gesetzliches Maß dem Anspruch Gottes aus. Aus der Tatsache, daß der Mensch sprechen kann, folgt der Anspruch, mit jedem Wort die Wahrheit zu sagen. Aus der Tatsache, daß es die Liebe gibt, folgt der Anspruch, daß sie unbegrenzt geschehe. Aus der Tatsache, daß der Mensch Zeit hat, folgt der Anspruch, daß er sie zum Wohlwollen nutze. Die Verpflichtung des Habens ist nur durch Evidenz begründbar. Deshalb setzt Jesus das «Ich» dem Gesetz gegenüber. Die Forderung ist nur durch das begründbar, was sie fordert (bzw. was gegeben ist).

d) Die Forderung Jesu manifestiert insofern eine *eschatologische Ethik,* als sie ganz und ausschließlich der Gottesherrschaft verpflichtet ist. So wie es der Grundzug der ganzen Verkündigung und Existenz Jesu ist, die Gottesherrschaft ins Jetzt hereinzuziehen, macht die Forderung Jesu die «Ethik» der Gottesherrschaft jetzt maßgebend. Die Forderung sagt, wie ein Verhalten aussieht, das ganz auf die Gottesherrschaft eingestellt ist. Demzufolge befindet sich die Ethik der Bergpredigt in einem gewissen Abstand zur gesetzlichen Regelung gesellschaftlichen und persönlichen Zusammenlebens. Diese Fremdheit der Forderung Jesu verhindert es, daß sie *unmittelbar* für die Regelung menschlicher Verhältnisse ausgewertet wird. Sie kommt dieser Regelung gerade insofern zugute, als sie einen Zug zum radikalen Verhalten in das Vernünftige weltlicher Verhaltensweisen einbringt.

e) Die Forderung Jesu *überwindet,* gerade weil sie ganz auf die Gottesherrschaft eingestellt ist, die *Finalität* des Ethischen. Sie macht für das Verhalten geltend, es habe sich ganz von Gott bestimmen zu lassen (und damit frei zu werden von allen finalen Überlegungen): Söhne und Töchter Gottes sind eben die, die im Bereich Gottes sind und sich deshalb von diesem ganz bestimmen lassen. Damit entsteht ein Verhalten, das seine Lebenskraft nicht aus dem Erfolg des Praktikablen oder des Lohnenden erhält. Ein solches Verhalten ist – so selten es auch gelingen mag – darin schöpferisch, daß es nicht nur das Gute, das da ist, erhält, sondern vielmehr das Gute vermehrt (die Feindesliebe reproduziert nicht bloß die vorhandene Liebe, sondern sie erschafft neue Liebe).

f) Die Forderung Jesu ist gekennzeichnet durch das Stichwort des *Außerordentlichen*. Sie intendiert ein Verhalten, das sich *komparativisch* zum weltlichen Verhalten verhält. Komparativisch bedeutet, daß nicht bloß das Gerechte zum Gerechteren gesteigert wird, sondern daß in der Liebe über das Gerechte hinausgegangen wird. Die Konzentration des Willens Gottes auf die Liebe (die in dieser Weise erst durch das Urchristentum vorgenommen wurde), ist ganz der Frage verpflichtet, was ich *dem andern schuldig bin*. In dieser Konzentration geht sie aufs Ganze und hebt insofern die Ambivalenz des Ethischen auf (beispielsweise die Ambivalenz, daß einerseits empfohlen wird, Unrecht lieber zu dulden als zu tun, und andererseits ethisch legitimiert ist, daß Unrecht vergolten wird). Diesen «ganzheitlichen» Charakter der Forderung Jesu faßte Matthäus in dem Begriff der *Vollkommenheit* zusammen: sie besteht weniger in der Perfektion als in der Ganzheit und Ungeteiltheit, mit der das Verhalten sich an der Ungeteiltheit Gottes orientiert.

g) Die Forderung Jesu ist überhaupt nur als eine denkbar, die in das *Herz des Menschen* gelegt ist. Gehorsam ihr gegenüber ist nicht mit gesetzlichen Mitteln herzustellen. Dadurch, daß sie den Willen Gottes in das Herz des Menschen legt, hebt sie jeden Abstand auf, den dieser zum Willen Gottes haben könnte. Sie entzieht ihm jede Möglichkeit, das Gute zu bemessen (wie es weltlich notwendig und vernünftig ist). Das bedeutet aber: sie setzt den Menschen ganz dem Anspruch des Gegebenen aus. Dieser Anspruch soll ihn gerade dort nicht loslassen, wo er mit verantwortlicher Weltgestaltung beschäftigt ist. Die irritierende Kraft der Forderung Jesu verhindert die Selbstzufriedenheit des vernünftigen Verhaltens. In das Herz des Menschen gelegt ist die Forderung Jesu *nur mittelbar* relevant für die Gestaltung der Welt. Diese Mittelbarkeit ergibt sich mit Notwendigkeit aus der Forderung selbst: die Liebe stirbt, wenn sie unmittelbar transformiert wird in die Regelung menschlicher Verhältnisse.

GERECHTIGKEIT CORAM DEO (Mt 6,1–7,12)

Dieser zweite Hauptteil des eigentlichen Korpus der Bergpredigt wird von Matthäus unter die Überschrift von 6,1 gestellt, wonach «eure Gerechtigkeit» nicht ein «Tun vor den Menschen» beziehungsweise ein «Gesehen werden von ihnen» sein kann. Die Praxis der Gerechtigkeit wird zusammengefaßt in dem Hauptsatz: «Alles nun, von dem ihr wollt, daß es die Menschen euch tun, (das) tut ihr genauso auch ihnen» (7,12). Zusammengehalten durch diese Klammer lassen sich zwei größere Abschnitte unterscheiden: einerseits der Abschnitt 6,2–18, wo es um die Praxis der Frömmigkeit unter den Augen Gottes geht (Almosen, Beten [Unser Vater], Fasten), und andererseits 6,19–7,11, wo es um die Praxis des Lebens unter den Augen Gottes geht (Besitz, Sorgen, Richten, Bitten). Daraus ergibt sich die Makrostuktur dieses zweiten Hauptteils.

Die Überschrift (Mt 6,1)

«Gebt acht darauf (auch: richtet euren Sinn darauf), daß ihr eure Gerechtigkeit nicht unter den Augen der Menschen tut (vor dem Forum der Menschen), um von ihnen gesehen zu werden (Wilckens: Gebt acht darauf, daß ihr aus eurer Gerechtigkeit keine Schau vor den Menschen macht). Sonst habt ihr keinen Lohn bei eurem Vater in den Himmeln.»

Nachdem Matthäus im ersten Hauptteil das Verhältnis von Gesetz und Gerechtigkeit bestimmt hatte, und damit geschlossen hatte, daß die nun gebotene bessere Gerechtigkeit aufs Ganze gehen und also vollkommen sein müsse, folgt nun der zweite Hauptteil, der dem *Gottesverhältnis* der Gerechtigkeit gilt. Gerechtigkeit im Sinne des Matthäus entsteht nicht unter den Augen der Menschen, sondern nur coram Deo, unter den Augen Gottes. Daraus folgt: das Gottesverhältnis des Tuns macht dieses allererst zu der Gerechtigkeit, die es in den Augen des Matthäus zu sein hat.

Das formuliert Matthäus in dem einleitenden Grundsatz. Das Tun des Gerechten soll nicht darauf gerichtet sein, von den Menschen gesehen zu werden. Es soll nicht darauf aus sein, das beifällige Urteil der

Menschen zu finden. Denn diese Ausrichtung verdirbt das Tun. Wer seine Gerechtigkeit zu einer Schau vor den Menschen macht, ist zu sehr mit *seiner* Gerechtigkeit beschäftigt, als daß sein Tun noch gerecht, menschengerecht, sein könnte. Mit seinem Tun unterstellt er sich dem Urteil der Menschen; er kann das positive Urteil erzwingen. Beim ganzen geht es ihm um eine Antwort auf die Frage, wer er sei. Es geht ihm darum, die Antwort aus dem Munde derer zu hören, die seine gerechten Werke sehen. Sein Tun ist von der Identitätsproblematik verdorben. Es gilt gar nicht den Menschen, es gilt ihm selbst.

Wer aus seiner Gerechtigkeit eine Schau vor den Menschen macht, erhofft sich eine positive Beziehung durch sein Tun zu erschaffen. Was verschafft er sich durch die Praxis des Gerechten? Er verschafft sich – wenn alles gut geht – Respekt. Das ist das höchste, was er sich verschaffen kann. Dabei wäre er wohl darauf aus, die Liebe als Lohn zu finden. Aber die Liebe kann kein Lohn sein, sie ist immer eine unbedingte Gabe. Der unter Menschen ausbezahlte Lohn ist stets *bedingte* Gabe. Der Gotteslohn ist – wenn er radikal gedacht wird – eine unbedingte Gabe. Der Gotteslohn ist – ein etwas abgründiger Gedanke! – der Lohn aus Liebe. Also verdirbt das Tun coram hominibus (vor dem Forum der Menschen) und unter Menschen gerade das, worauf es letztlich abzielt. Es distanziert mich von der Liebesbeziehung, indem es mir an deren Stelle Respekt verschafft.

Dazu kommt noch, daß die im Gesichtskreis der Menschen entworfene Gerechtigkeit in Gefahr steht, sich den Meinungen der Menschen zu unterwerfen. Es tritt jedoch immer wieder die Situation ein, wo Gerechtigkeit gegen die allgemeine Meinung zum Zuge gebracht werden muß, sei es daß allgemein akzeptierte Gruppennormen überwunden werden zugunsten des wahren Zusammenlebens, sei es daß positives Recht überwunden werden muß zugunsten der Gerechtigkeit. Vor dieser Unterwerfung ist das Tun geschützt, wenn es coram Deo geschieht statt coram hominibus. Man könnte auch sagen: im Angesicht des Wahren oder geleitet vom Gewissen.

Schließlich impliziert das Tun, das im Gesichtskreis der Menschen sich entwirft, den Verlust seines schöpferischen Auftrags. Sofern es nämlich ausgerichtet ist auf den Lohn der Menschen, vermag es nichts mehr zu sein als die Erhaltung des Guten. Es vermag nicht mehr unbedingt zu sein, da es durch die vorhandenen Lohnressourcen bedingt ist. Deshalb tendiert es immer zum Gruppenegoismus. Die bessere Gerechtigkeit ist jedoch nach Matthäus gleichzusetzen mit der Liebe, welche schöpferisch ist und also nicht bedingt ist durch den Lohn, welcher ihr durch Menschen gegeben werden kann. Die bessere Gerechtigkeit ist ein Tun, das auf den Lohn des himmlischen Vaters bezogen ist – eine auch nicht ganz unproblematische Vorstellung, die wir anhand der konkreten Beispiele noch etwas zu bedenken haben. Vorderhand halten wir fest: der Lohn des himmlischen Vaters ist eine Metapher für die weltliche Unbedingtheit des Tuns. Es geschieht ausschließlich um des Gotteslohns willen und insofern dann ganz um des Menschen willen, gleichgültig ob dieser zahlungskräftig sei oder nicht.

Die Praxis der Frömmigkeit (Mt 6,2–4.5f. 16–18)

Im folgenden werden drei Beispiele herausgenommen, das Almosengeben, das Beten und das Fasten. Es handelt sich hierbei um die Hauptstücke dessen, was man Frömmigkeitspraxis nennen könnte in der damaligen Zeit. Die drei Texte weisen schon im Aufbau eine große Konsistenz auf. Damit wollen sie verschiedene Erscheinungsformen der Frömmigkeitspraxis unter denselben Gesichtspunkt stellen. Allen drei Beispielen geht es um den Gegensatz von Öffentlichkeit und Verborgenheit, beziehungsweise von Handeln vor Gott und vor den Menschen. Diese drei Beispiele werden unterbrochen durch das Unser Vater und eine Erwägung zur Vergebung. Diese beiden Abschnitte sind sehr wahrscheinlich zum Stichwort Beten eingefügt worden. In der Auslegung werden wir uns ausnahmsweise nicht an die Textreihenfolge halten, sondern zuerst die drei Beispiele betrachten und erst nachher die Einfügung des Unser Vater an die Reihe nehmen (also zuerst: V. 2–4.5f. 16–18; dann V. 7–15). Was die traditionsgeschichtliche Situation angeht, läßt sich für den ganzen Abschnitt eine judenchristliche Quelle wahrscheinlich machen. Das Herrengebet geht – in etwas modifizierter Gestalt – nach fast einhelligem Konsens auf den historischen Jesus zurück. Keine Einigkeit besteht im Blick auf die Exempel der Frömmigkeitspraxis. Solange man nur für Jesus gelten läßt, was in einem mehr oder weniger großen Widerspruch zu jüdischen Aussagen steht, muß man die Echtheitsfrage hier verneinen. Immerhin ist jedoch die Radikalität der Argumentation und insbesondere die Übereinstimmung mit seiner sonstigen Gesetzesinterpretation ein starkes Indiz für den Ursprung dieser Gedanken bei Jesus. Trotz der Uneinigkeit wird man aber mindestens sagen müssen, daß diese drei Beispiele im Geist Jesu konzipiert sind – wer auch immer ihr Autor sein mag. Diese historischen Feststellungen genügen für die Auslegung.

Drei Beispiele – eine These

Erstes Beispiel: Almosengeben

«Wenn du also Mitleidserweise vollbringst (sonst auch mit «Wohltaten tust» oder «Almosen gibst»; «Almosen» ist ein auf das griechische *eleēmosynē* zurückgehendes Wort), trompete es nicht vor dir her (eine Wendung, die in den deutschen Sprachschatz übergegangen ist: «ausposaunen»), wie dies die Heuchler tun in den Synagogen und auf den Gassen, damit sie mit Würde bedacht werden von den Menschen! Amen ich sage euch: Sie haben schon ihren Lohn (*apechō* entstammt der Geschäftssprache und heißt «empfangen haben», «quittiert haben»). Du aber, wenn du Mitleidserweise vollbringst, dann soll deine Linke nicht wissen was deine Rechte tut (ebenfalls eine stehende Wendung), damit *dein* Mitleidserweis im Verborgenen sei. Und dein Vater, der ins Verborgene sieht, wird dir vergelten (vielleicht besser: wird es dir lohnen).» (Mt 6,2–4)

Der Erweis von Mitleid ist jene Bewegung, in welcher der Mensch einem andern Menschen auf elementare Weise zugetan ist. Der Mitleidserweis – oder wie wir etwas abgeschliffen sagen: die Wohltätigkeit – spielte im jüdischen Glauben zur Zeit Jesu eine ganz hervorragende Rolle. Wohl gab es zu dieser Zeit noch keine organisierte Wohltätigkeit, wie sie später auf Gemeindeebene durch die Synagoge institutionalisiert wurde. Umso wichtiger jedoch war die persönliche Wohltätigkeit, das persönliche Mitleid (dieses war also vor aller Institutionalisierung, und nur auf das persönliche Mitleid werden wir uns verlassen können, wenn wir mit unserem Institutionenlatein am Ende sein werden). Im jüdischen Glauben wird es auf das Handeln Gottes zurückgeführt, daß der

Mitleidserweis unter Menschen geboten ist. Besonders die Rabbinen haben sich da engagiert, was die folgende kleine Geschichte zeigen soll:

> «Vor Eleazar aus Barthuta pflegten sich die Almoseneinnehmer, sobald sie seiner ansichtig wurden, zu verstecken; denn er gab ihnen alles, was er bei sich hatte. Eines Tages war er auf den Markt gegangen, um die Aussteuer für seine Tochter einzukaufen. Es sahen ihn die Almoseneinnehmer und versteckten sich vor ihm. Er eilte ihnen nach und sprach zu ihnen: ‹Ich beschwöre euch, wo mit seid ihr beschäftigt?› Sie antworteten ihm: ‹Mit einem Waisenpaar (dh mit dem Einkauf der Aussteuer für ein verwaistes Brautpaar)!› Er antwortete ihnen: ‹Beim Tempeldienst, die gehen meiner Tochter vor!› Er nahm alles, was er bei sich hatte, und gab es ihnen. Ein Zuz (etwa ein Fünfliber) war ihm noch übrig geblieben. Dafür kaufte er Weizen. Dann ging er und warf diesen (zuhause) in die Getreidekammer. Es kam sein Weib und fragte seine Tochter: ‹Was hat dir dein Vater gebracht?› Sie antwortete ihr: ‹Alles, was er gebracht hat, hat er in die Getreidekammer geworfen.› Als die Mutter ging, um die Getreidekammer zu öffnen, sah sie, wie diese (infolge eines Wunders) voller Weizen war. Und der Weizen war so über die untere Türschwelle gefallen, daß die Tür seinetwegen nicht geöffnet werden konnte. Da ging seine Tochter in das Lehrhaus und sagte zu ihm: ‹Komm und sieh, was dir dein Freund (= Gott) getan hat!› Er sprach zu ihr: ‹Beim Tempeldienst, das soll für dich Geheiligtes sein und du sollst daran nur so viel Anteil haben, wie einer von den Armen Israels!›» (Ta'an 24a [bT], Bill IV 539)

Es wird nicht erzählt, wie diese Geschichte weitergegangen ist, was die Tochter dem Wohltätigen im Lehrhaus geantwortet hat, oder was gar die Mutter dieser Tochter zuhause dazu gemeint hat. Jedenfalls hatte dieser Wohltätige das Glück, nicht erst im Himmel belohnt worden zu sein, sonst hätte ihn seine Wohltätigkeit viel schlimmer in die Klemme gebracht.

Es kam mit Sicherheit vor, daß Wohltätigkeit um des irdischen oder himmlischen Lohnes willen getätigt wurde. Die Verdienstlichkeit spielte eine gewichtige Rolle. Es kam mit Sicherheit vor, daß Wohltätig-keit in der Synagoge öffentlich verkündigt wurde, ja sogar, daß ein großer Wohltäter auch den verdienten Ehrenplatz neben dem Rabbi einnehmen durfte. Gewiß kam es vor, daß ein genannt sein wollender Spender eine Stiftung vermachte (genauso wie es bis auf den heutigen Tag in aller Welt vorkommt, daß die Spender genannt und womöglich in einer Marmorbüste verewigt werden wollen). Das Ausposaunen und die Berechnung war jedoch nicht notwendig verbunden mit dem Mitleidserweis. Der vorliegende Text aus Mt 6 will ja auch nicht eine bestimmte *Gruppe* anklagen, sondern eine *bestimmte Praxis,* die sich zwar als Gerechtigkeit ausgibt, in Wahrheit aber keine ist.

Die Kritik des ausposaunten Mitleidserweises beginnt damit, daß er Heuchelei geheißen wird. Solches tun die *hypokritai,* die Heuchler. Im ursprünglichen griechischen Sprachgebrauch meinte das Wort einfach einen Schauspieler, ohne damit eine Wertung zu verbinden. Ein Schauspieler ist einer der eine Rolle zu spielen hat; einer, der darzustel-len hat, was er nicht ist. In alter Zeit trug er eine Maske, hinter welcher er sich zu verbergen hatte und welche seine Rolle charakterisierte. Dieses Wort aus der Theatersprache fand dann Eingang in die Ethik. Dort wurde es metaphorisch verwendet, und zwar im negativen Sinne: ein Heuchler ist einer, der etwas anderes tut oder ist, als er sagt. Ein Heuchler täuscht etwas vor, er ist ein Schauspieler, der die ganze Welt zu seiner Bühne und die Menschen zum Publikum macht. Dabei muß es sich gar nicht immer um subjektive Unehrlichkeit handeln. Es kann durchaus sein, daß einer sich selbst ein Theater vorspielt und sich dabei noch als Realisten bezeichnet. In diesem zweiten Sinne ist Heuchelei der objektive Selbstwiderspruch, die objektive Verfehlung des wahren Seins.

Zu beachten ist, daß Heuchelei in unserem Text noch einmal etwas anderes darstellt. Hier wird ein Heuchler genannt, wer veröffentlicht, *was er tut.* Dieser Heuchler täuscht nichts vor; er macht nur nach außen bekannt, was er tut. Gemeint ist hier also nicht ein Schauspieler, der eine fremde Rolle spielt, sondern ein Schauspieler, der *seine* Rolle spielt, ein Mensch, der sein eigenes Sein als Rolle vor den Menschen spielt. Hier geht es um das Phänomen der *Selbstdarstellung.* Der Selbstdarstel-ler braucht keine Täuschungen vorzunehmen. Er spielt durchaus das in der Welt aus, was er ist. Er macht bekannt, was er ist. Warum tut er dies? Er tut es, um respektiert zu werden. Seine eigentliche Lebensintention jedoch wäre, geliebt zu werden. Eben diese Liebe ist, wenn sie wahr ist, eine unbedingte, durch Tun nicht zu erwerbende Liebe. Deshalb kommt er mit der Selbstdarstellung nicht an sie heran; er gewinnt Respekt, er erntet weltlichen Lohn, und eben dieser Lohn distanziert ihn von der Liebe. Wer nach außen bekannt macht, wer er sei, veräußert sich selbst. Er verlegt sein Menschsein ganz auf den äußeren Menschen, indem er seine Lebensäußerungen zu den Identifikationsmerkmalen seiner Person werden läßt. Der Heuchler hat damit sein Geheimnis verspielt; sein innerer Mensch hat sich verflüchtigt. Der Heuchler ist der veräußerte Mensch.

Unzweifelhaft spielt der Lohngedanke eine wichtige Rolle im vorliegenden Abschnitt. Der Selbstdarsteller hat seinen Lohn schon bezogen in der Gestalt des Respekts, den er genießt. In der Bewegung seines Lebens ist er auf diesen Lohn aus, also kann ihm sein Verhalten keinen Gotteslohn mehr bringen. Vielleicht gar hat er nicht die Geduld, bis zur himmlischen Entlöhnung zu warten; und er setzt an die Stelle des Gotteslohns den Lohn der Menschen. Darauf sollt ihr euch nicht einlassen, empfiehlt Jesus seinen Nachfolgern. Ihr sollt vielmehr auf den Gotteslohn aussein. Hier liegt der Gedanke wohl nicht fern, daß an die Stelle einer weltlichen einfach eine metaphysische Rechnung tritt. Das Berechnende selbst aber bleibt sich gleich. Dieser Gedanke der metaphysischen Rechnung wird freilich durchbrochen durch den paradoxen Satz: deine Linke soll nicht wissen, was deine Rechte tut. Nicht einmal bis zu deiner Linken soll veröffentlicht werden, was deine Rechte an Mitleidserweisen vollbringt. Das bedeutet: vor der Welt, zu der auch deine Hände gehören, geht überhaupt nichts. Mitleidserweise sind überhaupt nicht im Gesichtskreis der Welt möglich. Sie sollen ganz und gar coram Deo geschehen. Damit gerät aber nicht nur der Mitleidserweis sondern auch der Lohngedanke ins Angesicht Gottes. Und im Angesicht Gottes ist weder weltliche noch metaphysische Berechnung möglich. Im Angesicht Gottes löst sich die Berechnung selbst auf und damit wird der Mitleidserweis zu dem zurückgeführt, was er in Wahrheit ist: die jede Berechnung hinter sich lassende, elementare Zuwendung zum Bedürftigen. Wohin die Berechnung gerät, wenn sie unter die Augen Gottes tritt, kann nachgelesen werden im Gleichnis von den Arbeitern im Weinberg (Mt 20,1–15): sie gerät zum begreiflichen, aber dennoch zu überwindenden Protest derer, die materiell im Recht sind.

Und dennoch wird der Lohngedanke nicht preisgegeben: dein Vater im Himmel, der ins Verborgene sieht, wird es dir lohnen. Im Unterschied zur Vorstellung von einem Götzen, der in alle Winkel sieht, um nichts ungeahndet zu lassen, sieht Gott ins Verborgene, damit er sieht, was zu belohnen ist. Unter seinen Augen braucht der Mensch sich nicht zu veräußern. Er wird gesehen, ohne sein Geheimnis preisgeben zu müssen. Die Vorstellung von einem himmlischen Lohn oder einem Schatz im Himmel bedeutet – so gesehen – gerade das Ende der Selbstdarstellung, das Ende des berechnenden Tuns. Der himmlische Lohn ist die Metapher für unbedingte, keinem Zweck unterworfene Mitleidserweise. Er ist die Metapher für die echte Kreativität des Mitleids. Das Mitleid vor dem Forum der Menschen zielt auf die Anerkennung. Um anerkannt zu werden, muß es eindeutig sein. Eindeutig wäre es aber nur, wenn es selbst so imposant wäre, daß es alle Versuche, es negativ zu interpretieren, ausschlösse. So imposant ist menschliches Handeln nicht; deshalb tritt es – wenn es am Forum der Menschen orientiert ist – in den Teufelskreis der Herstellung von Eindeutigkeit, der stetig gesteigerten Selbstbekräftigung. Dadurch wird das Mitleid und der Mitleidige verdorben. Tritt er unter die Augen Gottes, entsteht Eindeutigkeit seines *Seins*. Das erlaubt ihm, mit der Mehrdeutigkeit seines *Tuns* zu leben. Und davon lebt wohl nicht zuletzt der Mitleidserweis. Quod erat demonstrandum – was zu beweisen war.

Zweites Beispiel: Beten

«Und wenn ihr betet, sollt ihr nicht sein wie die Heuchler, denn sie lieben es, in den Synagogen und an den Straßenecken zu stehen und zu beten, damit sie vor den Menschen in Erscheinung treten. Amen ich sage euch: sie haben schon ihren Lohn.

Du aber, wenn du betest, geh in deine Kammer und schließ deine Tür zu, um zu deinem Vater zu beten, der im Verborgenen ist. Und dein Vater, der ins Verborgene sieht, wird dir vergelten (bzw. wird es dir lohnen).» (Mt 6,5f)

Dieses zweite Beispiel beschäftigt sich mit der Praxis des Gebets,

163

wiederum unter dem Gesichtspunkt, daß das Beten vor dem Forum der Menschen (coram hominibus) zu unterscheiden ist vom Beten vor Gott (coram Deo). Es wird hier wieder nicht eine bestimmte Gruppe (etwa die Pharisäer oder überhaupt die Synagoge) angeklagt. Was hier gesagt wird, lebt nicht von der Anklage. Aufgedeckt wird eine bestimmte Praxis des Betens, die sozusagen überall vorkommen kann. Dennoch hat der Text – wie könnte es anders sein – jüdische Gebets-sitten vor Augen: er denkt etwa an das freie, öffentliche und laute Gebet im Synagogengottesdienst. Oder er denkt an das Beten an Straßen-ecken, das tatsächlich auffiel, weil keine fest vorgeschriebenen Gebets-zeiten zu beachten waren und es daher nicht rituell notwendig war, an Straßenecken zu beten. Nicht um diese Gebetssitten geht es primär, sondern um die innerhalb dieser Sitten vorkommende Erscheinung, daß das Gebet geschieht, um in die Augen zu fallen. Es geht um das Gebet, das die Menschen als Adressaten hat, statt an Gott gerichtet zu sein. Das ist Heuchelei: der Beter spielt seine Rolle, er spielt sein Sein als Rolle, er veräußert sich selbst. Bemerkenswert ist, daß dieses Problem der Selbstdarstellung durch Gebet dem Judentum völlig unbekannt war. Umso mehr stellt sich die Frage, woher denn das Problembewußtsein des Urchristentums stammt. Eine erste Vermu-tung könnte lauten, daß dieser Text als solcher auf Jesus zurückgeht (bei welchem das Problem der Selbstdarstellung in radikaler Weise bewußt war). Eine zweite Vermutung könnte lauten, daß das einsame Beten, das von Jesus sehr häufig überliefert ist, zu solchem Problem-bewußtsein führte. Wer sich fragt, wieso Jesus so betont in die Einsamkeit geht, um für sich zu beten, kann ohne weiteres auf solche Gedanken kommen.

Wie dem auch sei, die Frage nach dem Ort des Betens spielt auch in unserem Text eine große Rolle. Wenn du betest, geh ins «Kämmerlein» *(tameion)*. Das «Kämmerlein» war im palästinischen Haus, das nur einen Raum hatte, die Vorratskammer (also gar kein eigentliches Zimmer, auch nicht das «stille Kämmerlein»). Wichtig ist, daß es der einzige Raum war, der abschließbar war. Dieser Ort wird demnach gewählt, um die Einsamkeit des Betens, seine Abgeschlossenheit gegen-über den Augen der Öffentlichkeit auszudrücken. Die Kammer steht als ein Raum, wo ich für mich bin, und deshalb als der Raum, wo alle anderen Adressaten außer Gott ausgeschlossen sind. Das will denn auch gesagt sein: das Gebet hat nur einen Adressaten, Gott, und ohne diesen Adressaten ist es sinnlos und verkehrt.

Manche Ausleger finden es störend, daß hier dem Beten auch noch eschatologischer Lohn zugesprochen wird. Und es ist ja wahr, daß der Gedanke einer Entlöhnung sich gerade mit dem Gebet nicht verträgt. Man wird deshalb – wie wir das schon im ersten Beispiel taten – den Gedanken des eschatologischen Lohns metaphorisch verstehen müssen. Daß Gott das Beten lohnen wird ist eine Metapher, die Widerstand leistet gegen den *weltlichen* Lohn, den sich das Beten versprechen könnte (in der Gestalt von Ansehen in einer religiösen Gesellschaft, in der Gestalt von Aufsehen in einer sogenannt säkularen Gesellschaft). Die Metapher des Gotteslohns leistet Widerstand gegen die Zerstörung des Gebets, welche eben darin besteht, daß sich das Gebet abkehrt von Gott und an die Menschen sich richtet. Dadurch wird auch die Finalisierung des Betens aufgehoben: das Gebet hat keinen *weltlichen finis* (Ende, Zweck), und einen überweltlichen finis kann es nicht haben, also hat es überhaupt keinen mehr. Das Gebet muß nichts erbringen, *weil* es eschatologisch belohnt wird.

Was hier zur Kritik des öffentlichen, von Gott abgewendeten Gebetes gesagt wird, ist von recht großer Tragweite für das Beten und das spirituelle Leben überhaupt. Es gibt ja nach wie vor das Phänomen des Gebets, das gar nicht an Gott sondern an ganz *andere Adressaten* gerichtet ist. Man kann in einem Universitätsgottesdienst eine Bitte an den Erziehungsdirektor beispielsweise in Gottes Ohr sagen und dabei eigentlich den Erziehungsdirektor ansprechen. Es ist dies das Gebet als Instrument einer Mitteilung durch die Blume. So *verhindert* das Gebet menschliche Beziehung, es verhindert, daß ich meine Bitten an den richte, welchem sie auch gelten. Dasselbe gilt von dem Gebet, das – in der Gestalt der Bitte zu Gott – Kritik an Anwesenden oder auch Nicht-Anwesenden übt. Die Bitte zu Gott, jemand möchte endlich auf den rechten Weg kommen, ist eine perfide, gegen das offene Gespräch immunisierte Art ihm zu sagen, er sei auf dem falschen Weg. Auch hier unterbricht das Gebet jene Kommunikation, die eigentlich unter den Menschen stattfinden müßte. Es verhindert den heilsamen Vorgang, daß, wer Kritik übt, sich dem kritisierten Gegenüber auch selbst aussetzen muß.

Es gibt auch in unseren Tagen – gerade im Bereich der protestantischen Kirchen – das Phänomen des Gebets, das eigentlich eine Zusammenfassung der Predigt oder eine Wiederholung derselben ist. Das kann man schon an den Redeformen des Gebets erkennen: statt der Bitte, der Klage oder der Danksagung herrscht der Aussagesatz. Ein solches Gebet bespricht Gott, statt ihn anzusprechen. Es fällt zurück in eine Sprache der Feststellung und spricht nicht mehr die Sprache des Seins, die Sprache der Beziehung. Damit wird aber die Existenzbewegung der Zuwendung, für welche das Gebet *der* Ausdruck schlechthin ist, verdorben. Gerade das Gebet vor dem Forum der Menschen als Selbstdarstellung ist *nur scheinbar* den Menschen zugewandt, ebenso wie es nur scheinbar Gott zugewandt ist, in Wahrheit aber ist es überhaupt nicht mehr Zuwendung sondern nur noch Selbstbezug.

Es gibt schließlich – in unseren Tagen wieder vermehrt – das Gebet als weltliche Darstellung des Glaubens. Es findet sogar weltliche Bewunderung, wenn etwa der Muslim ohne Hemmungen überall seinen Gebetsteppich ausrollt, um seiner religiösen Pflicht nachzukommen. Der Muslim selbst braucht solches gar nicht als Darstellung seines Glaubens zu verstehen, aber die Welt versteht es nicht selten so; und gerade dies findet ihre Bewunderung. Das ist weiter nicht verwunderlich, ist doch die Welt unserer Tage dadurch charakterisiert, daß sie sich der Veräußerung verschrieben hat. Darstellung als solche wird immer mehr zur Signatur des Lebens, und deshalb kann auch die Darstellung des Glaubens nur recht sein (sie bestätigt die Grundstruktur der Lebensanschauung, die sowieso gilt). Aber der Glaube läßt sich nicht veräußern; er bleibt – gerade im Gebet – ganz bei sich selbst, weil er sich ausschließlich vor Gott ausspricht. Der Glaube läßt sich nicht veräußern, weder durch Gebet noch durch sonst eine Glaubenshandlung, denn der Glaube äußert sich – in der Liebe. Dort äußert er sich, aber nicht als er selbst, sondern als Liebe.

Schließlich könnte man das Gebet verstehen als Symbol für spirituelles Leben, als Ausdruck, wo sich die Spiritualität des Menschen gleichsam verdichtet. Spiritualität ist ein anderes Wort für Gottesbezug. Wenn das Gebet auf die Menschen abgezielt ist, wird es eingeordnet in das Rollenspiel, welches das Leben überhaupt prägt. Das spirituelle Leben wird sozusagen aufgefressen vom Rollenspiel, welches das gesellschaftliche Leben, das Wirtschaftsleben, das Ferienleben usw. durchzieht. Demgegenüber plädiert Jesus für die Unterscheidung des

Gebets vom Alltäglichen, für die Unterscheidung der Spiritualität von der Säkularität. Das Gebet ist der Ort, wo ich ganz Gott zugewendet und insofern ganz für mich bin. Es ist die Kammer des Lebens. Man könnte ebensogut sagen: die Spiritualität ist jener Lebensvorgang, wo ich ganz ich selbst bin, wo ich nicht aufgeteilt bin in die verschiedenen Rollen, die ich alltäglich zu spielen habe.

Es läßt sich leicht beobachten, wohin dann die Abwesenheit des Gebets führt. Wo diese Erscheinung der Spiritualität fehlt, entsteht sogleich die Tendenz, das Ich-selbst-Sein in den Rollenspielen des Alltäglichen zu suchen. Dem Beruf wird nicht zugestanden, daß er ein Rollenspiel mit sich bringt, ihm wird vielmehr aufgeladen, Authentizität, Selbstsein bringen zu müssen. Die Frustration ist vorprogrammiert. Denn damit verfehle ich das Leben selbst. Wenn Selbst*sein* als Selbst*darstellung* verstanden wird, wenn Personsein als Funktionieren verstanden wird, dann muß das Leben verfehlt werden. Die Authentizität, das elementare Selbst-Sein des Menschen ist gewahrt am Ort seines spirituellen Lebens; vor Gott wird er seiner selbst gewiß. Das prägt von selbst die verschiedenen Bereiche des Lebens: es zieht von ihnen die Last ab, Authentizität erbringen zu müssen. Dies geht nur, sofern die Unterscheidung zwischen weltlichem und spirituellem Leben, zwischen Arbeit und Gebet, gewahrt bleibt. Gewiß könnte Gott isoliert werden im Gebet – das fürchten viele kirchlichen Zeitgenossen sehr – aber er könnte auch veräußert werden dadurch, daß der Gottesbezug des Menschen verwechselt wird mit seinen Weltbezügen.

Drittes Beispiel: Fasten

«Wenn ihr aber fastet, werdet nicht wie die griesgrämigen Heuchler! (der Akzent liegt darauf, daß eine Lage des Menschen in seinem Gesicht geschrieben steht; hier: das Fasten wird veröffentlicht auf dem Gesicht; das Gesicht wird zur Fastenmaske). Sie machen nämlich ihr Gesicht unansehnlich, um vor den Menschen als Fastende angesehen zu sein. Amen ich sage euch: Sie haben ihren Lohn schon (bezogen).

Du aber, wenn du fastest, salbe deinen Kopf und wasche dein Gesicht damit du vor den Menschen nicht angesehen seist als Fastender, sondern vor deinem Vater, der im Verborgenen ist.

Und dein Vater, der ins Verborgene sieht, wird es dir lohnen.»
(Mt 6,16–18)

Ganz analog zu den beiden vorangehenden Beispielen beschäftigt
sich dieses dritte mit der religiösen Übung des Fastens. Gemeint ist hier
nicht das offizielle Fasten am Versöhnungstag, sondern die persönliche,
sehr beliebte Fastenübung. Das persönliche Fasten war Ausdruck der
Trauer (etwa über die Gottesferne oder die eigene Ungerechtigkeit),
Ausdruck der Buße (der Umkehr zu neuem Leben), Ausdruck der
Demut (des niedrigen Menschen angesichts des hohen Gottes). Es
wurde – wegen seines verdienstlichen Charakters – oft eingesetzt zur
Verstärkung des Gebets. Diesem Text geht es nicht um Sinn oder
Unsinn des Fastens (angesichts des anwesenden Bräutigams wäre es
nach Mk 2,19 widersinnig, überhaupt zu fasten). Es geht ihm vielmehr
darum, diese religiöse Übung kritisch zu betrachten im Blick auf *den
Menschen*, der sie veranstaltet. Kritisiert wird das Fasten, das gar nicht
auf Gott sondern auf die Menschen gerichtet ist. Trauer, Demut,
Umdenken wird hier gar nicht um seiner selbst willen geübt, sondern
um der Anerkennung vor den Menschen willen. Das Gesicht wird
unansehnlich gemacht; jeder soll sehen können, wie es um den Fasten-
den steht. Jeder soll sehen: ich habe umgedacht, bin ausgestiegen
(darum schreib ich schnell ein Buch). Auch hier gerät die religiöse
Übung zur Rolle, wird die Bewegung des Glaubens veräußert. Fasten
war schon immer eine Gebärde der Distanz, der Distanz des unheiligen
Menschen zum heiligen Gott. Das veräußerte Fasten ist dies noch viel
mehr geworden; es ist geradezu eine unheimliche Gebärde der Distanz.
Denn im veräußerten Fasten muß ich mich, um mich kenntlich zu
machen, distanzieren von denen, die gewaschene Gesichter haben.
Schon in der äußeren Erscheinung – dies kann sich durchaus auch auf
Kleidung beziehen – distanziere ich mich von denen, denen ich ins Auge
fallen will. Und weil diese veräußerte Gebärde der Distanz an die
Menschen und gar nicht mehr an Gott gerichtet ist, ist sie aufs äußerste
von Gott distanziert. Sie nimmt im Vollzug selbst so sehr Abstand von
Gott, daß er diesen nicht mehr überwinden kann.

Deshalb ruft der Text dazu auf, sich nichts anmerken zu lassen beim
Fasten. Geradezu demonstrativ soll das Fasten verborgen werden – was
für ein merkwürdiges Paradox! In dieser demonstrativen Verborgenheit

dann ist es Gott allein zugewandt. Nur so sucht es Gott auf und wird es von ihm belohnt werden. Man könnte auch sagen: so lohnt es sich zu fasten, weil es überhaupt nicht mehr eingespannt ist in die Problematik, daß der Mensch in Erscheinung treten muß. Wie soll er vor dem Gott in Erscheinung treten wollen, der sowieso ins Verborgene sieht. Damit ist das Fasten vom Rollenspiel befreit und zu einem existentiellen Vorgang geworden. Medienwirksam ist solches Fasten per definitionem überhaupt nicht, umso wirksamer aber für das Leben selbst. Gerade wenn das Fasten sich ausschließlich Gott zuwendet, ist damit die äußerliche Distanznahme von den Menschen unterbunden. Gerade der Fastende – mag er in seinem Bewußtsein noch so erhaben sein über die «Masse der Verlorenen» – wird, wenn er sich wahrhaftig und ausschließlich Gott zuwendet, eben jener Masse wieder zugeführt.

Wir haben gesehen, daß alle diese Beispiele in dieselbe Richtung gehen. Sie entwerfen die Gerechtigkeit vor Gott, welche einer Gerechtigkeit vor den Menschen gegenübersteht. Sie führen den Menschen weg von seiner Veräußerung des Glaubens, in welcher er selbst Gott zu veräußern trachtet, hin zur Innerlichkeit der Gottesbeziehung, die sich von selbst als Liebe äußern wird. Die bessere Gerechtigkeit, welche in den Antithesen fallweise entworfen wurde, steht in einem unauflöslichen Zusammenhang damit, daß solches Tun nur vor Gott überhaupt existieren kann. Wer unterbricht denn den menschlichen Hang, mit allem und jedem in Erscheinung zu treten? Wer unterläuft die Veräußerung selbst der heiligsten Dinge? Respekt muß ich mir verschaffen, wenn mir keine Liebe entgegengebracht wird. Deshalb kann nur der Gottesbezug, in welchem ich der Liebe begegne, die Respektverschaffung unterlaufen. Dieser Gottesbezug – so viele Erscheinungsformen er haben mag – findet seine Reinheit *im Gebet,* welches denn auch von Matthäus in den Mittelpunkt des Abschnitts gestellt wird.

Das Gebet (Mt 6,7–15)

Für Matthäus ist das Gebet der entscheidende Punkt, wo das Sein des Menschen zur Auslegung kommt. Deshalb setzt er mit diesem recht langen Zwischenstück einen deutlichen Akzent. Das Herrengebet wird umrahmt von zwei kleineren Abschnitten: dem Gebet Jesu geht voran eine Warnung vor dem Plappern (V. 7f), es wird gefolgt von einer Erwägung zur Vergebungsproblematik (V. 14f)

Das Gebet, das viele Worte macht

«Wenn ihr betet, so plappert nicht wie die Heiden! Sie meinen nämlich, sie würden erhört durch die Quantität ihrer Worte (wörtlich: durch den Wortschwall, das viele Reden). Macht euch also ihnen nicht gleich, denn euer Vater weiß, was ihr nötig habt, bevor ihr ihn bittet.» (Mt 6,7f)

Dieses Wort, obwohl es von Matthäus in den jetzigen Kontext eingeschoben sein dürfte, stammt nicht aus der Feder des Evangelisten. Traditionsgeschichtlich gesehen kommt es aus der vormatthäischen Gemeinde, inhaltlich gesehen könnte es ohne weiteres von Jesus stammen. Namentlich hat es eine Pointe, die mit anderen Aussagen Jesu zum Gebet sehr gut übereinstimmt. Sicherheit ist nicht zu erreichen.

Angespielt wird zunächst auf das Geplapper der Heiden. Es ist unklar, welches Phänomen damit gemeint sei und ob überhaupt ein solches gemeint sei. Immerhin könnte man hinweisen auf die Praxis des damaligen Heidentums, viele Gottesepitheta aneinanderzureihen (dreihundert sind belegt) oder bestimmte unverständliche Zauberworte zu verwenden, um die magische Kraft des Gebetes zu steigern. Allerdings kann man das Heidentum nicht auf dieses Plappern festlegen und es etwa abgrenzen vom überlegenen Beten des Judentums. Auch im sogenannten Heidentum gab es viele Stimmen, welche das Plappergebet verurteilten.

Überhaupt ist unwahrscheinlich, daß es unserem Text nur um eine äußere Erscheinungsform des Gebetes geht (also nach dem Motto: Wenn ihr betet, macht's kurz!). Das zeigt sowohl die Fortsetzung als auch ein genauerer Blick auf die «heidnische» Gebetspraxis. Was spricht sich denn in der Aneinanderreihung von so vielen Gottesepitheta aus? Es spricht sich das Bemühen aus, den angerufenen Gott auch richtig anzurufen, im Gebetsanruf seine Person nicht zu verfehlen. Denn alles kommt dem Beter darauf an, daß er auch gehört wird vom angerufenen Gott. Der Gott weiß eben nicht, was der Beter ihm zu sagen hat. Darüberhinaus könnte die Häufung von Gottesepitheta auch so etwas wie eine captatio benevolentiae sein, ein Versuch, das Wohlwollen des Gottes zu gewinnen. Wenn ihm alle Epitheta zugestanden werden, wird ihm auch alle Macht zugestanden; und es wird ihm zugestanden, daß er für alles zuständig sei. Welcher Gott ließe sich solches nicht gerne gefallen? So verstanden zeigt die Häufung von Epitheta in dieselbe Richtung wie die Anwendung von Zauberworten: beides dient dazu, den angerufenen Gott in Bewegung zu bringen. Sache des Gebets ist es, Gott in Bewegung zu bringen. So sieht es ja auch unser Text: die Heiden meinen, Gott durch die Quantität ihrer Worte in Bewegung bringen zu können.

Macht euch diesen nicht gleich, lautet die Aufforderung des Textes. Erstaunlich ist die Begründung für diese Mahnung. Wir könnten uns gut eine andere denken: Macht nicht solche Bewegungsversuche, denn Gott ist unbestechlich; er ist nicht zu bewegen durch quantitative Mittel. Man müßte dann weiter erwarten, daß angegeben würde, wodurch Gott dann zu bewegen ist, etwa durch die Reinheit des Herzens, aus dem die Bitte aufsteigt, durch die Wahrhaftigkeit der Bitte selbst (also dadurch, daß nur das Gottentsprechende erbeten wird). Man müßte erwarten, daß die quantitativen Mittel abgelehnt werden mit der Begründung, die Qualität des Beters oder des Gebets sei hier bewegend. Die Begründung lautet in Wirklichkeit aber ganz anders: denn euer Vater weiß, was ihr nötig habt, bevor ihr ihn bittet.

Ein Gott, der solches weiß, hat sich schon längst bewegt, bewegt aus den Fernen des Himmels in die Nähe zum Menschen. Die Erhörung scheint keine Folge des Gebets mehr zu sein, sondern dessen Ursache. Er hat schon längst gehört und gesehen und weiß nun, was ihr nötig habt. So nahe ist er euch. Wir stoßen hier auf eine eigenartige Anschauung, die bei Jesus recht häufig auftritt. Daß Gott menschliche Gebete erhört, scheint für Jesus völlig gewiß zu sein. Daß Gott nicht in den Fernen des Himmels ist, unerreichbar für menschliche Worte und unbegreiflich für menschliche Gedanken, sondern ganz in der Nähe, war für Jesus gewiß. So nahe ist er, daß er gehört hat, noch bevor er gerufen wurde. So etwas existierte in der zeitgenössischen Phantasie: die Erwartung, daß in der neuen Welt Gott den Menschen antworte, noch bevor sie ihn rufen. Diese neue Welt war für Jesus nicht mehr fern. Er nahm sie wahr, in dem was seine Augen jetzt sahen, und in dem, was seine Hände und sein Mund jetzt redeten. Diese Nähe und Gewißheit

Gottes war für Jesus der Grund, das Geplapper aufzugeben. Daß Gott sich bewegt hat, schließt ein Beten aus, das meint, Gott erst noch bewegen zu müssen.

Wozu dann überhaupt noch Gebete? Was könnte ihr operationeller Wert sein? Gelten sie gar nicht Gott, dem Angesprochenen? Sind es Selbstgespräche, religiöse Formen der Selbstmeditation? Es wäre grotesk, aus der durch Jesus wahrgenommenen Nähe Gottes darauf zu schließen, Gott sei gar nicht mehr der Adressat der Gebete. Ist denn Gott der einzige, der in Bewegung zu bringen ist? Gerade wenn das Gebet nicht mehr dazu da ist, ihn in Bewegung zu bringen, so wird aufgedeckt, daß das Beten eigentlich den Beter selbst in Bewegung bringen will. Die Warnung vor dem Plappern konzentiert das Gebet darauf, daß es selbst die *Bewegung der Bitte* ist. In der Bitte bewegt sich der Bittende weg davon, sich den Wunsch selbst zu erfüllen. In der Bitte gesteht er sich ein, daß er sich nicht selbst geben kann, was er erbittet. Er bewegt sich an den Ort, wo er seine Allmachtsphantasien hinter sich hat. Deshalb ist das Beten zu dem Gott, der alles schon weiß, der positive Lebensvollzug eines Verzichts; des Verzichts darauf nämlich, sich etwas selbst zu geben. Wenn ich jemanden um etwas bitte, von dem er schon weiß, daß ich es brauche, dann bewege ich nicht ihn damit, sondern ich bewege mich in die Situation, wo ich es aus seiner Hand annehmen kann. Dasselbe gilt auch vom Gebet. Und es gilt in erster Linie von dem Gebet, das als Gebet des Herrn jetzt dann eingeschärft werden wird (V. 9ff). Das Unser Vater ist das sprachliche Haus, in welchem ich Schutz finde davor, mir alles selbst zu geben. Es ist das sprachliche Haus, welches den Menschen in Bewegung bringt von dort, wo er aus sich selbst lebte, dorthin, wo er aus dem Bekommen lebt. Das wird am Schluß der Unser-Vater-Auslegung konkret ausgeführt werden. Für jetzt nur ein Beispiel: in der Bitte um Vergebung wird einem Menschsein Raum geschaffen, das nicht aus der (unmöglichen Möglichkeit der) Selbstvergebung lebt. Es wird ein Raum geschaffen dafür, daß ich die göttliche Vergebung an mich herankommen lasse. In der Bitte um Vergebung bin ich nichts anderes als ich selbst, und zwar ich als einer, der auf Vergebung angewiesen ist. Und wenn ich dergestalt bewegt worden bin, geht die Bewegung weiter zu den Menschen: die Vergebung die ich erhalte, gebe ich andern weiter. Das ist die Bewegung des Gebets.

Vielleicht ist jetzt klar geworden, wie die diesen Abschnitt bestimmende Thematik der Gerechtigkeit vor Gott zusammenhängt mit dem Gebet. In der Frömmigkeitspraxis vor den Menschen geht es darum, daß ich meinen Gottesbezug veräußere, beziehungsweise meinen Glauben öffentlich darstelle (und das muß durchaus keine Täuschung sein). Die Frage entstand, was den Bann dieser Veräußerung zu durchbrechen vermöge. Die Antwort muß nun lauten: das Gebet. Das Gebet ist jener Vorgang, wo der Mensch ganz Gott zugewandt ist. Wenn er einem Gott zugewandt ist, der nicht mehr bewegt werden muß, dann steht dies im krassen Gegensatz zu seiner Zuwendung zu den Menschen, womit er diese zum Respekt zu bewegen sucht. Eben deshalb wird das Sein vor den Menschen schon in seiner *bewegenden Struktur* unterbrochen. Darüber hinaus setzt das Gebet den Menschen in Bewegung, abzulassen davon, sich selbst geben zu wollen, was ihm nur Gott geben kann. Eben den Versuch, sich selbst die göttliche Gabe der Liebe geben zu wollen, stellt das Sein des Menschen vor den Menschen dar. Und eben diesen Versuch unterbricht das Gebet, indem es – als Bitte – den Menschen bewegt in das Haus, wo das Verschaffen ein Ende hat. Schließlich ist das Gebet der Ort, wo ich einem Gott begegne, der schon weiß, bevor ich bitte. Eben das ist das Kennzeichen der Liebe, daß sie Wünsche von den Augen abzulesen weiß. Deshalb ist das Gebet der Ort, wo ich der Liebe ausgesetzt bin und wo deshalb mein Versuch, mir Respekt zu verschaffen, unterlaufen wird, es sei denn, ich würde mich doch wieder aufs Plappern verlegen.

Das Herrengebet

«So also sollt *ihr* beten:
Unser Vater im Himmel,
geheiligt werde *dein* Name,
es komme *dein* Reich,
es geschehe *dein* Wille, wie im Himmel so auf Erden.
Unser morgiges Brot gib uns heute,
und vergib uns unsere Schulden,
wie auch wir vergeben haben unseren Schuldnern;
und bring uns nicht in Versuchung,
sondern bewahre uns vom Bösen.» (Mt 6,9–13)

Hier endet, vielleicht wider Erwarten, das Unser Vater. Warum es in unserem Gemeindegottesdiensten nicht hier endet, wird der folgende *historische* Überlegungsgang erklären können. Das Unser Vater liegt uns im Neuen Testament in zwei Fassungen vor, die eben übersetzte und Lk 11,2b–4. Eine stark mit dem Matthäus-Evangelium verwandte dritte Fassung ist in der sogenannten *Didache* (8,2) überliefert. Ein Vergleich der Matthäus- und der Lukasversion ergibt als Gesamtresultat, daß die beiden Fassungen in den wesentlichen Punkten übereinstimmen, allerdings auch interessante Abweichungen aufweisen.

Wörtlich stimmen sie überein in der Vateranrede (bei Matthäus um eine Kontribution erweitert), in den Bitten 1 und 2. Die Bitte 3 steht nur bei Matthäus. Die Bitte Mt V. 11 stimmt teils wörtlich, teils bloß sachlich überein, namentlich der Schlußteil ist verschieden. Die Bitte Mt V. 12 stimmt fast wörtlich überein, während die erste Hälfte der Bitte Mt V. 13 (also V. 13a) ganz identisch ist. Der Übereinstimmungsgrad der beiden Texte erlaubt eine Rekonstruktion des ursprünglichen Logienquelle-Textes, der – was den Umfang angeht – dem Lukasevangelium folgt, während er – was die sprachliche Gestaltung angeht – näher beim Matthäusevangelium ist. Schon in der Logienquelle vorhanden war die *Anrede Vater*. Sie geht zurück auf ein aramäisches «abba» (welches auch in der griechischen Transskription neutestamentlich erhalten ist, vgl Mk 14,36; Röm 8,15; Gal 4,6). Die Kontribution, daß es sich um den Vater in den Himmeln handelt, ist wohl erst in der matthäischen Gemeinde entstanden, wo dieser Ausdruck sehr wichtig war. Man kann sie erst noch erklären als Anlehnung an entsprechende jüdische Gotteskontributionen. Es folgten in der Logienquelle dann die Bitten Mt V. 9c. 10a. Die Bitte Mt V. 10b.c dürfte ein Zusatz der matthäischen Gemeinde sein (was jedenfalls leichter vorstellbar ist als eine Kürzung des Logienquelle-Textes durch Lukas): der Wille Gottes spielt im matthäischen Denken eine hervorragende Rolle. Schon rein statistisch ist der Ausdruck bei Matthäus (verglichen mit den Synoptikern) am häufigsten. Dazu kommt, daß im Gethsemanegebet (Mt 26,42) Jesu die Bitte «dein Wille geschehe» wörtlich gleich wie hier steht (und zwar anderslautend als die markinische Vorlage, wo verbal konstruiert ist). Wahrscheinlich ist das Gethsemanegebet Jesu der Ursprungsort dieser Bitte; von dort wurde sie auch in das Jüngergebet

174

übernommen (den Willen Gottes geschehen zu lassen, ist wohl der sachliche Kernpunkt jedes Gebets; daß dies in einer Bitte explizit ausgesprochen wird, ist also sinnvoll). Es folgt dann in der Logienquelle die *Brotbitte* wo Lukas stilistische Änderungen anbringt (der durative Imperativ und die Wendung «täglich» zeigen, daß die fortdauernde Zeit des Betens eine größere Rolle spielt). In der *Bitte um Vergebung* bringt Lukas das gewöhnlichere Sünden statt der Metapher Schulden, welche im jüdischen Sprachgebrauch zuhause ist und die Schuld des Menschen vor Gott mit Geldschulden vergleicht. Lukas wandelt das perfektische Vergeben-Haben um in ein duratives Vergeben gegenüber jedem, der schuldig wird an uns. Das ist begreiflich, wenn man an die ethischen Ansprüche denkt, die mit einem solchen Gebet unauflöslich verbunden sind. Die *Bitte, nicht in Versuchung geführt zu werden*, schließlich wird bei Mt durch ein positives Gegenstück ergänzt: nicht nur darum, nicht in Versuchung geführt zu werden, wird gebetet, sondern auch noch darum, *aus dem Bösen gerettet zu werden*. Die Schlußdoxologie ist textkritisch nicht als ursprünglich zu sichern; gute Handschriften bezeugen sie nicht. Die Doxologie geht auf 1Chr 29,11–13 zurück und dürfte ursprünglich eine Antwort der Gemeinde dargestellt haben, mit welcher sie einstimmte in das Herrengebet, welches vom Vorbeter gesprochen wurde. Sehr bald ist diese Doxologie dann ans Gebet selbst angehängt worden (schon in Didache 8 ist sie vorhanden).

In *traditionsgeschichtlicher Hinsicht* müssen wir davon ausgehen, daß die soeben rekonstruierte Logienquelle-Version die ursprüngliche Gestalt des Gebetes wiedergibt, die es bei Jesus wohl hatte. Viele Argumente sprechen dafür, daß das Gebet ursprünglich aramäisch abgefaßt war (ein Beispiel: «abba»). Überblicken wir die Traditionsgeschichte, so stellen wir einerseits eine große sachliche Konstanz fest, andererseits beobachten wir, wie frei die ersten Gemeinden mit dem Wortlaut und der Adaption eines solchen Herrengebets umgegangen sind. Inwiefern Akzentverschiebungen gegenüber Jesus eingetreten sind, wird die folgende Auslegung zu zeigen haben.

Die Anrede («abba», griechisch *pater*) ist auffällig. Zwar ist es nicht ungewöhnlich, Gott als Vater anzurufen. Die Vater-Anrede Gottes wird gerade im ersten nachchristlichen Jahrhundert immer wichtiger. Auffällig ist aber, wie dies bei Jesus geschieht. «Abba» sagt man zuhause über den Tisch, wenn man den Vater ansprechen will. Dieser aramäische Vokativ entstammt der Alltagssprache, wie sie in den Familien üblich war. Wie alltagssprachlich er ist, zeigt sich gerade in den zeitgenössischen Parallelen, die erstens die Anrede «mein Vater» oder «unser Vater» vorziehen und zweitens stets eine Präzisierung der Anrede einführen, welche die *Distanz* des Beters zu seinem Vater im Himmel zum Ausdruck bringt (etwa wie in der Matthäusversion: der du bist im Himmel; oder noch viel deutlichere und längere Distanzierungen). Nicht schon die Vater-Anrede als solche ist kennzeichnend für Jesus, sondern ihr alltagssprachlicher Charakter. Er spricht Gott an, wie man über den Tisch den Vater anspricht. Darin spricht sich ein Grundzug des Gottesverständnisses Jesu aus: schon häufig haben wir gesehen, daß die *Nähe Gottes* bei Jesus eine unüberbietbare Maßgeblichkeit erhält.

Die Tatsache, daß diese «Abba»-Anrede sogar in griechischer Transkription überliefert wurde, zeigt, daß es den Gemeinden wichtig war, diesen Sprachgebrauch Jesu in Erinnerung zu behalten. Daß Jesus Gott in seinen Gebeten mit «abba» anredete, hatte in den Gemeinden eine christologische Relevanz: es war ein Anhaltspunkt dafür, nun die Nähe des Christus zu Gott zum Ausdruck zu bringen. Nicht nur christologisch, sondern auch anthropologisch war diese Erinnerung wichtig. Die Tatsache, daß Jesus diese alltagssprachliche Anrede Gottes in die Welt gesetzt und sie im Herrengebet den Jüngern übergeben hatte, bedeutet, daß Jesus auch das Gottesverhältnis *der Jünger* damit neu bestimmte. Die übergebene Vater-Anrede hat einen Raum geschaffen, wo die Jünger auf eine bisher unbekannte Art die Kinder Gottes sein konnten. Ein Gebet betrifft ja nicht nur das Gottesverständnis sondern ganz entscheidend auch das Selbstverständnis des Menschen.

Die Frage ist, *was* sich an der Gebetsanrede Jesu entscheidet. Wir sagten: es wird Raum geschaffen für die Kinder Gottes. Das bedeutet: es wird eine neue Gottesrelation des Menschen erschaffen, die gekennzeichnet ist durch Nähe und Sohnschaft. Was dieser Schritt in die Sohnschaft bedeutet, wird nicht zuletzt an den Vater-Gleichnissen Jesu deutlich, vor allem am Gleichnis vom verlorenen Sohn (Lk 15,11–32). In diesem Gleichnis geht es – neben vielem anderen – darum, daß beide Söhne ihre Sohnschaft verspielen, weil sie ihre Beziehung zum Vater verlieren. Der eine verschleudert seine Lebensgrundlage, sein Vermögen vom Vater, der andere verspielt die Liebe durch Berechnung. Beide Söhne sehen sich in einem Arbeitsverhältnis zum Vater. Der jüngere Sohn wagt es bloß noch, seinen Vater als Arbeitgeber in Anspruch zu nehmen, der ihn als Tagelöhner einstellen soll. Der ältere Sohn macht eine buchhalterische Rechnung über seine Arbeitsleistungen, um gegen die Ungerechtigkeit des Festes zu protestieren. Beide Söhne also gebärden sich wie Knechte, wie solche, die durch Arbeit ihr Verhältnis zum Vater gestalten müssen. Genau hier ist der Schritt sichtbar, den Jesus seinen Jüngern möglich machen will: es ist der Schritt vom Arbeitsverhältnis zum Liebesverhältnis, der Schritt vom Knecht zum Sohn. Man könnte auch sagen: es ist der Schritt vom Lohnempfänger zum Lebensempfänger. Dieser Schritt hat zu tun mit einem fundamentalen Wechsel des existentiellen Verhältnisses der Söhne zum Vater. Während im Arbeitsverhältnis eine distanzierte Beziehung besteht, eine Beziehung, die ich durch mein produktives Arbeiten allererst herstelle, ist das Liebesverhältnis durch Nähe bestimmt. Die Nähe ist entstanden dadurch, daß sich der Vater auf die Söhne zubewegt hat. In ganz und gar unpatriarchalischer Hast rannte der Vater hinaus, um mit der Umarmung dem zuvorzukommen, daß der Sohn ihn zum Arbeitgeber macht. In ganz und gar unpatriarchalischer Ohnmacht geht der Vater zum Älteren hinaus, um ihn zu bitten zum Fest. Eben dies ist die Bewegung der Liebe selbst. Und eben daraus entsteht die Nähe, welche den Schritt vom Knecht zum Sohn erlaubt. Es ist der Schritt von dem, der sich seine Vaterbeziehung durch seiner Hände Werk verdient, hin zu dem, der von seiner Vaterbeziehung lebt. Wir können dabei erkennen, daß die Vater-Anrede nicht nur aus dem Arbeitgeberverhältnis herausführt, sondern ebenso sehr aus der Beziehungslosigkeit. Denn wer ein Arbeitgeberverhältnis zum Vater hat, hat in Wahrheit überhaupt kein Verhältnis *zum Vater,* sondern vielmehr ein Verhältnis zu dem, was er auf den Vater projiziert.

Es ist unüberhörbar, daß die Vater-Anrede Gottes in der Neuzeit sehr kritische Stimmen auf den Plan gerufen hat. Allen voran polemisiert die Freudianische Psychologie gegen diese Anrede, mit welcher neurotische Vaterbindungen zementiert würden. Auch die Sozialpsychologie weist auf die große Problematik des Vatergottes hin – namentlich in einer Zeit der vaterlosen Gesellschaft. Und – last but not least – gibt es innerhalb der feministischen Theologie wüste Tiraden gegen den in der Vater-Anrede zur Verfestigung kommenden und angeblich die Frauen vom Gebet ausschließenden patriarchalischen Gott. Diese vielstimmige kritische Destruktion der Vater-Anrede Gottes hat dazu geführt, daß nur noch Naive oder ganz Mutige diese Anrede zu wählen wagen. Wer etwas auf sich gibt, sagt besser: Unser Vater/Mutter, oder Unsere Eltern.

Die Kritik an der Vateranrede hat auf viele Punkte hingewiesen, die wohl zu überlegen und selbstkritisch anzugehen sind. Auch die vehementeste Kritik kann freilich die Tatsache nicht aus der Welt schaffen, daß *faktisch* jede Frau und jeder Mann einen Vater hat (so gut sie eine Mutter haben) und daß faktisch viele Männer Väter zu sein haben. Es ist eben so, daß der faktische Lebensvollzug Väter erzeugt. Und genau mit dieser faktischen Erzeugung von Vätern tritt das Gebet Jesu in Beziehung, findet es sich ab. Durch keine theoretische Erörterung oder Umdefinition nämlich läßt übergehen, daß es Väter gibt und daß die Väter ihre besondere Problematik haben. Das ist ja bei den Müttern nicht anders, und bei den Eltern erst recht nicht.

Die Tatsache, daß hier Gott mit der Metapher des Vaters angeredet wird, ist alles andere als eine Verfestigung der weltlichen Väterproblematik. Der Gebrauch dieser Metapher ist vielmehr eine *Arbeit am Vaterproblem*, eine Arbeit, die letztlich auch den weltlichen Vätern und ihren Kindern zugute kommt. Nur wer auf einem Auge blind ist, beschränkt den religiösen Gebrauch des Vaters auf die Projektion. Die kritischen Rückwirkungen auf die Väter sind unverkennbar. Die religiöse Metapher, so wie *Jesus* sie brauchte, bedeutet gerade auch eine Kritik an jenen Vätern, die sich als Arbeitgeber aufführen oder überhaupt nicht in Erscheinung treten. Allerdings bedeutet die Metapher auch eine Kritik an der herrschenden Gottesvorstellung: namentlich eine Kritik an der Distanz und Ferne Gottes, an der Jenseitigkeit Gottes, insofern als der himmlische Vater auch in den Gaben wahrgenommen werden will, welche mir Vater *und* Mutter zu geben haben (schon das Herrengebet läßt sich ja nicht festlegen auf sogenannt väterliche Gaben, wenn es solche überhaupt gibt, sondern faßt in den Gaben das Mütterliche und das Väterliche zusammen). Wie immer dem sei: wir sollten das kritische Potential einer solchen Anrede nicht vorschnell verspielen, bloß weil wir auf die Einäugigkeit moderner Deutungsansprüche hereinfallen. Das käme weder den Vätern, noch den Müttern, noch den Kindern zugute. Halten wir fest: in der Gebetsanrede «Vater» *vollzieht* sich das Sohn- beziehungsweise Tochter-Sein des Menschen. Es ist dies ein Daseinsraum, den Jesus mit seinem ganzen Dasein und zugespitzt in der Gabe dieses Gebets geschaffen hat. In diesem Daseinsraum lerne ich mich neu kennen als Sohn oder Tochter Gottes und lerne die Menschen neu kennen als Schwestern und Brüder. Immer vorausgesetzt, ich könne unverhohlen «Vater» sagen, ohne mich durch einäugige Kritiker davon abbringen zu lassen.

Es folgt nun eine Entfaltung dessen, was in der Anrede schon enthalten ist. Es werden lauter Bitten ausgesprochen, die sich als Bitten der Kinder Gottes zu verstehen geben und die sich für den Vater von selbst verstehen.

In der *ersten Bitte* wird die Heiligung des Namens Gottes erbeten. Betont sind in diesem Sätzlein zwei Dinge: erstens das Heiligen, das an den Anfang gestellt wird, und zweitens das «dein», mit welchem betont *Gottes* Name in den Mittelpunkt gestellt wird. Die Heiligung des Gottesnamens bedeutet, daß dieser Name nicht mit Füßen getreten und nicht fahrlässig gebraucht werden soll. Der Name Gottes steht für die Person Gottes. Die Person Gottes steht für all das, was diese Person hervorbringt, für alle Orte, wo er in Erscheinung tritt, wo er sich einen Namen gemacht hat. Die Heiligung dieses Namens steht dafür, daß Gott auch wahrgenommen wird in seinen Wirkungen. Die Entheiligung des Gottesnamens steht dafür, daß der Mensch im Namen Gottes sich selbst einen Namen macht. Die Macht Gottes wird zum Heiligenschein menschlicher Machtanwendung, die Würde Gottes wird entheiligt zum Heiligenschein menschlicher Würdigkeit, ja sogar die Abwesenheit Gottes wird entheiligt zur Rechtfertigung menschlicher Abwesenheit dort, wo Mitleid das Gebotene wäre. Und selbst die Namenlosigkeit Gottes wird entheiligt in dem Versuch, Menschen auf namenlose Quantitäten zu reduzieren.

Was soll aber eine Bitte um Heiligung des Gottesnamens? Der Mensch hat es doch in der Hand, diesen Namen zu heiligen. Wozu soll er Gott darum bitten? Jüdische Parallelen zu dieser Bitte scheinen darauf hinzudeuten, daß das eigentliche Subjekt der Heiligung die Menschen sind, nicht Gott. Dann wäre diese Bitte im Unser Vater eine Selbstaufforderung: laßt uns den Namen Gottes heiligen. Nun sind aber Selbstaufforderungen keine Bitten, und schon gar keine Bitten zu einem Gott, der den Beter *im Gebet* in Bewegung bringen will. Die Bitte, der Name Gottes möge geheiligt werden, setzt den Beter in Bewegung dorthin, wo er das Gottsein Gott selbst überläßt. Gerade die Bewegung des Bittens ist eine Unterbrechung der ständigen Versuche, Gottes Gottsein mit eigener Hand herbeizuführen, gleichsam Gott einen Namen zu machen. «Gott, werde endlich Gott!» wird hier gebetet. Gott, öffne uns die Augen für deinen Namen! Es mag sein, daß in alttestamentlichen Redewendungen daran gedacht wird, daß die Heiligung des Gottesnamens im Tun seines Willens besteht. Dieser ersten Bitte des Unser Vater geht es um viel mehr: um die Wahrnehmung Gottes; um die Unterscheidung des Gottesnamens von den menschlichen Namen; um die Unterscheidung dessen, was Gott wirkt, vom menschlichen Werk.

Es mag auch sein, daß zur Zeit Jesu diese Bitte eschatologisch verstanden wurde: als Bitte um die endgültige Heiligung des Gottesnamens, um die endgültige Klarheit seiner Person im Reich Gottes. Der Christ der matthäischen Gemeinde aber, der dieses Gebet betete, dachte nicht mehr auf diese Weise eschatologisch. Denn er ging ja davon aus, daß Gott sich einen endgültigen Namen gemacht hat: den Namen Jesus. Die einstige Bitte um die Gottwerdung Gottes bekam einen neuen Klang. Sie sah sich erfüllt in der Menschwerdung Gottes. Die Heiligkeit Gottes wird fortan nicht mehr in seiner Unnennbarkeit und Erhabenheit über alle Namen gesucht werden müssen. Gott unterscheidet seinen Namen von den menschlichen Namen dadurch, daß er *diesen* menschlichen Namen annimmt. Und weil er in unverwechselbarer Weise unter diesem Namen gewirkt hat, sollte hinfort keine Verwechslung mehr möglich sein zwischen dem, was Gott tut, und dem, was der Mensch zu tun hat.

Es folgt die *zweite Bitte*: dein Reich komme. Auch in ihr ist das Kommen betont und gleichzeitig das Reich *Gottes*. Auch diese Bitte könnte rein eschatologisch verstanden werden als Bitte um die baldige Wende der Welt. Gerade pharisäische Gebete enthalten recht häufig die Bitte um das Kommen der neuen Welt. Die neue Welt wird rein futurisch gedacht. Diese futurische Komponente hatte die Gottesherrschaft auch bei Jesus. Aber eben nicht nur diese. Die Gottesherrschaft ragte vielmehr in seiner Person ins Jetzt herein. Die neue Welt nahm die alte in ihren Einflußbereich. Das bedeutet: es geht jetzt nicht mehr um den Zeitabstand zwischen Jetzt und Dann, es geht vielmehr um die Dynamik des Kommens. Die Gottesherrschaft ist weder dort noch hier, sie ist im Kommen. Um diese Dynamik des Kommens wird hier gebetet. Darum, daß die Gottesherrschaft das Jetzt unter ihren Einfluß nehme.

Auffallend gegenüber zeitgenössischen Gebeten ist die lapidare Kürze dieser Bitte um das Kommen der Gottesherrschaft. Man könnte diesen Befund so interpretieren, daß damit einfach dem Motto «In der Kürze liegt die Würze» nachgelebt worden sei. Dann müßte man in Gedanken all dies ergänzen, was in anderen Gebeten über die Gottesherrschaft gesagt worden ist. Jesus hätte dann gleichsam abgekürzt dasselbe gesagt, was andere Gebete ausführlicher aussprachen. Gegenüber einer solchen Wertung des Befunds ist Skepsis angebracht. Denn die Knappheit dieser Bitte hat etwas zu tun mit ihrem ureigensten Inhalt. Die Knappheit hat zu tun damit, daß hier ausdrücklich und betont Gottes Herrschaft erbeten wird. Dieser Zusammenhang wird klar, wenn wir als Parallele die Bitte um das Kommen des Reiches Gottes im Schemone Esre hanziehen, im Achtzehnbittengebet, einem der wichtigsten Gebete des zeitgenössischen Judentums. Dort heißt es in der 11. und 12. Bitte:

«Bring zurück unsere Richter wie zuerst
Und unsere Berater wie im Anfang
(und sei König über uns, du allein).
Gepriesen seiest du, Jahwe, der da liebt das Recht!
Den Abtrünnigen sei keine Hoffnung
und das Königreich der Gewalttat richte eilends zugrunde.»

Mit dem Königreich der Gewalttat ist das römische Imperium gemeint, dessen Vernichtung man sich mit dem Kommen der Gottesherrschaft (beziehungsweise des Königtums Jahwes) erhoffte. Die Eigenart dieser Bitten liegt nicht schon in der Ausführlichkeit, sondern vielmehr darin, daß sich allerhand *Wünsche* mit dem Kommen des Gottesreiches verbinden. In diesen Wünschen aber kommt eben nicht das Reich Gottes zum Zuge; sie gehören ins Reich der menschlichen Wünsche, die menschlich und deshalb auch sehr begreiflich sind. Bei Jesus wird ganz lapidar um das Kommen der Gottesherrschaft gebetet, weil es ganz um Gottes Herrschaft geht. Mit dieser Bitte vertragen sich keine menschlichen Wünsche, und seien sie noch so begreiflich oder noch so edel. Das Reich Gottes muß als Gottes Reich gedacht werden, statt angefüllt zu werden mit Wünschen aus dem Reich der Menschen. Eben dies vollzieht diese Bitte, weil sie mit dem Kommen der Gottesherrschaft – *nichts* verbindet. Sie bewegt den Beter, die Gottesherrschaft Gottes Herrschaft sein zu lassen, sie nicht anzutasten, auch nicht durch sein Wünschen. Sie bewegt den Beter zur Menschwerdung in seinen Wünschen.

Die Bitte um das Kommen des Reiches Gottes bewegt nicht Gott. Gott hat sich schon bewegt; er ist im Kommen. Diese Bitte bewegt *den Beter,* der Gott im Abstand wähnt. Sie bewegt den Beter zur Einstellung auf das Kommen der Gottesherrschaft. Man könnte auch sagen: in dieser Bitte gewinnt der Beter Zeit, Zeit zur Einstellung auf Gottes Kommen. Sie unterbricht sein hastiges Herbeiführen des Gottesreiches. Sie unterbricht die Überbeschäftigung, welche sich bei den Machern des Reiches Gottes ebenso einstellt wie sie sich bei allen Machern einstellt. Das ist der Zeitgewinn des Beters. Indessen: Zeit haben verpflichtet. Zeithaben zur Einstellung auf Gottes Kommen verpflichtet, Gott kommen zu lassen. Wie lasse ich Gott an die Herrschaft kommen?

Da wäre viel zu sagen. Ein paar Andeutungen müssen genügen. Gott an die Herrschaft kommen lassen bedeutet zunächst, eigene Herrschaftsansprüche aufzugeben. Die Herrschaft Gottes ist eine kritische Instanz, an welcher die Herrscher dieser Welt gemessen werden. Die Einstellung auf Gottes Kommen, wozu die Bitte den Beter bewegt, äußert sich als Kritik an allen Herrschaftsansprüchen, den legitimen wie den illegitimen, welche in unserer Welt erhoben werden. Dabei geht es nicht bloß um die heute viel zitierte Herrschaft von Menschen über Menschen, sondern vielmehr um die Herrschaft selbst, die im Lichte der Gottesherrschaft umzukehren hat von der Größe und Macht zur Gewaltfreiheit und zum Dienen. Denn die Gottesherrschaft läßt sich nicht anders denken als die Herrschaft des Gekreuzigten, die gekreuzigte Herrschaft. Dies impliziert radikale Kritik an allen Herren und Damen, die ungekreuzigte Herrschaft ausüben. Aber es impliziert eine gekreuzigte Kritik, eine Kritik, in welcher das Kreuz sich zwischen Herr und Herrschaft stellt und also den Herrn von der Herrschaft unterscheidet. Die Herrschaft Gottes ist freilich mehr als eine Kritik an den ungekrönten Herrschern unserer Zeit. Sie bewegt den Beter ebenso sehr zur Selbstkritik, zur Kritik an seinen eigenen königlichen Gebärden, und sei es gar zur Kritik an seiner eigenen erhabenen Kritik, mit welcher er sich zum Herrn über alle Welt macht. Die Bewegung des Beters geht noch weiter. Er wird dazu bewogen, Gott an die Macht kommen zu lassen gerade auch im Blick auf die Herstellung seiner Herrschaft. Gottes Herstellung seiner Herrschaft hat die konkrete Gestalt der Bitte, verkörpert in dem ohnmächtigen Menschen Jesus, welcher für Gott um Gehör bittet. Deshalb gilt es Abschied zu nehmen von den Allmachtsphantasien, welche sich hier – gerechtfertigt durch den guten Zweck – vor Gott und sein Königtum stellen. Gottes Herrschaft in dieser Welt ist kreuzförmig, und eben zu dieser Herrschaft bewegt sich der Beter, wenn er – statt die Sache selbst in die Hand zu nehmen – um das Kommen des Reiches *betet*.

Sicher ist auch an die neue Zeit zu denken, wo alle Tränen abgewischt werden. Aber es ist Zurückhaltung am Platz, wenn es um die Definition dieser neuen Zeit geht. Zu leicht schleichen sich hier wieder menschliche Wünsche ein, die sich so zur Macht verhelfen wollen, zum Beispiel der nur allzu begreifliche Wunsch, daß die Unbußfertigen und Uneinsichtigen der Vernichtung preisgegeben werden. Aber auch im Blick auf die neue Zeit gilt es, sie Gottes Zeit sein zu lassen. Jesus hat dies vollzogen, insofern er nur in Bildern von dieser neun Zeit redete: sie läßt sich vergleichen mit einem riesigen Festgelage, wo die große Tafel alle vereinigt und der Überfluß der Lebensmittel allen Tränen zuvorkommt.

Die *dritte Du-Bitte* schließlich – wohl in der matthäischen Gemeinde dazugekommen – fügt sich nahtlos an die beiden ersten an. Sie bittet darum, daß der *Wille Gottes*, so wie er im Himmel geschieht, auch auf der Erde geschehen möge. In dieser Bitte gesteht sich der Beter mindestens ein doppeltes ein. Es gibt außer meinem eigenen Willen noch einen anderen Willen, den Willen Gottes. Und es liegt nicht in der Reichweite meines Willens, sich in die Bewegung des Willens Gottes einzuordnen. Zunächst zum ersten: es ist außerordentlich schwierig, einen andern Willen außer dem eigenen zu erkennen und ihm Existenzberechtigung zuzugestehen, insbesondere wenn er dem eigenen Willen entgegensteht. Der Beter wird hier in Bewegung gesetzt vom narzißtischen Selbstbezug, in welcher der eigene Wille alles beherrscht und auch alles kann, hin zum reifen Weltbezug, wo das Fremde – auch der fremde Wille – wahrgenommen wird. Wer um das Geschehen des fremden Willens Gottes bittet, hat Abstand gewonnen von seiner Allmacht im Willen. Er hat dem Willen Gottes einen Existenzraum zugestanden. Wie schwer es ist, vom narzißtischen Selbstwillen wegzukommen, zeigt sich gerade auch im Gottesgedanken selbst. Weithin wird der Wille Gottes als etwas verstanden, dem ich mich willenlos unterzuordnen habe. Das bedeutet: auch der Wille Gottes wird nach dem Bilde des narzißtischen Willens entworfen, und demzufolge gibt es neben diesem Willen nur Willenlosigkeit. Demgegenüber gilt: die Bitte bewegt uns nicht zur Aufgabe, sondern zur Hingabe unseres Willens an den Willen Gottes – was allerdings zur Aufgabe unserer Willkür führt.

Und zum zweiten Punkt: es liegt nicht in der Reichweite meines Willens, mich einzuordnen in die Bewegung des Willens Gottes. In dieser Bitte nimmt der Beter Abstand von der Apotheose des Willens. Die Apotheose des Willens ist nichts anderes als der Versuch, die gewünschte Gottgleichheit des Menschen zu retten. Der Gottesbezug besteht darin, daß ich dasselbe will wie Gott. Diese Vorstellung wird vom Unser Vater durchkreuzt. Hinsichtlich meines Willens besteht der Gottesbezug nur darin, daß ich eine Bitte ausspreche, die Bitte um den Willen Gottes. Es findet in dieser Bitte so etwas wie eine Menschwerdung des Willens statt. Wo ein Wille ist, ist auch ein Weg, sagt ein gern zitiertes Sprichwort. Dieses Sprichwort spricht von einem Willen, der noch nicht Mensch geworden ist. Denn es verschweigt, daß es nur sehr bedingt stimmt. Der Wille zum Leben ist unbestreitbar, und dennoch muß auch dieser Wille den Weg in den Tod gehen. Obwohl ein Wille ist, ist kein Weg. Das einzusehen ist die Bewegung der Bitte um den Willen Gottes. Denn diese Bitte ist nicht isolierbar von der gleichlautenden Bitte im Garten Gethsemane (Mt 26,42), wo der Wille Jesu Mensch wurde. Mit jenem «dein Wille geschehe» fügte sich Jesus in den Willen Gottes, in ein Geschick, das dem menschlichen Lebenswillen ganz und gar entgegenstand. Es ist der Wille Gottes zwar der Ausdruck dafür, daß es den ausschließlich guten Willen gibt. Aber gerade dieser gute Wille mutet offenbar Leidenserfahrungen zu. Jesus bewegte sich in seiner Bitte zur Hingabe an diesen zumutenden Willen Gottes, nicht zur willenlosen Akzeptierung des blindwütigen Schicksals. Zwischen der Notwendigkeit des Schicksals und dem Willen Gottes ist zu unterscheiden: die Notwendigkeit bricht jeden Willen, der Wille Gottes lädt ein zur willentlichen Bitte darum, daß er geschehe. Wo geschieht der Wille Gottes? Die Antwort ist unendlich einfach und zugleich unendlich schwierig: der Wille Gottes geschieht dort, wo die Liebe geschieht. Geschieht der Wille Gottes überhaupt? Die Antwort auf diese Frage kann nur sehenden Auges und hörenden Ohrs gegeben werden, und das heißt: sie kann nur persönlich gegeben werden.

Die *Bitte* um das *tägliche Brot,* mit welcher nun die Reihe der Wir-Bitten eingeleitet wird, gibt – so unproblematisch sie uns erscheinen mag – große philologische Probleme auf. Sie liegen darin, daß bis heute nicht geklärt werden konnte, was *epiousios* wirklich bedeutet. Außerhalb des Neuen Testaments und der davon beeinflußten Literatur ist das Wort nur in einem Fall belegt, von dem jedoch keine Aufschlüsse zu erwarten sind. Versuche, die Bedeutung mithilfe einer Rückübersetzung ins Aramäische zu erheben, führen ebenfalls nicht zum Ziel. Es bleibt nur eine Lösung, die vom philologischen Sachverhalt ausgeht. Auf diesem Weg gelangen wir zur folgenden Lösung. Man kann davon ausgehen, daß das Wort *«hē epiousa»* in der Bedeutung «der kommende Tag» häufig vorkommt in der neutestamentlichen Zeit. Dann könnte die Unser-Vater-Bitte bedeuten: gib uns heute das Brot für den morgigen Tag. Gebetet wird also in diesem Fall um das Brot, um die Lebensmittel, die am morgigen Tag benötigt werden. Gebetet wird nicht um die Anhäufung von Reichtümern, sondern um das Lebensnotwendige an Lebensmitteln. Diese Lösungsmöglichkeit erscheint als wahrscheinlichste.

In dieser Bitte wird der Beter dessen gewahr, daß er selbst nicht Produzent des Brotes ist. In der Bitte verwandelt sich der vermeintliche Produzent des Brotes in den Empfänger. Produzieren verpflichtet zu nichts, außer vielleicht zu Produktionssteigerungen. Empfangen dagegen verpflichtet – zum Verteilen. Es mag sein, daß diese Unser-Vater-Bitte entstanden ist im Milieu der kleinen Leute, deren Lebensunterhalt nie über Tage hinaus gesichert war. Als Bitte der kleinen Leute zielt sie auf das Überleben. Es wurde in der Exegese auch die These aufgestellt, diese Bitte habe ihren Ursprung im Wanderradikalismus, also bei völlig besitzlosen Wanderpredigern (auch Jesus wäre ein solcher gewesen), die selbstverständlich angewiesen waren auf die tägliche Bewirtung durch solche, die sie gastlich aufnahmen. Gleichgültig ob diese Bitte ihren Ursprung bei diesen Wanderradikalen oder bei den kleinen Leuten hatte, sie ist jedenfalls nicht zu beschränken auf ihre Ursprungssituation. Auch im Munde der Besitzenden (die ja auch nicht einfach Superreiche sind) bekommt sie einen guten Sinn. Auch in ihrem Munde zeugt sie von der Bewegung des Beters weg vom Selbstversorger zum Empfänger des Brotes. Darin spiegelt sich der einfache Sachverhalt, daß die Lebensmittel, die uns die Mutter Erde zur Verfügung stellt, eine Gabe des himmlischen Vaters sind. Das scheint eine Banalität zu sein. Angesichts der in unseren Tagen stetig fortschreitenden Materialisierung dieser Gabe zum Produkt, angesichts auch dem in dieser Materialisierung vorprogrammierten Defizit an Gotteserfahrung, angesichts auch des besitzerischen Umgangs mit dieser Gabe durch uns, angesichts all solcher Tatbestände schien mir angezeigt, auf jenen einfachen Sachverhalt hinzuweisen. Banal ist nicht dieser Sachverhalt, banal ist vielmehr die Einfältigkeit, mit welcher er überspielt wird.

Auch wenn die materiellen Lebensmittel als elementare Lebensgrundlagen ausdrücklich ins Herrengebet eingeschlossen werden, bedeutet dies keineswegs, daß der Mensch auf seine materielle Lebenswirklichkeit reduziert wird. Dies zeigt gerade die *nächste Bitte* unmißverständlich. Sie macht klar, daß der Mensch nicht vom Brot allein lebt, daß er – mit einem Ausdruck von Dorothee Sölle gesagt – viel eher in der Gefahr ist, den Tod am Brot allein zu sterben. Die Bitte macht also klar, daß der Mensch nicht vom Brot allein lebt, sondern von einem jeglichen Wort aus dem Munde Gottes. Das Wort aus dem Munde Gottes ist nichts anderes als das *vergebende Wort,* gleichgültig ob es von Menschen oder von Engeln ausgerichtet wird. Dieses Lebensmittel in einem qualifizierten Sinne des Wortes kommt in der *Bitte um Vergebung zur Sprache.* Ein Lebensmittel ist die Vergebung, weil Leben im qualifizierten Sinn beziehungsreiches Leben ist. Und beziehungsreiches Leben wird bedroht durch das Phänomen der Schuld. Die Schuld – hier in einer wirtschaftlichen Metapher ausgedrückt – ist abgebrochene Beziehung, so wie einer jemandem schuldig bleibt, was diesem rechtens zustünde. Schuld entsteht, wo die Verpflichtung des Habens nicht eingelöst wird. Das heißt beispielsweise: wo die Zeit nicht mit Wohlwollen ausgefüllt oder wo nicht mit jedem Wort die Wahrheit gesagt wird. Schuld entsteht also nicht nur dort, wo ich das Rechtmäßige schuldig bleibe – sicher auch dort! – sondern vielmehr schon dort, wo ich die Liebe schuldig bleibe. Das ist ein gewaltiger Anspruch, gewiß. Aber wir müssen uns dennoch fragen, ob der Anspruch, der sich aus dem Haben des Lebens ergibt, weniger sein kann als die Liebe. Schuld ist jedenfalls gestörte Beziehung, Beeinträchtigung des Lebens, Todeswirklichkeit inmitten des Lebens.

Von Schuld kann wohl nicht gesprochen werden, ohne daß der gegenwärtige Umgang mit dem Schuldphänomen in Augenschein genommen wird. Ein paar Hinweise scheinen unverzichtbar. Interessant ist zum ersten ein verräterischer Sprachgebrauch. Statt von Schuld sprechen wir von Schuldgefühlen. Dieser Sprachgebrauch reduziert Schuld auf Schuldgefühle, verlegt das Beziehungsphänomen Schuld in die Gefühlswelt des Einzelnen. Schuldgefühle können verarbeitet werden, indem die Gefühlswelt des Betreffenden zurechtgerückt wird. Die Überwindung von Schuldgefühlen ist ein subjektiver Vorgang, kein Beziehungsphänomen. Schuldgefühle brauchen keine Vergebung.

Interessant ist zum zweiten, daß die Schuldproblematik häufig durch Verallgemeinerung überspielt wird: nobody is perfect. Schuld ist die legitime Folge dessen, daß Irren menschlich ist. Schuld ist das Natürliche, ebenso natürlich ist dann Vergebung, wenigstens in einem allgemeinen Sinn. Aus der Tatsache, daß alle Fehler machen, ergibt sich natürlich der Schluß, daß niemandem die Fehler nachgetragen werden sollen. Der Fall wird schwieriger, wenn es mich selbst trifft, der ich von einem Imperfekten beleidigt werde. Da wird plötzlich bewußt, wie sehr das Schuldproblem überspielt wird. Hand in Hand mit solchem Überspielen geht die Banalisierung der Vergebung. Der inflationäre Gebrauch des Wortes «Verzeihung», das bei allen möglichen und unmöglichen Gelegenheiten über die Lippen geht, läßt erkennen, daß

Vergebung zu einem Thema der Höflichkeit geworden ist, daß Vergebung banalisiert ist, weil die Schuld selbst banalisiert wurde.

Schließlich ist interessant, daß Schuld durch Vergessen bearbeitet zu werden scheint. Im Vergessen übergehe ich, was mir schuldhaft zugefügt wurde. Und das Vergessene lauert im Hintergrund, um ungefragt in den Vordergrund zu treten. Eine andere Form des Übergehens, dem Vergessen eng verwandt, ist die Selbstrechtfertigung, der Nachweis, daß meine Schuld irgendwie berechtigt oder mindestens begreiflich ist. Die Selbstrechtfertigung zielt darauf, geschehene Schuld dadurch aus der Welt zu schaffen, daß sie erklärt wird. Schuld aus der Welt schaffen will auch die Wiedergutmachung. Und sie will damit etwas, was sie nicht kann. Denn «wiedergutmachen kann man nur Schaden, nicht Schuld» (Ebeling). Kennzeichnend für alle diese Umgangsformen mit der Schuld scheint mir, daß sie die Schuld in ihrer Tragweite verkennen. Sie übergehen die Schuld. Und damit umgehen sie die Vergebung, weil sie etwas anderes an ihre Stelle setzen. Und indem sie die Vergebung umgehen, gehen sie am Leben vorbei. Nicht nur so, daß sie den faktischen Lebensvorgang verkennen, sondern auch so, daß sie die Schuld, die auch in der ganzen Verkehrtheit immer noch ein Beziehungsphänomen bleibt, subjektivieren und damit eine Beziehungsebene verschwinden lassen, eine Beziehungsebene, auf der das Leben sich abspielt und vor sich geht.

Das Unser-Vater leitet an, Gott um die Vergebung der Schuld zu bitten. Vergebung ist wiederum nicht etwas, wozu Gott bewegt werden muß. Vergebung ist, wie das Gleichnis vom Schalksknecht aufdeckt (Mt 18,23ff), immer die Vorgeschichte des menschlichen Lebens. Diese Bitte bewegt nicht Gott, sondern den Beter. Sie bewegt ihn hin zu der Vergebung, die er sich nicht selbst geben kann, weil sie ihm gegeben ist. Er ist angewiesen darauf, nicht auf seine Verstöße gegen das Leben behaftet zu werden. Vergebung kann er sich nicht selbst geben, weil er die Schuld ein Beziehungsphänomen sein läßt. Beispiel: daß wir die Schöpfung mit Füßen treten – die meisten von uns mit guten Gründen –, läßt sich nicht reduzieren auf Schuldgefühle, sondern ist Schuld, die nur durch Vergebung aus der Welt geschafft werden kann. Die Bitte um Vergebung der Schuld bewegt den Beter zur Aufmerksamkeit für die Vergebung, die ihren Ursprung in Gott hat, auch wenn sie mir von Menschen gewährt wird. Gott erscheint in der Vergebung als er selbst.

Die Bitte bewegt den Beter aber auch zu der Vergebung hin, die vor Gott geschieht, selbst wenn sie vor den Menschen ausbleibt. Gott gestattet den neuen Anfang, auch wenn die Menschen ihn verwehren. In diese Bewegungen gerät, wer diese Bitte ausspricht.

Im höchsten Maße bemerkenswert ist der zweite Teil des Satzes: «wie auch wir vergeben haben unseren Schuldnern». Hier wird menschliches Verhalten in einem Maße thematisiert, wie es in keinem einzigen zeitgenössischen Gebet beobachtet werden kann. Vergebung ist ein wichtiges Thema des jüdischen Gebets, nirgends aber wird menschliche Vergebung so sehr in die Bitte um Vergebung hereingezogen. Achten wir auf das «wie». Es zeigt eine Entsprechung an. Wer immer diese Bitte ausspricht, kommt immer schon her von Akten der Vergebung (Aorist). Er bittet immer als einer, der schon einmal vergeben hat. Und er spricht Gott auf diese Vergebung an. Er spricht Gott darauf an, ihm zu gewähren, was er auch schon andern gewährt hat. Seine Bitte um Vergebung entspricht dem Sachverhalt, daß es Vergebung gibt in unserer Welt; gleichsam eine Spur, die Gott in seiner Welt gelegt hat.

Man könnte dieses Entsprechungsverhältnis mißverstehen als Bedingungsverhältnis. Dazu gibt die matthäische Bezugnahme auf das Unser Vater einigen Anlaß. Sie wird jetzt kurz betrachtet.

> «Wenn ihr den Menschen ihre Verfehlungen vergebt, wird auch euch vergeben euer himmlischer Vater. Wenn ihr aber den Menschen nicht vergebt, wird auch euer Vater euch eure Verfehlungen nicht vergeben.» (Mt 6,14f)

Hier ist die Sache wohl klar. Die Vergebungsbereitschaft Gottes geht nicht weiter als die Vergebungsfähigkeit des Menschen. Dieser hat es in der Hand, sich Gottes Vergebung zu verwirken. Wenn diese beiden Verse als Bedingungsverhältnis zwischen Vergebung Gottes und Vergebung des Menschen zu verstehen sind – und der Text gibt leider keinen Anlaß, daran zu zweifeln –, dann handelt es sich hier um einen theologischen Absturz der matthäischen Gemeinde oder des Matthäus. Um einen theologischen Absturz in die Gerechtigkeit, die zwar auch nicht zu verachten wäre, aber nicht an Gott herankommt, erst recht nicht an den *Vater* in den Himmeln. Welcher Vater oder welche Mutter würde denn ihre Vergebung davon abhängig machen, ob das Kind selbst

Vergebung leistet? Dieser theologische Absturz stürzt den Vater und setzt einen Arbeitgeber an seine Stelle.

Nicht so das Unser Vater. Es spricht in der Bitte um Vergebung auch menschliche Erfahrung aus, die menschliche Erfahrung, daß Vergebung geschehen ist. Vergebung kommt vor im Leben. Und Gott kommt als Vergebung im Leben vor. Dies erlaubt es mir, Gott auf die Vergebung anzusprechen, indem ich ihn darum bitte. Diese Bitte ist eine Erinnerung daran, daß Vergebung nicht mein Werk ist, so sehr sie auch in meinem Wirken zum Zuge kommt. Hier erscheint eine Theologie, die nicht von der Negativität der Welt lebt, die nicht von der tiefen Finsternis der Vergebungslosigkeit lebt, sondern die die Lichter, die es in der Welt gibt, erst recht zum Leuchten bringt. Gottes Licht erscheint, indem es eingeht auf die Lichter der Welt.

Überhaupt: was ist Negativität? Dazu sagt die *letzte Doppelbitte des Unser Vaters* etwas. «Führe uns nicht in Versuchung, sondern bewahre uns vor dem Bösen.» Zu bedenken haben wir zunächst die Versuchung. Man hat – besonders im Rahmen der sogenannt konsequenten Eschatologie – gemeint, dies als die Versuchung schlechthin verstehen zu müssen, als die alles entscheidende Versuchung vor dem Ende. Dagegen spricht schon, daß kein Artikel steht. Es geht nicht um eine bestimmte, womöglich noch die letzte, Versuchung, sondern um die Situation der Versuchung, um die alltäglich und nichtalltäglich in Erscheinung tretende versucherische Qualität dessen, was wir erleben. Die Bitte, nicht in Versuchung geführt zu werden, schließt auch aus, die Versuchung zu verstehen als Erprobung, als eine Situation, wo ich auf die Probe gestellt werde. Versuchung meint vielmehr, dem Bösen ausgesetzt sein, in einer Situation sein, wo das Böse naheliegt.

Über die Versuchung gibt es eine Geschichte im Matthäusevangelium: die Versuchungsgeschichte, die Geschichte von dem in Versuchung geführten *Jesus* (Mt 4,1–11). In dieser Geschichte wird die Tiefe der Versuchung ausgeleuchtet. Sie führt weg von den banalen Dingen wie Pralinenschachteln, die uns angeblich in Versuchung bringen. Wenn du Gottes Sohn bist, mach doch Brot aus diesen Steinen. Das ist Versuchung. Wenn du Gottes Sohn bist, wirf dich hinab von dieser Zinne – in die Arme der himmlischen Heerscharen. Alle Königreiche der Welt will ich dir geben, wenn du dich niederwirfst vor mir. Das ist die Tiefe der Versuchung. Sie besteht darin, daß Jesus sich auf den Satan verlassen sollte. Der Satan ist das Nichts. Auf ihn sich zu verlassen heißt sich auf das Nichts zu verlassen. Die Versuchung in ihrer größten Tiefe ist die Situation, wo es naheliegt, sich auf nichts zu verlassen. Sich auf nichts verlassen geschieht konkret so, daß ich mich auf mich selbst verlasse. Die Versuchung des Gottessohns besteht darin, den Schritt vom Sohn Gottes zum Ersatz Gottes zu tun. Und das heißt: den Schritt tun von dem Verlassen auf Gott zum sich Verlassen auf die eigene Stärke. Konkret ist die Versuchung da als Versuchung *zur Stärke*. In der Stärke verläßt der Mensch sich auf nichts, und deshalb ist er von allen guten Geistern verlassen. Von allen guten Geistern verlassen würde er – wenn er noch betete – beten: Stell mich auf die Probe Gott; führe mich in Versuchung. Er betet zuweilen nicht mehr, der «moderne» Mensch, seine Bitte aber bleibt: Testen Sie mich ruhig! Testen Sie selbst, es kommt Stärke an den Tag! Die Bitte im Unser Vater setzt den Beter in Bewegung dorthin, wo er abläßt von seiner Bitte um Tests. Sie bewegt ihn dazu, sich nicht auf sich selbst zu verlassen, wenn es um Versuchung geht. Sie führt ihn gerade nicht in Versuchung.

Aufsehen erregt die Formulierung dieser Bitte. Sie tut so, als ob *Gott* der Urheber der Versuchung wäre. Ähnlich heißt es auch in der Versuchungsgeschichte, der Geist Gottes habe Jesus in die Wüste geführt, damit er dort vom Teufel versucht werde. Kann Gott als Urheber der Versuchung gedacht werden? Kann Gott als der gedacht werden, der das Nichts zum Zuge bringt? Oder anthropologisch gesagt: Kann ich mir Gott als meinen Feind vorstellen? Manchen erscheint Gott wie ein Feind, der ihnen vor dem Leben steht, wie ein Feind, der sie nicht in Ruhe läßt, sie anklagt und belästigt. Ist dies Gott, oder ist dies der Abgott, der an Gottes Stelle tritt, wenn ich Gott nicht sein lasse? Ist dies schon der vernichtete Gott?

In der aufsehenerregenden Formulierung spricht sich zunächst etwas viel einfacheres aus. Auch in der Situation der Versuchung hört der Gottesbezug nicht auf. Auch die Situation der Versuchung verbietet es nicht, von Führung Gottes zu reden. Denn erst so wird Anklage Gottes möglich. In dieser Ausdehnung der Gottesgegenwart auf die Situation der Versuchung spricht sich dann aus, daß die Welt nicht dualistisch zu betrachten sei, daß nicht zu unterscheiden sei zwischen der Sphäre Gottes und der Sphäre des Teufels. Auch der Teufel lebt von Gott. Wie kann so etwas überhaupt gedacht werden? Wir haben auszugehen davon, daß der nicht vernichtete Gott die Liebe ist. Zum Wesen der Liebe gehört es, daß sie sein läßt, daß sie Raum schafft, unbegrenzten Raum. Sie ist auf diesen Raum angewiesen, weil sie dem Bezwingenden so feind ist wie das Feuer dem Wasser. Weil sie dem Bezwingenden feind ist, läßt sie Raum auch für das Sich-Verlassen auf das Nichts. Sie kann nicht ausschließen, daß ich mich auf meine Stärke mehr verlasse als auf sie. Würde sie das ausschließen, wäre sie selbst zur Stärke degeneriert. Deshalb schafft gerade die Liebe den Raum, wo das vernichtende Tun möglich ist. Gerade die Liebe führt in Versuchung. Dazu kommt, daß das Böse keine Eigenständigkeit hat: von Nichts kommt Nichts, nicht einmal die Vernichtung. Deshalb ist das Böse gleichsam das Vernichtende, die Abgründigkeit des Vernichtenden, und es lebt als Vernichtendes davon, daß etwas ist. Das Böse ist – so sagt eine alte Erkenntnis – die Vernichtung des Guten. Es besteht darin, daß es Nichts an die Stelle des Guten setzt. Nichts an die Stelle des Guten zu setzen bedeutet, statt dem Guten sich anzuvertrauen sich auf sich selbst zu verlassen. Und damit ist die Versuchung perfekt: als Versuch, das Nichtigere gegen das Nichts aufzubieten. Dafür gibt es ein Sprichwort, das seinen Ursprung bei Jesus hat: den Teufel mit dem Beelzebul austreiben wollen (vgl. Mk 3,22ff). Es ist evident, daß sich auf diese Weise das Nichts nur ausbreitet. In dieser Situation der Versuchung erinnert die Bitte im Unser Vater daran, daß ich nicht mich selbst gegen das Böse aufbieten kann, sondern daß gegen das Vernichtende nur der schöpferische Gott aufzubieten ist.

Schließlich kommt in der Bitte, mich vor dem Bösen zu bewahren, ganz deutlich zum Ausdruck, daß ich nicht Herr der Lage bin, zuletzt im Kampf gegen das Böse. Demgegenüber gibt es die Vorstellung, daß in der Situation der Versuchung ein Kampf stattfindet im Menschen, ein Kampf *des* Menschen gegen das Böse. So geht etwa eine apokalyptische Schrift der Zeit davon aus, daß der Sieg über das Böse in meiner Hand sei, wenn ich nur wüßte, was gut ist. Wissen tut dieses der Mensch, denn er hat das Gesetz. Ähnlich wie diese vergangene Schrift geht manches ethische Konzept der Gegenwart davon aus, daß die Beseitigung des Bösen eine Sache des Wissens um das Gute sei, daß die Sünde ein Organisationsproblem darstellt, das sozialtechnologisch aus der Welt geschafft werden könnte, wenn man nur die Verhältnisse verändern könnte. (Ich sage jetzt nichts zu jener allerneuesten Spielform, in welcher die Beseitigung des Bösen vorgestellt wird als Beseitigung oder wenigstens Entmachtung der Männer ...).

Die Bitte im Unser Vater bewegt den Beter an einen andern Ort: weg von dort, wo er sich im Kampf gegen das Böse auf Nichts verläßt (das heißt konkret: auf sich selbst), hin zu dem Ort, wo er sich im Kampf gegen das Böse auf Gott verläßt. Wo er Gott aufbietet zum Selbstschutz, genauer: zum Schutz seiner selbst gegen sich selbst. Die Bitte bewegt den Beter dorthin, wo er die externe Macht des Bösen erkennen lernt, ohne sich davonzuschleichen aus dem Zusammenhang des Bösen, ganz so, als ob nur das Externe für das Böse verantwortlich wäre. Der Beter erkennt *sich selbst als Produzenten des Bösen*, darin, daß er das Nichts gegen das Nichts aufbietet, und er erkennt zugleich, daß das Böse sich selbst reproduziert mit einer Macht, die ihm den Sieg aus der Hand reißt. Deshalb kann man sagen: die Bitte selbst ist, gerade weil sie die Führung in die Versuchung denkt, eine Herausführung aus der Versuchung, sich auf nichts zu verlassen.

Die Schlußdoxologie «denn dein ist das Reich und die Kraft und die Herrlichkeit, in Ewigkeit. Amen» gehört nicht zum ursprünglichen Herrengebet, kam jedoch schon in sehr früher Zeit als Abschluß dazu. Auch wenn sie nicht ursprünglich dazugehörte, ordnet sich diese Doxologie dem Grundzug des Gebets sehr schön ein. Sie wiederholt, was in den ersten Bitten erbeten wird. Sie wiederholt auch, daß der himmlische Vater schon weiß, worum wir ihn bitten. Denn in der Schlußdoxologie gibt der Betende das Szepter ausdrücklich aus der Hand, auch das Szepter des Wünschens. Sie stellt die Bewegung dar, in welche der Betende gebracht worden ist: die Herrschaft, die Macht, die Würde Gott selbst zu überlassen, nicht nur heute oder morgen, sondern auch übermorgen.

Das Unser Vater (Zusammenfassung)

Überblicken wir das Unser Vater im Ganzen, so lassen sich die folgenden Einsichten festhalten:

1. Es wurde immer wieder versucht, das Gebet Jesu aus der Abgrenzung zum jüdischen Beten zu verstehen. Ein solches Verfahren nimmt weder das Gebet Jesu noch das jüdische Beten ernst. Dem Gebet Jesu unterstellt es ausschließlich eschatologische Bedeutung, das jüdische

Beten versetzt es unter die Vielrednerei der Heiden (die ja auch für das heidnische Beten nicht einfach behauptet werden kann). An diesem Versuch, das Gebet Jesu aus der Abgrenzung zu entwerfen, ist die Beobachtung richtig, daß dieses Gebet, verglichen mit den zeitgenössischen Gebeten, seine Besonderheit hat. Die Besonderheit läßt sich feststellen an der einfachen Anrede «abba» (Vater), worin zum Ausdruck kommt, daß Gott so angeredet wird, wie der Vater über den Tisch hin angeredet zu werden pflegt. Das Gebet Jesu hat seine Besonderheit darin, daß es ganz und gar aus der Nähe Gottes entworfen ist (und in diesem Punkt eine Klarheit erreicht, die bei den sonst bekannten Gebeten nicht erreicht wird). Damit stimmt überein, daß es aramäisch verfaßt war, also in der Alltagssprache der Betenden (auch dies ist keine Exklusivität Jesu, aber dennoch ein wichtiges Merkmal seines Gebets). Das aus der Nähe Gottes entworfene Gebet führt von selbst in die Nähe zum Alltäglichen. Dies zeigt sich auch in der großen Schlichtheit, mit welcher hier das Alltägliche erbeten wird. Und es zeigt sich einmal in der Zurückhaltung, welche hier dem wunschvollen Aufschwung zu Gott auferlegt wird. All dies kann aber nicht wahrgenommen werden als Absetzung vom jüdischen Beten, und erst recht nicht als Reduktion auf ein paar karge Wichtigkeiten sondern es muß verstanden werden als *Konzentration auf das Wahre*. So wie nach Jesus die Liebe die Konzentration des ganzen Gesetzes ist, so ist das Unservater die Konzentration allen Betens, ist es das Gebet, wo das Beten die ihm eigene Reinheit erreicht. Als Konzentration ist es – genau wie das Liebesgebot – weder Aufhebung noch Reduktion des jüdischen Betens, sondern die Erfüllung desselben, die Vollendung der eigentlichen Intention des Betens, des jüdischen wie des heidnischen.

2. Wenn das Unser Vater ein Gebet ist, das Gott nicht mehr in Bewegung bringen muß, dann setzt es den Betenden selbst in Bewegung. Es setzt den Menschen in Bewegung vom Produzieren zum Empfangen. Dieses Gebet ruft in Erinnerung, was ich mir nicht geben kann, weil es mir gegeben *wird*. Deshalb kann man sagen: im Gebet, in der Meditation auf das Gegebene, wird der Grund gelegt dafür, daß der Mensch ansprechbar ist auf den Anspruch der Gaben. Produzieren verpflichtet zu nichts; Haben verpflichtet, beziehungsweise Bekommen verpflichtet. Es verpflichtet zum Weitergeben, zum Teilen. Deshalb

lerne ich mich im Gebet neu kennen: ich kannte mich als Produzenten des Lebensnotwendigen, dabei verkannte ich mich. Im Gebet lerne ich mich kennen als einen Begabten mit den elementaren Lebensmitteln: mit Brot, mit Vergebung, mit Bewahrung. Und nur der Begabte ist überhaupt ansprechbar auf den Anspruch der Gaben.

3. Das Unser Vater setzt in Bewegung vom Wünschen zum Bitten. Die Allmacht der Wünsche besetzt selbst den Gottesgedanken: Gottes Reich verbinde ich mit meinen Wünschen, gewiß mit den besten Wünschen. Die Bewegung dieses Gebets ist eine Bewegung wo der Gottesgedanke von meinen Wünschen befreit wird. Meinem Wunsch entspricht es, ohne Schuld zu sein, unschuldig und makellos durchs Leben zu gehen. Dieser Wunsch verwandelt sich im Gebet in die Bitte um Vergebung, welche mir entgegenkommt inmitten der Verschuldung – von Menschen und von Gott. Meinem Wünschen – wenn ich ehrlich genug sein kann, es zuzugeben – entspricht es, daß *mein* Reich komme, *mein* Wille geschehe – wenigstens auf Erden – und *mein* Name geheiligt werde. Diese Wünsche werden verwandelt in die Bitte, daß die Liebe selbst herrsche, daß geschehe, was sie für richtig hält, daß sie sich einen Namen mache. Gerhard Ebeling hat darauf hingewiesen, daß das Gebet meine Aufmerksamkeit ablenkt von den Möglichkeiten, die ich mir wünschen kann, und hinlenkt auf das Notwendige, was mir zum Leben gereicht und auch gereicht wird. Beten heißt aufmerksam werden auf das Notwendige, aufmerksam werden auf das Lebensnotwendige, das mir als Gabe nur bekömmlich ist. Das Wünschen übergeht leicht den Sachverhalt, daß es am Notwendigsten fehlt, und es übersieht leicht das Notwendige, das ich bekommen *kann*.

4. Schließlich ist das Unser Vater so etwas wie ein «Kämmerlein» des Lebens, ein Raum, wo ich ich selbst bin. Das zeigt sich schon daran, daß meine ganze Wirklichkeit ungeteilt ausgesprochen wird: die leiblichen Notwendigkeiten von Brot, Vergebung, Bewahrung. Dieses Gebet ist der Raum der Gottesgegenwart, wo das Sein vor Gott geschieht, ein Raum, wo nicht bloß Spiritualität Platz findet, wie es von draußen scheinen und von Außenstehenden behauptet werden mag, ein Raum auch, wo nicht bloß Materialität Platz findet, wie es draußen zuzugehen scheint. Das Gebet ist die «Kammer» des Lebens, wo ich aus dem besinnungslosen Wünschen herauskomme zur Besinnung auf das Notwendige.

Die Frage ist, ob das Gebet dieses alles sein kann in einer Zeit, wo das Gegenüber, der angesprochene himmlische Vater, suspekt oder ungewiß geworden ist. Bete ich ins Leere hinaus? Diese Frage begleitet wohl manches Gebet. Sie gehört zum Beten selbst. Fatal wird sie freilich, wenn sie das Beten nicht mehr begleitet, sondern es verhindert. Dann ist die Tür zur «Kammer» ins Schloß gefallen, zugeschlossen, aber von außen.

Die Praxis des Lebens (Mt 6,19–7,11)

Vom Besitzen

«Sammelt euch nicht Schätze auf der Erde, wo Motte und Fraß (*brōsis* ist unsicher: vielleicht Rost, vielleicht Holzwurm) sie vernichten und wo Diebe (die Wände) durchgraben und stehlen. Sammelt euch aber Schätze im Himmel, wo weder Motte noch Fraß (sie) vernichtet, und wo Diebe (die Wände) nicht durchgraben und nicht stehlen. Wo nämlich dein Schatz ist, da ist auch dein Herz.

Die Leuchte (also die *Lichtquelle*) der Person (*sōma* bedeutet der *ganze* Mensch; Leib ist körperlich mißverständlich geworden) ist das Auge. Wenn nun dein Auge lauter ist, dann wird deine ganze Person voller Licht. Wenn aber dein Auge böse ist, wird deine ganze Person finster. Wenn also das Licht, das in dir ist, Finsternis ist, wie groß ist dann die Finsternis!

Niemand kann zwei Herren dienen. Entweder wird er den einen hassen und den andern lieben, oder er wird sich an den einen halten und den andern verachten. Ihr könnt nicht Gott dienen *und* dem Mammon.» (Mt 6,19–24)

Es ist unsicher, ob diese Verse in einem ursprünglichen Zusammenhang standen. Sie stammen im wesentlichen alle aus der Logienquelle, erscheinen aber bei Lukas sowohl in anderer Reihenfolge als auch auseinandergenommen. Im jetzigen Kontext müssen wir davon ausgehen, daß der Abschnitt durch die Klammer «Schätze sammeln» und «Gott oder dem Mammon dienen» zusammengehalten und also auf ein einheitliches Thema bezogen wird. Es lassen sich im vorliegenden Abschnitt drei Einheiten unterscheiden: a) vom Schätze Sammeln mit der Pointe V. 21; b) das Verhältnis von Auge und Person (22f); c) die Alternative zwischen zwei Herren (V.24). Sicher ist die Herkunft aller drei Einheiten aus der Logienquelle. Die Aussagen können – gemäß dem Kriterium der Konsistenz – durchaus auf Jesus zurückgehen. Namentlich widerspiegeln sie eine bestimmte, auch sonst für Jesus belegte Einstellung zum Besitz.

In unserem Zeitalter der sozialgeschichtlichen Wahrnehmung sind viele Exegeten der Meinung, der Sinn dieses Abschnittes lasse sich reduzieren auf das Postulat, der Jünger Jesu habe auf materiellen Besitz zu verzichten. Ausgehend von diesem Postulat wird dann wieder einmal der Vorwurf der Verinnerlichung erhoben an die, welche zwischen dem Haben des Besitzes und dem Dienersein des Besitzes unterscheiden wollten. Und ebenfalls ausgehend von diesem Postulat wird wieder einmal der Vorwurf der Spiritualisierung erhoben gegen die, welche im Mammon und in den Schätzen mehr sehen wollen als bloß das Geld, etwa den Bauch, die Schmausereien, den Sex, das Theater, die werktätige Selbstdarstellung und dergleichen mehr. Die Ausweitung des Textes über das Geldmäßige hinaus wird als Verharmlosung ausgegeben. Ich will nicht bestreiten, daß diese Vorwürfe ein gewisses Recht haben; ein Recht dort, wo das Spirituelle an die Stelle des Materiellen gesetzt wird, dort wo aus Gründen ungestörten kapitalistischen Verhaltens bloß das Dienen gegenüber dem Mammon verurteilt wird. Dennoch sollte sich jeder Ausleger dieses Textes davor hüten, anzunehmen, ihm seien durch die sozialgeschichtliche Wahrnehmung die Schuppen von den Augen gefallen, um sich dann zufrieden im Sessel zurückzulehnen und als Botschaft Jesu den unendlich tiefsinnigen und wahnsinnig bedeutenden Satz zu sprechen: Jesus hat jeden Besitz von Geld radikal verurteilt. Davor sollten wir uns hüten, jedenfalls so lange, bis wir genauer hingeschaut haben.

Man könnte sich schon allein dadurch in die Irre führen lassen, daß man hier eine Aufforderung zum Besitzverzicht wahrnimmt. Bringt man diesen Text auf die Formel des Besitzverzichts, so hat man zwei Sachverhalte nicht beachtet: erstens geht es in V.19f gar nicht um Besitzverzicht, sondern nur um Verzicht auf Schätzesammeln *auf der Erde*, während die Schätze im Himmel offenbar problemlos besessen werden könne. Zweitens ist Besitz nicht ohne weiteres identisch mit Schätzen. Was sind Schätze? Ein Schatz ist gar nicht für den Lebensunterhalt da. Während der Besitz an materiellen Mitteln durchaus für den Verbrauch bestimmt sein kann, für den Verbrauch zugunsten des Lebensunterhaltes, ist ein Schatz gerade der abgelegte Reichtum, der nicht zum Verbrauch sondern zum Vergraben bestimmte Reichtum. Schätze sind aus dem Verkehr gezogene, besonders wertvolle Dinge. Sie sind zum Haben da, nicht zum Brauchen. Schätze sind dazu da, ausschließlich vom Besitzer besessen zu werden; deshalb werden sie nicht ausgeteilt sondern in tiefen Kellern gegen jeden Zugriff geschützt. Solche Schätze haben offenbar eine Bedeutung, die weit über das Materielle hinausgeht: sie sind für die *Person* des Besitzers relevant, auf Schätze verläßt er sich *persönlich*.

Zunächst nimmt V. 19–21 nicht einmal Stellung gegen das Sammeln von solchen Schätzen, sondern bloß gegen das Sammeln auf der Erde, während das Schätzesammeln im Himmel förmlich empfohlen wird. Es kann deshalb nicht das Schätzesammeln selbst problematisiert werden. Die entscheidende Pointe liegt vielmehr in der *Dauerhaftigkeit* der Schätze. Auf der Erde sind sie der Vernichtung preisgegeben; dem Fraß und den Motten, den Dieben. Die Schätze, die auf der Erde gesammelt werden, können nicht vor dem Zugriff der Vernichtung geschützt werden. Ganz anders die Schätze im Himmel. Sie sind dauerhaft. Einen wichtigen Verstehenshinweis erhalten wir von dem Verbum «zum Verschwinden bringen» *(aphanizō)*. Es erinnert ausdrücklich an die Überlegungen von 6,1–18, wo es um den Gegensatz von vor Gott und vor den Menschen ging. Das Verb spielt an auf das Phänomen, daß der Mensch sich selbst in Erscheinung bringen will durch das, was er tut. Es sagt hier: alles, was ich vor den Menschen in Erscheinung bringen will, kommt zum Verschwinden. Die Schätze sind das, was ich vor den Menschen *als mein Besitz* und damit als etwas, was nur mir und nicht ihnen gehört, in Erscheinung bringen will. Damit sind sicher zuerst die materiellen Schätze gemeint, Reichtümer die ich anhäufe, um mich selbst in Erscheinung zubringen. Schätze werden angehäuft, um dem Sicherheitsbedürfnis zu genügen. Schätze häufe ich an, um mir meine Lebendigkeit zu sichern. Denn mit Geld läßt sich vieles kaufen. Dennoch können diese Schätze nicht auf das Geld beschränkt werden. Zu den Schätzen *auf der Erde* gehört gerade auch die Selbstdarstellung des Menschen. Gerade auch die guten Werke, die auf den Respekt der Menschen abzielen. Gerade auch die spirituellen Leistungen, die gar nicht Gott sondern die Menschen zum Adressaten haben. Auf der Erde Schätze sammeln heißt, seine Person im Greifbaren in Erscheinung bringen, seine Lebendigkeit handgreiflich aufzuhäufen. Aber alles Greifbare ist dem Zugriff des Diebes ausgesetzt, alles Handgreifliche dem vernichtenden Fraß. Deshalb ist solche Lebendigkeit vom Tod gekennzeichnet, ist solche Sicherheit bedroht – nicht zuletzt durch die Sicherheitsmaßnahmen, die sie erhalten sollten und es doch nicht können.

Und was ist mit den Schätzen im Himmel? Kann ich sie anhäufen wie irdische Handgreiflichkeiten? Eine zeitgenössische jüdische Vorstellung scheint solches vorauszusetzen: mit den guten Werken erwerbe ich mir einen Schatz im Himmel, ein himmlisches Kapital, das vor Gott etwas gilt und von Menschen unzerstörbar ist. Es könnte sein, daß Matthäus hier unbesehen diese jüdische Vorstellung übernimmt (wie manche Ausleger annehmen), daß er also die kapitalistische Mentalität einfach von der Erde in den Himmel verlegt. Wäre dem so, müßte Matthäus kritisiert werden. Jedoch ist methodisch darauf zu achten, daß nicht einfach die Vorstellungen der Umwelt hier eingetragen werden, ohne daß der *faktische* Kontext bei Matthäus berücksichtigt wird. Und der faktische Kontext ist das Sein vor Gott, der ins Verborgene sieht, um zu lohnen, was gut getan wurde. Wir haben schon gesehen, daß dann aber auch der Lohngedanke unter die Augen Gottes kommt. Gotteslohn ist etwas, was ich mir niemals erwerben kann und was ich trotzdem bekomme. Gotteslohn muß man sich vorstellen wie das, was die Liebe als Lohn auszahlt.

Die Schätze im Himmel sind Schätze, die für mich angehäuft sind ohne daß ich sie angehäuft hätte. Sie sind unverdienter Lohn, ohne daß ich *nicht* etwas dafür getan hätte. Die Schätze im Himmel sind ungreifbar, auch der menschlichen Berechnung ungreifbar, und gerade deshalb sind sie dauerhaft. Wer auf den Schatz im Himmel aus ist, muß nicht bloß Abschied nehmen vom weltlichen Reichtum, er muß Abschied nehmen von der Besitzermentalität selbst. Er muß Abschied nehmen von der Selbstdarstellung im Reichtum, sei es im materiellen Reichtum oder im spirituellen.

Warum muß er diesen Abschied nehmen? Wo dein Schatz ist, ist auch dein Herz. Es geht beim Besitzen um die Frage, wo die Person selbst ist. Und wenn die Schätze auf der Erde sind, ist die Person selbst auch dort, die ihr Leben an diese Schätze hängt. Von solchen Personen pflegt man zu sagen, sie stehen mit beiden Beinen auf der Erde. Aber wenn die Person dort ist, ist sie dem vernichtenden Zugriff ausgesetzt. Besitz ist keine lebenserhaltende Maßnahme, solange er bloß besessen und nicht gebraucht wird. Wo der Schatz ist, ist der Mensch selbst. Der Mensch selbst ist vergraben mit seinen Schätzen im bombensicheren Keller. Und der Fraß bedroht, indem er seine Schätze bedroht, *ihn selbst*. Daß der Mensch ist, wo sein Schatz ist, gilt auch für den Schatz im Himmel. Es kommt alles darauf an, daß der Mensch in der Gottesherrschaft ist, sein Herz an die Gottesherrschaft hängt. Sein Herz an die Gottesherrschaft hängen heißt, die irdischen Schätze loslassen können. Gewiß auch das Geld, das zur Selbstsicherung aufgehäuft wird, aber doch auch die Werke, die der Selbstsicherheit dienen müssen. Gewiß auch die Würde, die ich mir auf der Erde erkaufen kann, aber auch die Würde, die ich mir in den Augen Gottes erkaufen will. Denn auch diese Würde ist von der irdischen Besitzer-mentalität geprägt, weil sie eine *weltliche* Vorstellung über Gott ist. Auch sie gehört zu den Schätzen, die auf der Erde aufgehäuft werden. Wenn die Schätze losgelassen werden, werden sie verteilt. Das heißt: der Reichtum wird konkret als Dynamik des Austeilens; die guten Werke werden konkret als Dynamik des Gebens. Ob es beim Besitzen bleibt oder nicht, entscheidet sich im Herzen. Denn wo die Schätze sind, ist der Mensch persönlich anzutreffen.

In V. 22f wird – scheinbar völlig unvermittelt – zu einer Metapher übergegangen, welche dem Verhältnis von Auge und Person gilt. Die Metapher ist rätselhaft, was zu beträchtlichen Unterschieden in der Deutung führt. Wer immer und überall die Praxis sehen will, kann es auch hier tun. Jüdisch kann das Auge zum Symbol für den Charakter, für den praktisch dargestellten Charakter des Menschen werden. Dann heißt das Wort: wenn es mit deinem Handeln nicht stimmt, ist die Finsternis total, dann ist deine Person finster. Präziser noch: wenn du nicht auf materiellen Besitz verzichtest, ist es dunkel in dir. Wie gesagt, man kann – wenn man will – auch in dieser Metapher bloß das *Praktische* sehen – und genau dieses Phänomen führt uns auf die Spur, die Metapher mehr beim Wort zu nehmen. Tun wir dies, so stellen wir fest, daß es in dieser Metapher überhaupt nicht ums Handeln geht, sondern eindeutig ums *Sehen* (wenn man nicht – über sieben Umwege –

das Auge zum Symbol des Handelns macht). Es geht darum, daß das Auge die Dinge so oder anders *sehen kann.* Sofern das Auge die Dinge so oder anders sehen kann, ist es die Leuchte, die Lichtquelle der Person. Es bringt, je nachdem es die Dinge sieht, Licht oder Finsternis in die Person hinein. Das zeigt einmal, daß die Person, der ganze Mensch, wesentlich im Sehen entsteht, daß er *als Person* durch die Wahrnehmung konstituiert wird. Die Person wird geschaffen durch die Erleuchtung, die sehenden Auges sich einstellt. Erleuchtung ist gerade nicht der Rückzug auf innersomatische Vorgänge, Erleuchtung ist die Wahrnehmung des Externen, und das heißt wohl hier: dessen, was auf der Erde ist, des Greifbaren.

Unsere Metapher stellt eine Alternative im Sehen auf: auf der einen Seite ist das einfache, lautere Auge, auf der andern Seite das böse Auge. Was für eine Alternative ist das? Man kann Verschiedenes annehmen: einerseits ist «lauter» verständlich aus dem Gegensatz zum Zwiespältigen. Es meint Einfalt, Unzweideutigkeit; der Gegensatz ist Widersprüchlichkeit, Selbstwiderspruch. Wird diese Bedeutung zugrunde gelegt, so meint die Metapher: wenn das Auge einfältig ist, so daß es nichts Zwiespältiges in die Dinge hineinsieht, dann ist es hell in der Person. Denn die Person nimmt das Licht auf, welches das unzweideutige Sehen wahrnimmt. Man könnte das Wort aber auch verstehen im Sinne von Lauterkeit, Klarheit des Auges. Ein klares Auge ist ein solches, das nicht verfälscht, was es sieht. Es sieht die Dinge, wie sie in Wahrheit sind, statt alles Mögliche in sie hineinzusehen. Dieses klare Auge bringt Licht in die Person, weil es sie nicht irreführt. In beiden Fällen geht es darum, daß die Konstitution der Person zusammenhängt mit dem recht sehenden Auge. Dieses recht sehende Auge steht dem bösen Auge gegenüber. Das böse Auge sieht – wie das Gleichnis Mt 20,1–15 zeigt – in den Dingen den Anlaß zum Protest. Es sieht in dem, was als Liebe geschieht, eine Übervorteilung derer, die im Recht sind. Dieses böse Auge schafft Dunkelheit, weil es in der Güte des Weinbergbesitzers bloß seine Ungerechtigkeit sieht. Es schafft Dunkelheit, weil es das Lichte, das geschieht, gar nicht in die Person eingehen läßt.

Was bedeutet diese Metapher vom eindeutigen und vom bösen Sehen in unserem Zusammenhang? Wie hängt das Schätzesammeln mit dem Sehen zusammen? Schätze sammle ich, wenn ich ihnen die Herstellung meiner Lebendigkeit sehe. Meine Lebendigkeit aber entsteht im Himmel. Wenn ich demnach mit Dingen, die ich auf der Erde anhäufen kann, ein himmlisches Gut erwirken will, so liegt das daran, daß mein Sehen eine grundsätzliche Zwiespältigkeit an sich hat. Ich sehe im Greifbaren nicht das Einfache, das Greifbare, ich sehe im Greifbaren vielmehr das Ungreifbare (und dabei übersehe ich, daß das Greifbare, gerade weil es greifbar ist, nicht dauerhaft sein kann). Diese Zwiespältigkeit im Sehen veranlaßt mich dazu, mit mir selbst in Widerspruch zu geraten. Ich ziele auf das Ungreifbare, die Dauerhaftigkeit des Lebens, und konzentriere mich auf die greifbaren Schätze, die alles andere als dauerhaft sind. Dies könnte die Dunkelheit sein, wovon die Metapher spricht. Das lautere Sehen, beziehungsweise die klare Sicht, läßt mich unterscheiden zwischen dem, was auf Erden ist, und dem, was im Himmel ist. Sie läßt mich unterscheiden zwischen dem, was zum verbrauchen bestimmt ist, und dem, was schon aufgehäuft ist. Diese Orientierung könnte das Licht sein, das verbreitet wird durch die klare Sicht.

Wieder deutlicher zum übergreifenden Thema führt der abschließende Satz V.24 zurück: keiner kann zwei Herren diesen. Diese Einsicht aus dem alltäglichen Leben wird hier angewendet auf Gott: ihr könnt nicht Gott und dem Mammon dienen. Zu beachten ist, daß Mammon – im Unterschied zu unserem Sprachgebrauch – nicht etwa ein negativer Ausdruck ist für das Geld. Geld und Besitz sind nicht erst in ihrer Verkehrung eine Alternative zu Gott. Entscheidend ist auch gar nicht das Geld und der Besitz, entscheidend ist vielmehr die Relation des Menschen dazu: *dienen* kann man nur entweder Gott oder dem Mammon, produktiv arbeiten kann man nicht für beide zugleich. Einer wird immer den kürzeren ziehen. Deshalb ist Gott oder der Mammon die einzige Alternative.

Weil dieser Satz eine so unproblematische Evidenz zu haben scheint, übersieht man nicht selten wesentliche Dimensionen. Interessant ist beispielsweise, daß nach diesem Satz offenbar *keine* herrschaftsfreie Sphäre existiert. Es gibt nur entweder die Herrschaft Gottes oder aber die Herrschaft des Geldes, Herrschaftsfreiheit gibt es nicht. Es gibt ihn offenbar nicht, jenen herrschaftsfreien Zustand, in welchem der sogenannt mündige Mensch wählen soll zwischen Gott und dem Mammon. In unseren Tagen gehen wir meistens davon aus, daß der herrschaftsfreie Zustand unabdingbare *Voraussetzung* für die Wahl zwischen Gott und Mammon sei. Genauso wie wir davon ausgehen, daß Herrschaftsfreiheit die *Voraussetzung* eines echten Dialogs sei. Ein solcher herrschaftsfreier Bereich ist im vorliegenden Satz nicht vorgesehen. Wäre Herrschaftsfreiheit also gar keine Lebensmöglichkeit? Es könnte ja auch sein, daß die Freiheit von der Herrschaft des Mammons erst entsteht, wenn der Mensch sich der Herrschaft Gottes aussetzt. Die Herrschaft Gottes ist dadurch gekennzeichnet, daß sie ständig die Knechte zu Söhnen macht. Die Herrschaft Gottes ist durch Befreiung gekennzeichnet. In ähnlicher Weise müßte man sich die Herrschaftsfreiheit des Dialogs nicht als eine Voraussetzung denken, sondern als eine Freiheit, die erst *im* Dialog zustandekommt, in der Weise, *wie* dieser Dialog geführt wird, und durch das Thema, das dieser Dialog hat. Wird dieser Dialog so geführt, wie er in der Herrschaft Gottes geführt wird, das heißt so, daß der Dialogpartner ständig selbst dafür sorgt, daß der andere auch Nein sagen kann zu seinem Argument, dann entsteht Freiheit, und zwar genauer: Freiheit zum Einverständnis in das Wahre. Und kommt in diesem Dialog das Wahre zur Sprache, das in der Gottesherrschaft gilt, das heißt: kommt in diesem Dialog die Liebe zur Sprache, dann entsteht Herrschaftsfreiheit; genauer, es entsteht die Freiheit zur Liebe. Diese beiden Überlegungen zeigen: ein herrschaftsfreier Bereich ist in diesem Satz allerdings nicht *vorgesehen,* Herrschaftsfreiheit entsteht, wenn der Mensch sich abkehrt vom Wahn, es könne einen durch nichts bedingten herrschaftsfreien Raum geben, und wenn er sich hinkehrt zur Herrschaft Gottes, die ihn von selbst befördert vom Knecht zum Sohn und zur Tochter. Herrschaftsfreiheit entsteht nicht aus dem Nichts, sie lebt vielmehr als Sohnschaft vom himmlischen Vater.

Die Frage ist, warum der Mammon keine solche Freiheit schafft. Geld macht doch unabhängig, könnte man sagen. Ich verstehe doch mein Verhältnis zum Geld gar nicht als Dienst, sondern vielmehr umgekehrt: *ich bediene mich des Geldes.* Und genau diesen Vorgang, daß ich mich des Mammon bediene, interpretiert unser Satz als Sein unter der Herrschaft des Mammon. Was hat das für eine Evidenz? Könnte man vielleicht sagen: wenn ich mich des Mammon bediene, bin ich insofern unter seiner Herrschaft, als ich gebunden bin an die Reichweite des Mammon. Ich bediene mich seiner, weil ich denke, alles damit kaufen zu können, und dabei geht die Reichweite des Mammon nicht über das Greifbare hinaus. Wenn ich Schätze aufhäufe, um mir Lebendigkeit zu kaufen, gerate ich vielleicht unter die Herrschaft des Mammon, weil ich mir gerade dadurch den Tod hole. Wenn ich mich des Mammon bediene, bin ich immer festgelegt auf das Arbeitsverhältnis. Der Mammon entläßt niemanden aus dem Bereich des Verdienens, er kann nicht vom Knecht zum Sohn befördern. In diesem Sinne könnte man vielleicht verstehen, warum der Umgang mit dem Mammon unfrei macht.

Aber ganz abgesehen von solchen tastenden Verstehensversuchen scheint der Satz «Du kannst nicht Gott und dem Mammon dienen» eine selbstverständliche Evidenz zu haben. Er wird bis heute fleißig gebraucht. Es scheint, daß er ein Fundamentalproblem auch unserer Gesellschaft anspricht. Das ist wohl wahr, denn die Alternative von Mammondienst und Gottesdienst stellt sich auch hier, gerade wo diese Alternative als solche bestritten wird. Viele Anwender dieses Satzes machen es sich jedoch zu einfach. Sie reduzieren diesen Satz auf die Frage des Geldbesitzes. Sie kritisieren frisch und fröhlich alle Reichen, die eben durch ihren Reichtum dokumentieren, daß sie dem Mammon verfallen sind. Sie kritisieren weiter ebenso fröhlich die Mammonherrschaft, die von den schon genannten Reichen angeblich verbreitet und ausgeübt wird. Diese Kritik an ein paar Reichen macht es sich viel zu einfach mit dem Satz Jesu. Denn die Frage, ob wir dem Mammon dienen wollen oder Gott, stellt sich gar nicht nur bei den Reichen, deren Kritik bloß unsere Entlastung bezweckt. Diese Frage stellt sich schon viel früher: dort etwa, wo eine Gesellschaft, nota bene die ganze Gesellschaft und nicht ein paar Drahtzieher, sich dreizehnhundert Menschenleben im Jahr glaubt leisten zu müssen, weil sie sich damit ihre Mobilität glaubt kaufen zu können. Mobilität steht gewiß im Interesse des Lebens. Sie ermöglicht Beziehung. Wenn aber Mobilität dazu führt, daß soviele Leben vernichtet und noch ungezählte sonst zerstört werden, kann in ihr nur noch ein Mammondienst vorliegen, der in die Knechtschaft führt und der nicht bloß von ein paar wenigen ausgeübt wird. Von Mammongesellschaft ist nicht bloß mit Blick auf ein paar Reiche zu reden, von Mammongesellschaft ist schon zu reden, wenn die Materialisierung aller Lebensbeziehungen ständig vorangetrieben wird. Wenn selbst intimste Verhältnisse der Veräußerung ausgesetzt werden –

angeblich im Interesse der Befreiung des Menschen von Zwängen und bürgerlichen Moralvorstellungen –, wenn selbst Lebenspartner zum jederzeit auswechselbaren Wegwerfartikel werden – angeblich im Interesse der Selbstverwirklichung des Menschen –, dann ist von Mammongesellschaft zu sprechen, von einer Gesellschaft, die sich selbst veräußert. Wenn ferner der Mensch immer entschlossener festgelegt wird auf seine Äußerungen, wenn ihm stets mehr greifbare Ergebnisse abverlangt werden, die seine Identität zu garantieren haben. Wenn der Mensch immer mehr seines Geheimnisses beraubt und auf den äußeren Menschen reduziert wird, dann ist schon hier von einem Mammondienst zu sprechen, von einer Herrschaft des Greifbaren, unter die alle kommen, die sich des Greifbaren zu bedienen wähnen. Und wenn schließlich in der Frage, ob diese oder jene Gabe der Schöpfung geschützt oder umsorgt werden soll, die Frage die Wirtschaftlichkeit nicht etwa nur gestellt wird, was selbstverständlich ist, sondern wenn dieser Frage ausschlaggebender Charakter zugeschrieben wird, nicht etwa bloß von ein paar Besitzenden, sondern durchaus von der großen Mehrheit der Steuerzahler, dann ist schon hier von einer Mammongesellschaft zu sprechen, die sich selbst im Dienstverhältnis behält und nicht zum Kindverhältnis befördert zu werden vermag, weil sie gar nicht danach fragt. Der langen Rede kurzer Sinn: der radikale Satz Jesu, der Gottesdienst und Mammondienst gegenüberstellt, steht selbst in Gefahr, dem Mammon zudiensten zu sein, wenn er nicht radikal genug und umfassend genug verstanden wird.

Vom Sorgen

«Deshalb sage ich euch: Sorgt nicht um euer Leben *(hē psychē* kann hier keinesfalls im hellenistischen Sinne die Seele meinen, da diese ja gar nicht essen und trinken würde, es meint vielmehr – von «näphäsch» herkommend –: das Leben, der Mensch in seiner Lebendigkeit) was ihr eßt (oder was ihr trinkt; textkritisch umstritten), auch nicht um euren Leib, was ihr anzieht! Ist nicht das Leben mehr als die Nahrung und der Leib mehr als die Kleidung?

Schaut auf (richtet eure Aufmerksamkeit auf) die Vögel des Himmels: Sie säen nicht und ernten nicht und sammeln nicht in

Scheunen, und euer himmlischer Vater ernährt sie (ständig; durativ). Seid ihr nicht mehr wert als sie?

Wer aber von euch kann *durch sein Sorgen* zu seinem Lebensalter (oder: seiner Körpergröße) auch nur eine einzige Elle hinzusetzen (im Falle von Körpergröße eigentlich gebraucht, immerhin gut 50 cm, im Falle von Lebensalter metaphorisch: eine kurze Spanne)?

Und warum sorgt ihr euch um die Kleidung? Bemerkt (richtet euer Augenmerk auf) die Lilien des Feldes, wie sie wachsen: Sie mühen sich nicht ab und sie spinnen nicht.

Ich sage euch aber: Auch Salomo in seiner ganzen Pracht war nicht gekleidet wie eine von ihnen.

Wenn aber Gott das Kraut des Feldes, das heute ist und morgen in einen Ofen geworfen wird, so kleidet, um wieviel mehr dann nicht euch, Kleingläubige?

Sorgt also nicht, indem ihr sagt: Was sollen wir essen? Oder: Was sollen wir trinken? Oder: Was sollen wir anziehen? All dieses nämlich erstreben die Heiden. Euer himmlischer Vater nämlich weiß, daß ihr das alles braucht. Strebt aber zuerst nach der Gottesherrschaft und nach seiner (das heißt: Gottes) Gerechtigkeit, und dieses alles werdet ihr als Zugabe erhalten.

Also: sorgt nicht auf das Morgen hin, denn das Morgen wird für sich selbst sorgen (zweifelhaft; vielleicht besser: auch seine eigene Sorge haben). Es reicht, daß jeder Tag seine eigene Plage hat.» (Mt 6,25–34)

Wir machen uns zunächst den *Aufbau dieses Abschnittes* klar:
Er hat einen cantus firmus in den Imperativen, genauer vielleicht in der mehrfach wiederholten Aufforderung, vom Sorgen Abstand zu nehmen. Die *erste Aufforderung,* nicht zu sorgen, wird zweifach bergründet: durch die Vögel des Himmels und durch die Lilien des Feldes (V. 26.28–30). Unterbrochen wird dieser Gedankengang durch eine *negative* Aussage: keine Elle kannst du deiner Lebenszeit hinzufügen. Sorgen bringt nichts. Es folgt eine *Wiederholung der Aufforderung* (V. 31), welche unterstützt wird einerseits vom Hinweis auf die Heiden und andererseits vom Hinweis auf den himmlischen Vater, der für das Notwendige aufkommt (V. 32). Dieser erneuten Aufforderung wird

entgegengesetzt das Streben nach der Gottesherrschaft. Es ist die Alternative zum Sorgen, weil dieses Streben den Lebensunterhalt als Zugabe erbringt (V. 33). Eine nochmalige Wiederholung erfolgt in V. 34, allerdings mit einem ganz anderen Akzent: nicht die Gottesherrschaft ist hier die Alternative zum Sorgen, sondern die Einsicht, daß jeder Tag seine eigene Last und Plage hat, und daß es deshalb unsinnig ist, *heute* für morgen zu sorgen.

Überblickt man diesen Aufbau, so erkennt man auf den ersten Blick die Anhaltspunkte für *traditionsgeschichtliche* Überlegungen: es sind die formal und inhaltlich auffälligen Verse 27 und 34. Der Text stammt zum größten Teil aus der Logien-Überlieferung (freilich mit Ausnahme von V. 34, welcher allerdings bei Lk auch eine Entsprechung hat, jedoch eine ganz andere). In der Logienquelle dürften also V. 25–33 vorgelegen haben, während V. 34 – der sich nicht der matthäischen Redaktion zuweisen läßt – vielleicht eine vormatthäische Bearbeitung der Logien-Quelle widerspiegelt. Auffällig ist dann noch *V. 27*, der von vielen Exegeten als sekundäre Erweiterung einer ursprünglichen Einheit 25–26.28–33 angesehen wird. Dagegen, daß diese ursprüngliche Einheit auf Jesus zurückzuführen ist, können keine stichhaltigen Argumente vorgetragen werden (dies gilt freilich auch schon für die Einfügung von V. 27). Die mutmaßliche Traditionsgeschichte spielte sich demnach wie folgt ab: Jesus (25f. 28–33*) – Logien-Quelle (25–33) – vormatthäische Redaktion der Logienquelle (25–34) (wichtigster Eingriff: und seine Gerechtigkeit in V. 33). Die Auslegung wird versuchen, dieser Stufenfolge nachzudenken.

Ein erster *wichtiger Akzent* wird gesetzt durch die Aufforderung, nicht zu sorgen. Und sogleich entsteht die Schlüsselfrage, was denn mit diesem Wort «sorgen» gemeint sei. Diese Schlüsselfrage läßt sich wiederum aufteilen in zwei weitere Grundsatzfragen: einerseits die Frage, was mit dem Sorgen im ursprünglichen historischen Augenblick, als dieser Text entstand, gemeint war, und andererseits die Frage, was mit dem Sorgen in unserem heutigen Kontext gemeint sein könnte.

Eine Antwort auf die erste Frage, also auf die nach dem ursprünglich Gemeinten, gibt in jüngster Zeit die *sozialgeschichtliche Auslegung* des Textes. Sozialgeschichtliche Auslegung bedeutet, daß der soziale Zusammenhang, in welchem das Gesagte ursprünglich stand, zur

Entscheidung des Textsinnes wesentlich herangezogen werden muß. Im Rahmen der sozialgeschichtlichen Auslegung werden zwei Antworten gegeben, die beide den Text aus dem sozialen Kontext erklären und eine eindeutige Antwort auf die Frage nach dem ursprünglichen Textsinn darstellen wollen. Sie weisen eine erhebliche Distanz zueinander auf.

Die erste Antwort geht davon aus, daß Jesus und seine Anhänger soziologisch gesehen anzusiedeln sind bei den kleinen Leuten. Die kleinen Leute sind so sehr durch Hunger und Armut betroffen, daß sie ständig um ihr Existenzminimum bangen müssen. Diesen kleinen Leuten, deren Sorge um das Leben *konkret* war, weil sie materiell war, wird durch Jesus gesagt: ihr seid mehr als der Hunger, ihr seid mehr als die Armut. Hunger und Armut sollen nicht eure Herren sein, vertraut vielmehr auf die Güte Gottes, der alle Geschöpfe erhält. Diese Botschaft sagt nicht nur denen etwas, die in völliger Besitzlosigkeit auf der Wanderschaft sind, sondern sie sagt auch den Seßhaften etwas, weil auch sie besitzlos und vom Hunger bedroht sind. Bemerkenswert in diesem Zusammenhang ist immerhin, daß dieser Hunger und diese Armut in der synoptischen Überlieferung überhaupt nicht erscheinen als Problem der Angesprochenen (gerade die Speisungsgeschichten haben ja eine ganz andere Pointe; und wo es bei Jesus um materielle Hilfe geht, da geht es immer um die Wiederherstellung der Gesundheit). Auch in den Seligpreisungen erscheinen ja die Armen nur als eine Gruppe unter anderen. Diese Abwesenheit von Hunger und Armut müßte man damit erklären, daß alle entsprechenden sozial-konkreten Angaben verdrängt worden sind durch die soziale Bessergestelltheit der späteren Tradenten der Jesusüberlieferung. Diese Annahme erscheint nicht unproblematisch.

Dem trägt die *zweite* Antwort Rechnung. Sie geht davon aus, daß die Jesusjünger (und auch Jesus selbst) einen demonstrativen Besitzverzicht geleistet hätten. Daß sie als völlig mittellose Wanderprediger durchs Land gezogen seien, mit ihrem Lebensstil demonstrierend, daß es umzukehren gilt zu dieser neuen Lebensmöglichkeit. So sei – gemäß G. Theißen – eine Bettelei höherer Ordnung entstanden, das heißt eine Bettelei, welche demonstrativ angewiesen sein will auf die Barmherzigkeit der Aufnahmebereiten und dieses Angewiesensein begründet mit dem Hinweis auf die Güte Gottes. Der Text von den Lilien auf dem

Felde, sagt Theißen etwas bissig, habe gar nichts zu tun mit den Freuden eines Sonntagsspaziergangs, sondern er weise die Wandercharismatiker ein in ihr Leben ohne Arbeit und Besitz. Wäre dann das Sorgen in unserem Text identisch mit dem Arbeiten? Sagt der Text einfach, ihr braucht nicht zu arbeiten? Warum sagt er dann aber: sorget nicht? Und weiter: war denn die soziale Erscheinungsform der Jüngerschaft, eben das besitzlose Wanderleben, auch der *Inhalt* ihrer Verkündigung? Ging es ihnen um das, was wir heute Verabsolutierung der eigenen Biographie nennen? War Jesus ein besitzloser Wandercharismatiker?

All diese und viele weitere Fragen werden hervorgerufen durch die beiden genannten Anworten auf den ursprünglichen Textsinn. Trotz dieser Fragen jedoch hat die sozialgeschichtliche Einordnung des Textes eine nicht unerhebliche Plausibilität. Ob es nun kleine Leute waren, die in ihrer Not zur Flucht nach vorn ansetzten, oder ob es Mittelständische waren, deren Besitzverzicht nicht ein ökonomisches sondern ein ethisches Phänomen ist, in jedem Falle müssen wir zur Kenntnis nehmen, daß das Sorgen hier einen unverkennbaren materiellen Aspekt hat. Und es ist in der Tat unerläßlich, sich den sozialen Abstand bewußt zu machen, der uns von den ursprünglich Angeredeten trennt. Jedoch hat die sozialgeschichtliche Interpretation gerade auch dieses Textes eine abgründige Tendenz, aus dem Gesagten ein Fossil zu machen. Gewiß entstand dieser Text in einem bestimmten sozialen Kontext, aber daraus kann nicht geschlossen werden, sein Sinn beschränke sich auf das, was er im ursprünglichen Kontext gesagt haben mag. Nur Fossilien sind in dieser Weise vergangen. Texte dagegen werden, rein schon durch ihre Verschriftlichung, unabhängig gegenüber ihrer ursprünglichen Situation. Es wächst ihnen Sinn zu, ihr Sinnpotential wird entdeckt dadurch, daß sie in neue Situationen kommen. Dieser Prozeß setzte schon ein, als Matthäus diesen Text in sein Evangelium aufnahm, *ohne* Referenz auf den sozialen Zusammenhang, aus dem er stammte, und *jetzt* im Zusammenhang der Alternative von Mammondienst und Gottesdienst stehend. Mammondienst aber war gar keine reale Möglichkeit der kleinen Leute. Gerade Matthäus ließ den Text nicht zu einem Fossil verkümmern. Und ihm ist es zu verdanken, daß er nun nicht nur zu besitzlosen Wandercharismatikern spricht sondern auch zu

Besitzenden auf ihrem Sonntagsspaziergang. Es wäre schade, diese Öffnung in der Auslegung wieder rückgängig zu machen.

Es wäre auch schade, würden wir uns einlassen auf die ständigen Betonungen von L. Schottroff und W. Stegemann, nur die Sorge um das Existenzminimum sei konkret. Was heißt denn hier konkret? Rudolf Bultmann hat den Versuch unternommen, die Sorge als existentielle Bewegung des Menschen konkreter zu denken, als sie in der Verengung auf die Sorge um das Existenzminimum gedacht wird. Es gehört heute zum guten Ton unter den Exegeten, diese existentiale Interpretation der Sorge abzuweisen. Manches an dieser Sicht Bultmanns ist auch zu kritisieren, aber gerade seine Ausweitung des Phänomens der Sorge nicht (wie auch die folgende Auslegung deutlich machen wird). Wieso soll denn nur die Sorge um das Existenzminimum konkret sein? Wie konkret sind denn die Milliardenbeträge, die in unserer Welt investiert werden in Waffenarsenale, gar nicht etwa nur von den sogenannten Supermächten, sondern vom hintersten und letzten Staat der Dritten Welt? Wie konkret wird hier die Sorge, die darauf ausgerichtet ist, die Erhaltung des Lebens zu sichern? Oder wie konkret sind die Existenz-ängste, die sich in unserer Überflußgesellschaft eingestellt haben, gar nicht bloß bei den Reichen, sondern auch bei den durchschnittlich und unterdurchschnittlich Bemittelten? Wie konkret ist das Klammern an die Lebenssicherung, welche solche Menschen in die Depressionen treibt? Die Frage ist eben, was das Existenzminimum sei, und ob dieses Existenzminimum partout auf das Essen und Trinken und auf die Kleidung beschränkt werden dürfe. Dagegen nimmt schon der Text Stellung. Im Folgenden will ich ein paar wichtige Einzelaspekte dieses geradezu poetischen Textes herausgreifen. Es ist schwierig, über einen Text etwas zu sagen, wenn er doch selbst immer ungleich viel mehr zu sagen hat.

Wichtige Aspekte zum Verständnis des Textes

1. Einen ersten Verstehenshinweis erhalten wir gleich in V. 25, wo die Richtung des Sorgens beschrieben wird. Das Sorgen richtet sich einerseits auf die «Seele» *(psychē)*. Das ist – alttestamentlich gesprochen – das Leben, nicht etwa die Seele im hellenistisch-psychologischen Sinne. Es geht um das Leben in seiner Lebendigkeit, eine Lebendigkeit,

die nur durch Zufuhr von Nahrung und Wasser aufrecht zu erhalten ist. Das Sorgen richtet sich andererseits auf das *sōma*, hier wohl als Organismus im Ganzen, als Leib, zu verstehen. Der Leib leidet Schaden, wenn er nichts anzuziehen hat (Kleidung hier eher als Schutz denn als Zier). In beiden Fällen spricht sich das Sorgen so aus, daß nach den Grundbedürfnissen gefragt wird: was soll ich essen? womit soll ich mich anziehen? Diese Fragen gelten nicht einfach der *Beschaffung* von Nahrung und Kleidung. Nicht dagegen richtet sich denn auch die Warnung; sinnvollerweise, denn jeder Mensch muß Nahrung und Kleidung beschaffen, und sei es gar durch Bettelei. Die Warnung richtet sich vielmehr gegen das Sorgen, das sich in den Fragen «Was sollen wir essen?» und «Womit sollen wir uns anziehen?» ausspricht. Was unterscheidet das Sorgen von der Beschaffung?

Die Antwort auf diese Frage finden wir, wenn wir das Gegenargument beachten: Ist nicht das Leben mehr als Nahrung? Ist nicht der Leib mehr als Kleidung? Die Sorge um die Nahrung und Kleidung tastet offensichtlich dieses Mehr an. Offenbar wird die Lebendigkeit und die Leiblichkeit des Menschen angetastet von der Sorge. Das läßt sich verstehen, wenn wir – einem Hinweis des Lukasevangeliums folgend – das Angstmoment wahrnehmen, das in der Sorge steckt. Die besorgte Frage nach der Nahrung entsteht auf dem Boden der Angst, es sei nichts mehr zu essen da. In dieser bersorgten Frage zieht der Mensch den schlechtesten Fall der Zukunft in das Jetzt herein. Seine Gegenwart wird geprägt von der Angst, es sei keine Zukunft mehr. Das Sorgen ist deshalb eine *angstgetriebene Sicherungsbewegung*, welche die böseste Zukunft zum Maß für das Gegenwärtige macht. In der Sorge hole ich eine *allenfalls* mögliche böse Zukunft in meine Gegenwart herein. Könnte man nicht sagen, daß diese Sorge die Lebendigkeit auffrißt? Könnte man nicht sagen, daß sie – gerade weil sie die Leiblichkeit mit Kleidung zu sichern sucht – eben diese Leiblichkeit verletzt? Lebendigkeit ist offenbar mehr als Sattheit, Lebendigkeit ist Sorglosigkeit.

2. Der Text ist darauf aus, den Menschen in eine bestimmte Bewegung zu versetzen. Das geht insbesondere aus seinem Aufbau klar hervor. Gleichsam Ausgangspunkt dieser Bewegung ist die Sorge, welche das menschliche Leben kennzeichnet. Am Anfang steht die Aufforderung, nicht zu sorgen. Diese negative Bezugnahme auf die Prägung des menschlichen Lebens wird in den zwei weiteren Imperati-

ven in positivem Sinne präzisiert: «Richtet eure Aufmerksamkeit auf» und «richtet euer Augenmerk auf». Die beiden positiv bestimmten Imperative geben die Bewegungsrichtung an: die Bewegung geht vom Sorgen zum Sehen. Nicht sorgen sollt ihr, sehen sollt ihr! Offenbar ist das Sorgen dadurch gekennzeichnet, daß es der Wahrnehmung nicht verpflichtet ist. Vielmehr ist das Sorgen ausgerichtet auf «euer Leben» und «euren Leib» (die Possessivpronomina sind wichtig). Es ist die angstvolle Bewegung auf mich selbst zu; dem Sorgen geht es um Selbsterhaltung. Die Alternative dazu ist das Sehen: es richtet sich auf die Außenwelt, auf zwei unscheinbare Erscheinungen aus dem großen Zusammenhang der Schöpfung: die Vögel und die Lilien. Diese Erscheinungen aus dem großen Zusammenhang der Schöpfung zeichnen sich dadurch aus, daß sie nichts für ihre Selbsterhaltung tun und dennoch erhalten werden. Daraus folgt: die Aufforderung, nicht zu sorgen, fordert nicht etwa zur Selbstaufgabe auf. Sie kritisiert nicht die Selbsterhaltung. Vielmehr deckt sie auf, daß die Selbsterhaltung *in der Sorge* vorgestellt wird als Selbstversorgung.

Die Sorge ist jene Bewegung auf mich selbst zu, in welcher ich mir die Last der Selbstversorgung zumute. Das Sehen dagegen macht aufmerksam darauf, daß es Selbsterhaltung durch Fremdversorgung gibt. Die Sorge ist deshalb jene Art von Selbstbezug, in welcher der Mensch seine Bezogenheit auf das Ganze der Schöpfung übersieht. Der Schritt von der Sorge zum Sehen ist deshalb der Schritt von der Selbstversorgung dorthin, wo der Mensch sich der ihn versorgenden Schöpfung anvertraut. Die Spatzen und die Lilien sind in dieser Sache jedoch nicht etwa Vorbilder des Menschen; sie treten lediglich als Zeugen für den großen Zusammenhang der Schöpfung auf, in dem Erhaltung faktisch stattfindet. Die Spatzen und Lilien können deshalb nicht dafür herhalten, den Menschen in die Untätigkeit einzuweisen. Arbeit ist die menschliche Weise damit fertig zu werden, daß das Paradies verloren ist. Die entscheidende Frage an die Arbeit ist jedoch, ob sie im Horizont der Sorge oder aber im Horizont des Sehens geschieht. Im Horizont der Sorge mißrät die Arbeit zum Produzieren, zur Selbstversorgung mit Lebendigkeit, die aber zugleich viel mehr ist als das, was je erarbeitet werden könnte. Im Horizont des Sehens gerät die Arbeit dagegen zum Rezipieren und Raffinieren der Gaben, die die Schöpfung zur Versorgung des Lebens bereithält.

3. Interessante Zeugen werden da angeführt für den großen Zusammenhang der Schöpfung: Spatzen, die keinen Pfifferling wert sind, und Lilien, Unkraut, dem niemand ein Gärtner sein will. An den Spatzen wird gezeigt, daß sie für ihr Essen nichts tun und dennoch ernährt werden vom himmlischen Vater. An den Lilien wird gezeigt, daß sie für ihre Kleidung nichts tun und dennoch schöner gekleidet sind als Salomo in seiner Pracht. Also: sie tun nichts zur Selbsterhaltung und dennoch werden sie erhalten. Sie sind wertlos und unwichtig und dennoch werden sie prachtvoll ausgestattet und unendlich wichtig genommen. Daran ist zu erkennen die Leidenschaft Gottes für das Wertlose und Unwichtige. Man sagt häufig, der Mensch nehme sich in der Sorge zu wichtig. Unser Text deutet eher auf das Gegenteil hin. Er nimmt sich zuwenig wichtig, weil er übersieht, daß Gott das gänzlich Unwichtige vollkommen wichtig nimmt – und um wieviel unterscheidet ihr euch von ihnen? Der Sorgende hält sich nicht einmal für so wichtig, daß Gott ihn versorgen würde. Deshalb verlegt er sich auf Selbstversorgung.

Es kommt freilich darauf an, Augen zu haben für die Leidenschaft Gottes. Denn von den Lilien könnte man auch ganz anders reden. Das wird sogar angedeutet im Text. Man könnte von der Achtlosigkeit reden, mit welcher sie zu Boden gestampft werden, von der Selbstverständlichkeit, mit welcher sie im Ofen verheizt werden. Auch von den Sperlingen könnte man ganz anders reden: jeder Spatz, der verhungert vom Dach fällt, könnte ein Einspruch sein gegen das, was Jesus aus ihnen macht. Man könnte davon reden, daß Spatzen der Sonntagsbraten des kleinen Mannes sind. Doch davon ist – meint Jesus – jetzt nicht zu reden. Es kommt auf die Lauterkeit des Sehens an. Es kommt darauf an, das Einfache zu sehen, das die Schöpfung sagt: es wird auch das Unwichtigste wichtig genommen. Hier wird allererst die Welt in die Schöpfung verwandelt. Hier wird die Welt so besprochen, als ob das Paradies nicht verloren wäre. Diese Verwandlung der Welt zeigt sich – wenn auch unauffällig – darin, daß die Vögel nicht einfach Vögel sind, sondern Vögel des Himmels, Vögel, die am Himmel ihren Lebensraum haben und zugleich vom Himmel versorgt werden. Gewiß, das ist eine unzweideutige Sicht der Welt. Sie verwandelt die Welt in die Gottesherrschaft. Aber ist nicht auch etwas Wahres daran? Findet die Versorgung nicht auch statt in der Schöpfung? Ist das Leben nicht doch mehr als das, wofür ich in der Sorge aufkommen kann: eine Gabe des

Schöpfers, vergänglich zwar, aber von einer Schönheit, gegenüber der sogar Salomo nicht aufkommen kann, der gewiß ein Meister in der Selbstversorgung mit Schönheit war?

4. Die Bewegung des Sehens wird – besonders in der erneuten Aufforderung V. 31–33 – noch von einer anderen Seite präzisiert: dem Sorgen des Sorgenden wird das Suchen des Unbesorgten gegenübergestellt. Beides bezeichnet ein Aussein des Menschen auf etwas. Die Sorge aber ist das Aussein auf mein Leben und meinen Leib. Es ist ein Aussein, das gar nicht nach außen dringt, nicht einmal im Sehen einen Schritt ins Offene wagt. Deshalb wird für das Aussein auf das Gottesreich ein anderes Verbum gewählt: hier geht es um das Suchen. Suchen ist die Bewegung des Menschen auf das zu, was ihm von außen zufällt. Suchen ist auf das Zufällige gerichtet. Deshalb steht der Sorge um das eigene Leben die Suche nach dem Gottesreich und nach der Gerechtigkeit Gottes gegenüber. Sucht die Gottesherrschaft, lautet die Aufforderung, zuerst und vor allem, indem ihr sehen lernt, was die Vögel des Himmels und die Lilien auf dem Felde bedeuten. Sucht die Gottesherrschaft, indem ihr tun lernt, was die Gerechtigkeit Gottes gebietet. Nicht daß damit euer Leben und eure Kleidung übergangen würde. Das werdet ihr als Zugabe erhalten. Das Suchen der Gottesherrschaft ist offenbar auf jenes Leben gerichtet, das in der sorgenden Selbstversorgung gar nicht erreicht wird. Das Suchen der Gerechtigkeit bringt offenbar jene Leiblichkeit, die in der Sorge um Kleidung verfehlt wird. Soll man eine solche These naiv nennen? Ist nicht für die Selbsterhaltung derer genug getan, welche sich um die gerechte Verteilung des Brotes mühen? Ist nicht für den Leib derer genug getan, die die Armen bekleiden? Die Fragen sind schwierig zu beantworten. Einigermaßen evident scheint dagegen, daß die Selbstversorger an ihrer eigenen Selbstversorgung zugrunde gehen.

Die Lilien des Feldes und die Vögel des Himmels sind neuerdings in merkwürdiger Weise rehabilitiert worden von manchen Zeitgenossen. Sie nehmen sie zum Vorbild für ein alternatives Leben, das auf Leistung und Arbeit weitgehend verzichten möchte. Demgegenüber ist immerhin festzuhalten, daß Jesus mit den Lilien und den Vögeln etwas anderes meint. Ihm geht es nicht um den Regreß in ein Vogel- und Lilienleben, ihm geht es vielmehr um Suchen, um Handeln, um Versorgen, um Verteilen, um Sehen der Gerechtigkeit Gottes, für die auch die Lilien

Zeugnis ablegen. Ihm geht es nicht um ein retour à la nature, sondern um ein avant au royaume de Dieu. Ihm geht es nicht um das Aussteigen, sondern um das Einsteigen in die Bewegung der Gottesherrschaft, in eine Bewegung, von welcher auch die Spatzen auf den Dächern nicht ausgenommen sind.

5. Schließlich ist zu bedenken, was die beiden Verse 27 und 34 bedeuten. V. 27 legt den Finger darauf, daß *die Sorge* noch kein Leben verlängert hat. Oft wird diese Aussage mißverstanden, als ob damit das Sorgetragen zum Leben verabschiedet sei. Wenn das gemeint wäre, wäre der Satz schlicht falsch. Denn nicht erst in unseren Tagen gibt es das Wissen, daß man auf das Leben achtgeben oder aber es achtlos verschleudern kann. Deshalb ist das *Sorgen* zu betonen: die angstvolle Sorge um die Selbstversorgung hat wohl in der Tat noch kein Leben verlängern können. Es steht vielmehr zu vermuten, daß der Mensch von seinen eigenen Sicherheitsmaßnahmen dermaßen belastet wird, daß sein Leben dadurch eher verkürzt wird. Wie dem auch sei: die Qualität des Lebens wird durch die Sorge jedenfalls massiv verschlechtert. Denn in der Sorge beschäftige ich mich schon heute mit jener Unbill, mit welcher ich mich *möglicherweise* erst morgen beschäftigen müßte. Das Morgen aber wird entweder für sich selbst sorgen oder aber seine eigene Sorge haben. Das betont V. 34. Die Sorge entreißt mich dem Heute, wenn ich stets dem Morgen in Sorgen zugewandt bin. Damit entreißt es mich der einzigen Zeit, in welcher ich – wenn überhaupt – Existenz haben kann. Zu diesem Aspekt des Sorgens paßt sehr gut ein altes Sprichwort: Sorge macht alt vor der Zeit. Damit soll es mit dem Sorgen auch sein Bewenden haben.

Vom Richten

«Richtet nicht, damit ihr nicht gerichtet werdet. (Aorist, wörtlicher verstanden: damit ihr nicht dem Gericht verfallt). Denn mit welchem Gericht ihr richtet, werdet *ihr* gerichtet werden, und mit welchem Maß ihr meßt, wird *euch* gemessen werden. Warum siehst du den Splitter im Auge deines Bruders, den Balken aber in deinem Auge nimmst du nicht wahr (*katanoein* meint etwas wahrnehmen und sich dabei etwas denken)? Oder wie wirst du (vielleicht besser: wie kommst du dazu) zu deinem Bruder sagen: Laß! Ich will dir den Splitter aus deinem Auge ziehen? Und sieh, der Balken (steckt) in deinem Auge! Heuchler! Zieh zuerst aus deinem Auge den Balken, und dann wirst du klar sehen, um den Splitter aus dem Auge deines Bruders zu ziehen.

Gebt das Heilige nicht den Hunden und werft eure Perlen nicht vor die Säue, damit sie sie nicht verstampfen mit ihren Füßen und umkehren und euch zerreißen.» (Mt 7,1–6)

Traditionsgeschichtlich gesehen stammen die Verse 1–5 aus der Logienquelle. Sie stehen bei Lukas an einem andern Ort: dort folgen sie direkt auf das Gebot der Feindesliebe. Diese bei Lukas überlieferte Reihenfolge könnte durchaus die ursprüngliche sein: das Gebot, nicht zu richten, paßt in seiner Stoßrichtung sehr gut zur Radikalität des Gebotes von der Feindesliebe. Herkunftsmäßig dürfte der Vers 1 (richtet nicht!) auf den historischen Jesus zurückgehen, zumal ein solcher Satz weder im Judentum vorhanden noch mit den Bedürfnissen der späteren christlichen Gemeinde zu erklären ist (im Gegenteil: man hat bisweilen den Eindruck, das damals vorhandene jüdische Gerichtsdenken sei – unberührt von solchen Sätzen Jesu – auf die christliche Gemeinde übergegangen). Keinen ursprünglichen Zusammenhang mit den Worten zum Richten hatte das Wort von den Perlen, es stammt aus dem matthäischen Sondergut.

Bei diesem Wort, das wir jetzt in der Erklärung vorziehen, handelt es sich um einen rätselhaften Satz, der wohl nie aufgeklärt werden kann. Nicht rätselhaft ist der Satz sozusagen auf seiner Bildebene: es ist klar, daß Perlen nicht vor die Säue gehören. Säue wollen nämlich keine Perlen, sondern vielmehr Fressen. Deshalb werden sie wütend, wenn sie statt des Fressens die Perlen bekommen, und könnten leicht den großzügigen Geber anfallen. Gewiß soll das Heilige nicht auf den Hund kommen, ist doch das Heilige der Wahrnehmung des Menschen allein vorbehalten. Die Bildebene ist ebenso klar, wie die Deutung unklar ist. Soll damit gesagt sein, das Evangelium sei den Heiden nicht zu geben? Soll damit gesagt sein, der Verzicht auf Richten soll nur den Würdigen (also denen, die gewogen und nicht zu leicht befunden wurden) zugute kommen? All das sind Vermutungen, die nur darüber hinwegtäuschen, daß der Satz durch und durch rätselhaft ist und es vorhanden auch bleibt.

Ganz und gar nicht rätselhaft hingegen sind die Aussagen über das Richten. «Richtet nicht, damit ihr nicht gerichtet werdet». In vollendeter Klarheit steht dieser Satz vor uns. Seine Klarheit widersteht allen Versuchen, ihn irgendwie zu bändigen. Es wäre ein Bändigungsversuch, zu sagen: hier geht es um das *Vorurteil,* um das voreilige, ungeduldige Richten, in welchem der oder die anderen festgelegt werden auf das Bild, das wir – gleichsam ohne hinzusehen – uns von ihnen machen. Aber von Vorurteil steht nichts. Das Urteil selbst, das Richten auch in seiner höchsten und ernsthaftesten Gestalt, wird hier abgelehnt. Es wäre ebenfalls ein Bändigungsversuch, zu sagen: hier geht es um das *unbefugte Richten,* um das Richten von solchen, die *selbst dermaßen im Unrecht* sind, daß sie sich ein Urteil gar nicht erlauben können. *Stünden nur die Sätze vom Splitter und vom Balken da,* so könnte eine solche Deutung nicht von der Hand gewiesen werden. Nun steht aber jener glasklare Satz da, der das Richten schlechthin verbietet, und zwar gleichgültig von welcher ethischen Statur der Richter sein mag. Es wäre schließlich ein Bändigungsversuch, zu sagen: hier geht es darum, daß wir *nicht zu hart* ins Gericht gehen mit den andern, darum, daß wir in unserem Urteil über andere eine gewisse Milde und Güte walten lassen. Auch dieser Ausflucht widersteht der Satz: ihr sollt überhaupt nicht richten, nicht nur nicht zu hart, sondern überhaupt nicht, nicht nur nicht die andern, sondern weder andere noch euch selbst sollt ihr richten.

Alle Ausflüchte sind erfolglos. Hier wird jede Form des Urteilens, des Richtens abgelehnt. Der Verzicht auf das Richten wird auch *nicht* damit begründet, daß das Richten allein Gottes Sache sei. Das bedeutet: hier wird nicht einfach das menschliche Richten unterbunden mit Blick auf den alleinigen göttlichen Richter, der – weil er alles weiß – alles auch besser beurteilen kann. Viel mehr wird hier aufgegeben: hier wird der *Gedanke* oder der *Vorgang* des Richtens selbst aufgegeben, so wie für die Menschen so auch für Gott. Denn wer richtet, wird hineingezogen in den Strudel des Gerichtetwerdens. Wer richtet, wird sich auch Gott nicht anders vorstellen können denn als Richter, im besten Falle als gnädigen Richter. Wer richtet, ist auf das Jüngste Gericht eingestellt. Er ist aber auch hineingerissen in den Strudel des alltäglichen Beurteiltwerdens. Denn was er andern zufügt, wird auch ihm zugefügt werden. Wenn er andere richtet, wird auch er von diesen gerichtet werden.

Dieser Zusammenhang des Urteilens kommt auch im Vers 2 zum Ausdruck: das Urteil, mit dem ihr urteilt, das Maß, mit dem ihr meßt, fällt auf euch zurück, gewiß zuerst im Jüngsten Gericht, wie die futurischen Passive anzeigen, die passiva divina sind. Aber nicht nur im jüngsten Gericht fällt das Richten auf den Richter zurück, sondern schon hier; das Gerichtetwerden ist immer die Zukunft des Richtens. Und wie sachgemäß das Urteil auch sein mag, wie angemessen das Maß auch sein mag, das Urteilen und Messen selbst bringt mich in einen Zusammenhang, wo man mir nicht gerecht werden kann. Vom Gedanken des Gerichts wird hier Abschied genommen, weil jeder Vorgang des Richtens den Menschen offenbar an einen Ort versetzt, wo er ungerecht behandelt wird. Diese schroffe Ablehnung des Richtens kann man sich bei Jesus am besten erklären, wenn man von seiner Gottesreichsbotschaft aus denkt. Die Gottesherrschaft ist die Herrschaft jenes Gottes, der allen Menschen gerecht wird indem er alle Menschen gerecht *macht.* Die Gottesherrschaft ist jene Herrschaft, in welcher die Menschen nicht durch Richten sondern durch Liebe zurechtgebracht werden. Diese Gottesherrschaft ist im Kommen. Deshalb ist das Richten nicht mehr an der Zeit. Im Richten ist der Mensch auf das Jüngste Gericht eingestellt, nicht auf die Gottesherrschaft. Stellt er sich jedoch auf sie ein, ist die Zeit des Richtens vorbei, die Zeit des Urteilens über sich und andere.

Man muß sich einmal vorstellen, was solche Aussagen bedeuteten in der Zeit, da sie zum erstenmal gemacht wurden. Sowohl im jüdischen als auch im hellenistisch-griechischen Denken war die Gottesvorstellung beherrscht vom Gerichtsgedanken. Gott ist der Richter schlechthin, sein Urteil ist unbestechlich und gerecht. *Dikē*, das Recht und die Gerechtigkeit in Person, ist die Tochter des Zeus, des höchsten Gottes, und sie teilt mit ihm seinen Thron. «Mišpat», Gottesrecht, wird in alttestamentlicher Zeit zum höchsten Gut. Gottes Tun ist Rechtschaffen schlechthin, Urteilen, auch dort, wo es um das Recht der Unterdrückten und Armen geht, das Gott zu seiner Sache macht. Man könnte sagen: im alttestamentlich-jüdischen Glauben war das Richten geradezu *die* Äußerung Gottes, auch dort, wo es nicht einfach darum geht, daß Gott die Menschen am Maßstab der Gerechtigkeit maß, wo er vielmehr ihnen Recht verschafft in dem Sinne, daß Oben und Unten verkehrt werden. Gewiß gab es den Gedanken des gnädigen Richtens, aber auch er war der Gedanke des Richtens. Gewiß gab es, auf der menschlichen

Ebene, die rabbinischen Mahnungen, es soll ein Mensch stets nach seiner verdienstlichen Seite beurteilt werden. Aber auch dieses wohlwollende Urteilen bleibt ein Urteilen. Wie sehr der Gottesgedanke vom Phänomen des Richtens geprägt war, können wir gerade auch an der Messiaserwartung sehen. Erwartet wurde ein Messias, der das Gericht über alle Völker der Welt vollzieht, ein Messias, der unterscheidet zwischen den Guten und den Bösen. Diese Messiaserwartung findet sich ja aufgenommen in dem Gleichnis vom letzten Weltgericht (Mt 25,31ff). Gott in seinem endzeitlichen Kommen wird vorgestellt als Richter. In diesem Zusammenhang steht die klare und unmißverständliche Aufforderung Jesu, vom Richten überhaupt Abstand zu nehmen, auch von gnädigen Urteilen und auch von dem Urteilen, das die Oberen nach unten und die Unteren nach oben versetzt. Das ist ein atemberaubender Gedanke, der an den Grundfesten der Gottesvorstellung rüttelt. Es verwundert nicht, wenn dieser Gedanke nur da und dort aufblitzt im Neuen Testament, nur da und dort zum Durchbruch kommt, während an vielen anderen Stellen die alte Würde des Richtens in neuen Schläuchen aufbewahrt wird.

Was ist das eigentlich für ein Lebensphänomen, das Richten? Gerade die Messiaserwartung macht es klar: das Richten unterscheidet zwischen Gut und Böse, indem es die Guten abgrenzt von den Bösen. Die Grundbedeutung von *krinein* ist «sondern, sichten» (etwa: Spreu vom Weizen sondern). Das Richten ist jener Lebensvorgang, in welchem Abstand genommen wird von denen, die auf dem falschen Wege sind. Ist das Urteil gesprochen, wird der Verurteilte abgesondert. Das gilt erst recht für das letzte Gericht: ist dort das Urteil gesprochen, wird der Verurteilte vernichtet. Von dieser Absonderung, sowohl von der endgültigen wie auch von der jetzigen, versprach sich Jesus offenbar nichts. Er verlegte sich, wenn es um die Bösen ging, auf die Vergebung der Sünden. Er verlegte sich, statt auf die Abstandnahme, auf den Zugang zu denen, die von Gott nichts wissen wollten oder konnten. Diese Einstellung Jesu widerspiegelt sich in seiner Aufforderung, vom Richten gänzlich Abstand zu nehmen.

Das Richten als Lebensphänomen ist nicht nur das Abstandnehmen sondern auch das Herrschen. In alttestamentlicher Zeit schon war dieser Zusammenhang bewußt: Gottes Richten läßt erkennen, daß er der Herr ist. Denn nur Herren können richten. Das Urteilen beruht auf

Macht, und deshalb bringt es Macht zum Ausdruck. Auch von diesem Ausdruck der Macht hat sich Jesus nichts versprochen. Er verlegte das wahre Menschsein vielmehr auf das Dienen. Im Herrschen macht der Mensch sich etwas vor, er ist ein Heuchler, ein Schauspieler vor sich selbst, weil er seine wahre Situation übersieht. Das Urteilen ist eine Form des Herrschens. Die Kritik der andern ist der Versuch, sich ihrer zu bemächtigen. Das sieht man am besten am Phänomen der ins Maßlose gesteigerten Selbstkritik, der kritischen Selbstzerfleischung. Da gerate ich so sehr unter die Herrschaft meiner eigenen kritischen Ansprüche, daß ich fast vergehe deswegen. Da wird handfest, wie sehr das Richten ein Schauspiel ist, mit welchem ich nicht nur die andern sondern auch mich selbst hinwegtäusche über das wahre Leben. In unserer Zeit gilt das Kritische sehr viel, gerade auch in den Hallen der Wissenschaft. Am Kritischen mag durchaus etwas Berechtigtes sein, in einem Augenblick werde ich darauf zurückkommen. Aber die unkritische Hochschätzung des Kritischen könnte etwas Selbstmörderisches verraten: den selbstmörderischen Versuch nämlich, von allem und jedem Abstand zu halten. Der Kritizismus könnte der selbstmörderische Versuch des Subjekts sein, sich an die Stelle des richtenden Gottes zu setzen, und damit an eine Stelle sich zu setzen, wo Gott gar nicht mehr sitzt.

Die plastischen Hyperbeln vom Splitter und vom Balken verraten etwas vom Verhältnisblödsinn des Richtens. So übertrieben wie dieses Bild vom Balken im eigenen Auge und vom Splitter im Auge des Bruders ist, so übertreibt das Richten den menschlichen Hang zum Herrschen und zum Abstandnehmen. Viele Menschen sind zeitlebens damit beschäftigt, Splitter in den Augen ihrer Schwestern und Brüder zu finden, Splitter in den Augen auch unserer Vorfahren. Viele Menschen sind zeitlebens mit dem Aufdecken von Fehlern beschäftigt, die andere gemacht haben oder wenigstens angeblich gemacht haben. Es muß offensichtlich eine angenehme Beschäftigung sein, Haare in der Suppe zu finden. Warum ist das so angenehm, daß so viele sich dieser Tätigkeit verschreiben? Vielleicht deshalb, weil es mich in einer Täuschung beläßt, weil die Suche nach den Splittern mir erlaubt, den Balken in meinem eigenen Auge zu übersehen. Im Suchen nach fremder Schuld täusche ich mich über die wahren Schuldverhältnisse hinweg. Es ist insofern ein Verhältnisblödsinn, der mir eine längst fällige Enttäuschung vorenthält. Es erlaubt mir ein Schauspiel vor mir selbst, eine Heuchelei. Heuchelei ist es, wenn die Selbstkritik umgangen wird mit der Kritik an andern. Es bedarf keiner besonders scharfen Brille, diesen Verhältnisblödsinn des Richtens wahrzunehmen. Wieviel Kritik wird geleistet, um der Aufdeckung der wahren Schuldverhältnisse aus dem Wege zu gehen? Man braucht nur einmal an den Gebrauch zu denken, der heute vom sogenannt finsteren Mittelalter und den kirchlichen Ungeheuerlichkeiten darin gemacht wird. Ohne diese Ungeheuerlichkeiten verharmlosen zu wollen, ist doch festzuhalten, daß die Kritik an solchen Dingen weitgehend eine Ablenkungsfunktion hat. Sie lenkt ab von den Ungeheuerlichkeiten, die unter uns geschehen. Darin liegt auch der Verhältnisblödsinn des Richtens: es täuscht mich hinweg über die wahren Verhältnisse, über meine eigene Verstrickung in schuldhaftes Geschehen. Wird diese Verstrickung einmal wahrgenommen, so ergeben sich von selbst die richtigen Dimensionen für fremde Fehler. Wer den Balken aus seinem Auge entfernt hat, mag dann ruhig sich den Splittern zuwenden – wenn er überhaupt noch Zeit dazu findet. Immerhin ist das Entfernen der Splitter offenbar nicht mehr einfach das Richten. Während das Richten auf die ganze Person gerichtet ist, geht es hier um Einzelnes, es geht offenbar darum, bestimmte Verfehlungen als solche zu kennen und bei ihrer Beseitigung mitzuhelfen. Das ist nicht mehr einfach das Urteilen, sondern vielmehr das Verbessern – wiewohl auch dieses zur Arroganz verkommen kann, wenn man vergißt, wie die wahren Schuldverhältnisse sind.

Schon diese Hyperbeln bringen einen Gedanken zum Vorschein, der wohl unterschwellig unser ganzes Nachdenken über das Richten beschäftigt hatte, und nun nicht länger auf die Seite geschoben werden soll. Es ist der Gedanke, daß Richten schlicht unverzichtbar ist zum Leben. Es muß doch einfach sein, dieses Urteil über Gut und Böse, es muß doch einfach sein, dieses klare Wort an Schwester und Bruder, seine Verfehlungen betreffend. Ist es nicht unsinnig, vom Richten überhaupt Abschied nehmen zu wollen? Ich sagte schon: in diesem klaren und unmißverständlichen Wort tritt uns noch einmal der Bergprediger in seiner ganzen Fremdheit entgegen, tritt uns noch einmal eine Forderung entgegen, die ganz und gar am Wahren orientiert ist, die ganz und gar an der Gottesherrschaft orientiert ist, ohne sich um die weltlichen Bedürfnisse zu kümmern. Es ist evident, daß wir im Reich der Welt ohne Urteilen nicht auskommen; das zeigt nicht zuletzt die Institution des Richters, der in unserem Auftrag Urteile fällt. Das Urteilen kann nicht aus der Welt geschafft werden. Hat das Gebot Jesu also nichts zu suchen in unseren Gegenden? Es gibt eine Vorstellung vom letzten Gericht, die sowohl die Notwendigkeit des Richtens als auch dessen Unsachgemäßheit berücksichtigt. Diese Vorstellung findet sich zwar bei Paulus, sie kann aber durchaus zum Verständnis dessen herangezogen werden, was Jesus mit seinem Verbot des Richtens gemeint hat. Denn wie Jesus denkt auch Paulus Gott ganz als Liebe. Wie Jesus die Gottesherrschaft wahrnimmt als Herrschaft der Liebe, so denkt Paulus Gottes Gericht von der Liebe bestimmt. Wie sieht das Urteil aus, das von der Liebe bestimmt ist? Gewiß nicht einfach so, daß es alles gelten läßt. Liebe ist nicht zu verwechseln mit der Gleichgültigkeit des Permissiven, welche sich dann gerne noch Toleranz zu nennen pflegt. Die Liebe hat ein klares Urteil über all das, was lieblos ist. Aber die Liebe fällt dieses Urteil so, daß dabei nicht *der Mensch* in seinen Strudel gerissen wird. Die Liebe fällt das Urteil so, daß sie das Lieblose unterscheidet von dem, der es vollbringt, daß sie das Böse unterscheidet von dem, der es tut. Deshalb kann Paulus sagen, die Werke würden beurteilt, und je nach dem belohnt oder bestraft, die Person selbst dagegen werde gerettet, wie immer das Urteil ausfallen möge (1 Kor 3,14f). Dieses Gericht ist dann wahrhaftig das *Jüngste* Gericht, ein Gericht, das nicht bloß weltliche Vorstellungen in den Himmel projiziert, sondern den Vorgang des Richtens hinter sich läßt.

Könnte diese Vorstellung nicht maßgeblich sein auch für den Zusammenhang des weltlichen, wo wir ohne Urteilen nicht auskommen? Könnte es nicht sinnvoll sein, auch jetzt schon zu unterscheiden zwischen dem bösen Werk und der Person, indem das böse Werk kompromißlos verurteilt, die Person dagegen ebenso kompromißlos geliebt wird? Das Verbot zu richten richtet sich gegen dasjenige Urteil, das die Person mit ihrem Werk zusammen untergehen läßt. Eben dies ist – wie wir am Anfang sagten – auch nicht menschengerecht. Das Richten wird mir in dem Sinne ungerecht, als es mich festlegt auf meine Äußerungen, als es meine Person aufgehen läßt in meinen Werken. Deshalb gilt es, vom Urteilen Abschied zu nehmen. Ein solcher Abschied ist immer noch denkbar fremd in unserer Welt, aber er ist nicht so fremd, daß er nicht Gastrecht genießen könnte in unseren alltäglichen Lebensvorgängen, in welchen das Richten stets auf der Lauer liegt. Jener Abschied vom Richten ist nicht so fremd, daß er nicht Gast sein könnte auch in den Gerichten. Denn auch dort käme es darauf an, das Unrecht kompromißlos zu verurteilen, ohne den Unrechttäter damit zu vernichten.

Vom Suchen und Finden

Der jetzt zu besprechende Abschnitt stammt aus der Logienquelle. Er hat weitgehend wörtlich gleiche Gestalt bei Lukas. Lukas griff freilich an einigen Stellen redaktionell ein, während diese Eingriffe bei Matthäus vernachläßigbar klein sind. Der Text dürfte annähernd so, wie er jetzt bei Matthäus steht, in der Logienquelle gestanden haben. Seine Aussage geht aller historischen Wahrscheinlichkeit nach auf den irdischen Jesus zurück.

> «Bittet, und es wird euch gegeben werden.
> Sucht, und ihr werdet finden.
> Klopft an, und euch wird aufgetan werden.
> Denn jeder, der bittet, empfängt, und der sucht, findet, und wer anklopft, dem wird aufgetan werden.
> Oder wer unter euch ist ein Mensch, welchen sein Sohn um ein Brot bittet, und er gibt ihm etwa einen Stein? Oder auch bittet er ihn um einen Fisch, und er gibt ihm etwa eine Schlange?
> Wenn nun (sogar) ihr, die ihr böse seid, es versteht, euern Kindern gute Gaben zu geben, um wieviel mehr wird euer himmlischer Vater Gutes geben denen, die ihn (darum) bitten.»
> (Mt 7,7–11)

Wer sucht der findet. Dies ist in unseren Tagen sogar zu einem Werbeslogan geworden. Wie kann ein Jesuswort zu einem Werbeslogan werden? Sicher nicht dadurch, daß es von Jesus stammt, sondern vielmehr dadurch, daß etwas Wahres in ihm zum Ausdruck kommt. Wer sucht, der findet, ist denn auch zu einem in alltäglicher Konversation sehr häufigen Spruch geworden. Er ist dem Leben, so wie es alltäglich sich abspielt und alltäglich wahrgenommen wird, sehr nahe. Es ist ja wirklich wahr – wenigstens auf den ersten Blick –: wer finden will, muß suchen. Die Frage stellt sich freilich: Kann nicht auch finden, wer *nicht* sucht? Schätze sucht man nicht, und dennoch findet man sie. Aber darum geht es dem Jesuswort wohl nicht.

Es geht ihm um die andere Seite. Wer immer sucht, findet auch. Schon die Tatsache, daß dieses Jesuswort zu einem Werbespruch geworden ist, macht es leicht verdächtig, verdächtig eines illusionären Weltbezugs. Manche kritische Reflexion hat zum Ziel, die Illusion dieses selbstverständlichen Zusammenhangs von Suchen und Finden zu zerstören. Sie ruft in Erinnerung, wieviele Bitten abgeschlagen wurden, wieviel Suchen in die Irre geführt hat, und wieviele Türen dem Anklopfenden verschlossen geblieben sind. Diese kritische Reflexion ist wohl unvermeidlich. Wohin führt sie? Muß sie nicht zur Behauptung führen, Jesus sei so naiv gewesen, davon nichts gesehen und gehört zu haben? Muß sie nicht dahin führen, wo man über den alltäglichen Gebrauch dieses Jesusworts nur noch den Kopf schütteln kann? Muß sie nicht dahin führen, daß niemand mehr bittet, weil alle die unerfüllten Bitten vor Augen haben, daß niemand mehr sucht, weil alle die erfolglose Suche zuoberst haben, und daß niemand mehr anklopft, weil alle an die verschlossenen Türen denken? Vielleicht ist die Naivität dieses Jesusworts vergleichbar etwa mit der Radikalität seines Gebotes der Feindesliebe. Wäre diese Naivität dann aufzuklären durch kritische Reflexion? Ist auch die Radikalität aufzuklären durch realistische Ethik?

Die Verben, die in den ersten beiden Versen genannt werden, bezeichnen ganz elementare menschliche Lebensvorgänge. Genauer: sie bezeichnen die menschliche Lebensbewegung, jetzt nicht verstanden als Bewegung aus sich selbst, sondern verstanden als Bewegung *aus sich heraus*. Das Bitten geschieht, damit mir gegeben werde; etwas Brot zum Essen, vielleicht auch ein gutes Wort zum Leben. Das Bitten ist das Aussein des Menschen auf Lebensmittel in all ihren Gestalten. Das Suchen geschieht, um das Verlorene zu finden; das wahre Leben vielleicht, von dem der Suchende etwas ahnt. Das Suchen ist das Aussein des Menschen auf Verlorenes, das ihm viel wert war; auf das verlorene Paradies. Und das Anklopfen geschieht, damit die Tür aufgemacht werde, damit ich Einlaß bekomme im Lebensbereich anderer. Das Anklopfen ist das Aussein des Menschen darauf, eingelassen zu werden bei andern. All dies kennzeichnet die elementare Lebensbewegung: es ist die Bewegung des Menschen aus sich heraus, um dem Leben näher zu kommen. Man könnte auch sagen: es ist die Bewegung des Menschen darauf hin, geliebt zu werden. Und das heißt dann: es ist die Bewegung des Menschen aus sich heraus *zu sich selbst*.

Nicht zufällig sind diese drei Verben zur Zeit Jesu auch mit einem religiösen Sinn versehen worden: als Bitten zu Gott, als Suchen Gottes, als Anklopfen an die Tore des göttlichen Erbarmens. Diese religiöse Dimension bringt zum Ausdruck, daß es in der elementaren Lebensbewegung um etwas geht, das seinerseits eine religiöse Dimension hat. Die Suche nach dem wahren Leben ist nicht zu trennen von der Suche nach dem wahren Gott. Daraus folgt jedoch ganz und gar nicht, diese Verben auf ihre religiöse Dimension *zu beschränken*, ganz so, als habe die Suche nach Gott nichts zu tun mit der Suche nach dem Verlorenen. Bei einer solchen Beschränkung müßten wohl beide Bewegungen in die Leere gehen: Gott wird nicht an dem vorbei gesucht, was ich verloren habe, und ich suche nicht nach einem Verlorenen, das nicht als Gabe Gottes zu gelten hätte. Wird Gott und Welt auseinandergerissen in dieser Bewegung, wird sie in sich selbst gespalten.

Jesus fordert auf, zu dieser Bewegung Zuflucht zu nehmen. Was gibt er als Grund an? Jeder der bittet, empfängt. Spricht sich darin schon die Gewißheit Jesu aus, daß der himmlische Vater keine Bitten ausschlägt? Müßte dann der Glaube, daß Gott den Beter erhört, den Grund abgeben dafür, daß einer sich zum Bitten bewegen läßt? Der – wenn man so will – naive Glaube an den erhörenden Gott spielt schon eine Rolle in dieser ganzen Sache, aber sicher nicht die Rolle der Begründung. Der Glaube *ist*, weil er Argumente *hat*, nicht selbst ein Argument.

Warum soll ich suchen? Antwort: weil faktisch *gefunden wird* (V. 8). Die Begründung, zu dieser Lebensbewegung Zuflucht zu nehmen, ist ganz einfach die, daß immer wieder Leben gewährt wird. Ausgeblendet bleiben jetzt die unerfüllten Bitten und die verschlossenen Türen. Denn jetzt kommt es darauf an, sich ganz dieser Bewegung anzuvertrauen: jeder Bittende empfängt. Seine Qualität als Bittender spielt gar keine Rolle. Einzig auf das Bitten kommt es an. Wieviele Bitten werden dadurch verdorben, daß es an dieser Einsicht mangelt? Wieviele Forderungen werden als Bitten verkleidet? Wieviele Bittende erliegen der Versuchung, ihren Bitten noch mit etwas Druck oder Schmiergeldern materieller und spiritueller Art nachzuhelfen? Solche Beter sind noch gar nicht beim Beten angelangt. Sie sind noch nicht in die Lebensbewegung des Bittens eingetreten, das bedeutet: sie sind noch gar nicht außer sich gegangen, weil sie immer noch auf sich selbst abstellen wollen. Demgegenüber macht Jesus aufmerksam darauf, daß es *faktisch* das Bekommen, das Finden, das Eingelassenwerden gibt. Deshalb ist es sinnvoll, sich dieser Bewegung anzuvertrauen.

Diese Begründung wird noch verstärkt durch die beiden Gleichnisworte. Wer unter euch wäre ein Mensch, der nicht gäbe? Diese Frage bezieht die Angeredeten direkt mit ein. Sie können keine Antwort geben, ohne sich selbst zu sehen, und zwar sich selbst als Väter. Wer von euch gäbe einen Stein statt des erbetenen Brotes, eine Schlange statt des erbetenen Fisches. Auch diese Bilder weisen ganz in die Alltagswelt: Brot und Fisch sind alltägliche Lebensmittel. Alltäglich werden die Bitten der Kinder nicht ausgeschlagen. Wieso solltet ihr euch also dem Bitten nicht anvertrauen?

Interessant ist, welche Gegenstände in diesen Bildern genannt werden: Brot und Fisch, die Grundnahrungsmittel des Volkes. Statt Brot gebt ihr doch nicht einen Stein, statt Fisch doch nicht eine Schlange. Ein flacher Stein sieht einem Brot zum Verwechseln ähnlich, er vertritt sozusagen *visuell* das Brot, allerdings *nicht substantiell*. Denn das Brot ist ein Lebensmittel, während von Steinen niemand leben kann. Dasselbe gilt vom Fisch und der Schlange. Der Ton liegt also darauf, daß das erbetene Brot nicht mit einem Substitut, einem untauglichen Ersatz, verweigert wird. Daß die Bitte nach Lebensmittel nicht versagt wird mit Stellvertretern, die zum Leben nicht reichen (ein Stellvertreter in diesem Sinne ist gleich jenen Bücherattrappen in Ausstellungen, die zwar visuell die Bücher vertreten, substantiell aber nicht). Es kommt einer Verschleierung der Hartherzigkeit gleich, wenn man Dinge gibt, die bloß visuell auf die Bitte eingehen, nicht aber substantiell. Wer von euch wird nicht die Bitte seines Kindes *substantiell* erfüllen? Die Bewegung des Suchens, des Bittens, des Anklopfens stößt nicht auf stellvertretende Lebensmittel, sondern auf substantielle.

Die Verknüpfung mit dem *Thema des Betens* erfolgt erst in V. 11, und zwar durch einen Schluß a minore ad maius. Von euch gilt, daß ihr böse seid. Von Gott gilt, daß er gut ist. Diese Unterscheidung zwischen Gott und Mensch ist keine metaphysische Entscheidung über den Menschen, sondern sie entspricht der simplen Beobachtung, daß Menschen böse sein können, indem sie Leben verweigern. Gott demgegenüber, wenn er wahrhaft als Gott gedacht werden soll, kann nicht anders denn als gut gedacht werden, weil er der Schöpfer des Lebens ist. Deshalb der Schluß a minore ad maius. Hatte schon der Realismus erstaunt, mit welchem dem Menschen kurzerhand Bosheit zugeschrieben wird, ein Realismus, der alle Illusionen von dem natürlicherweise guten und nur durch gesellschaftliche Einflüsse böse gemachten Lebewesen Mensch zumindest stört, hatte also schon dieser Realismus erstaunt, so erstaunt erst recht die undogmatistische Art, wie dieses Lebewesen hier betrachtet wird. Der Beobachtung entspricht es, daß Menschen böse sein können, der Beobachtung entspricht es aber auch, daß Menschen zu guten Gaben fähig sind. Also gilt: ihr, die ihr böse seid, wißt gute Gaben zu geben, namentlich euren Kindern. Um wieviel mehr gilt, daß Gott, euer himmlischer Vater, euch Gutes geben wird, euch, die ihr ihn darum bittet. Was berechtigt eigentlich zu dieser Annahme über Gott? Ist es das Evidenzprinzip, die Rationalität der Erfahrung? Oder ist es der Gottesglaube Jesu, der schon herkommt von der Gewißheit, daß Gott Gutes gibt und die Bitten erhört. In der exegetischen Literatur ist umstritten, welche Antwort die richtige sei. Mir scheint, man könne das Evidenzprinzip nicht gegen den Gottesglauben ausspielen. Gewiß müssen wir sehen, daß der Glaube an die kompromißlose Nähe Gottes, der Glaube an die Gottesherrschaft, die im Kommen ist, die wesentliche Grundlage der Verkündigung Jesu darstellt. Dieser Glaube ist auch bestimmend, wenn es um den Aufweis von Evidenzen geht. Der Glaube an den nahen Gott ist sozusagen das unzweideutige Auge (vgl. Mt 6,22), welches überhaupt *sehen* kann, welche Spuren Gott in seiner Schöpfung gelegt hat. Auf unser Beispiel angewendet heißt das: der Glaube läßt überhaupt sehen, daß Bitten erfüllt, daß Türen aufgetan werden. Er macht aufmerksam auf diese Phänomene, indem er den Bann durchbricht, in welchem der Mensch auf geschlossene Türen und unerfüllte Bitten fixiert ist.

Man könnte sagen: der Glaube an Gott den Vater läßt die Väter finden, was ihn wiederum stützt im Suchen dieser Väter. Und dennoch regiert hier nicht einfach dieser Glaube. Denn es kommt ihm alles auf die Evidenzen an. Der Glaube an den guten Gott lebt auch davon, daß die erfahrungsgemäß bösen Menschen in der Lage sind, gute Gaben zu geben. Der Glaube Jesu kann nicht auf das Sehen verzichten. Er kann das Vorliegende nicht entbehren. Er muß sich stützen auf die Spuren der Liebe, die unter uns zu finden sind. Und die gefundenen Spuren sind es, welche – eindeutig gemacht durch den Gottesglauben – einweisen in die Lebensbewegung des Suchens.

Weil der Glaube Jesu angewiesen ist auf das Vorliegende, ist er nicht gefeit gegen den Einspruch der Erfahrung. Gerade angesichts dieses Textes wird er immer wieder vorgebracht: ist denn das realistisch, dieses naive Vertrauen auf den guten Gott? Hat Jesus nicht einfach den Mund zu voll genommen, wie ihm ein Ausleger der Bergpredigt sachte vorwirft? Die Frage ist gewiß naheliegend. Zunächst aber gilt es zu beachten, daß es Jesus nicht um Realismus in unserem Sinne gehen konnte, nicht um eine Beschreibung der Welt in ihrer ganzen Mehrdeutigkeit und Fragwürdigkeit. Ihm mußte es zunächst um den *Realismus des Glaubens* gehen, das heißt darum, daß Gott realistisch gedacht wird. Und seine These lautet: Wenn du Gott denkst, mußt du ihn ganz und ausschließlich gut denken. Wenn du die Väter siehst, die gute Gaben geben können, mußt du Gott als den Vater denken, der ausschließlich Gutes gibt. Wenn du Gott nicht so denkst, hast du gar nicht Gott gedacht. Wenn du Gott denkst als einen wählerischen oder willkürlichen Geber, dann hast du bloß die Väter dieser Welt mit einem Heiligenschein versehen. Wenn du Gott denkst als einen, der überhaupt nicht gibt, dann hast du nicht einmal die Väter mit einem Heiligenschein versehen sondern vielmehr das Nichts. Dann tust du aber so, als ob du das Leben gar nicht bekommen hättest. Jesus kommt es zunächst ganz und gar auf den Realismus des Glaubens an, darauf, daß Gott realistisch, gottgemäß, gedacht wird.

Realistischerweise aber läßt es sich nicht bestreiten, daß es zum Himmel aufgestiegene Gebete gibt, die nicht erhört wurden. Die Bitte um die Erhaltung eines Weggefährten wurde nicht erfüllt, die Suche nach der Wahrheit des Daseins wurde nicht mit Finden gekrönt, die Tür des göttlichen Erbarmens, an die geklopft wurde, blieb verschlossen. Was macht der Glaube Jesu mit diesen Realitäten? Es wäre jedenfalls unsererseits naiv anzunehmen, Jesus hätte diese Realitäten nicht auch gesehen. Was müßte man, vom Glauben Jesu ausgehend, zu solchen Erfahrungen sagen? Zunächst ist es leichter zu sagen, was nicht geht. Es geht mit Sicherheit nicht, den Ausweg der Werkgerechtigkeit zu wählen: wenn sie nicht erfüllt wurde, war es eben keine rechte Bitte. Oder: wenn du nicht gefunden hast, hast du eben nicht recht gesucht oder verdienst es sonst nicht, zu finden. Diese Erklärungen sind ausgeschlossen: denn jeder Bittende empfängt. Mit Sicherheit ausgeschlossen ist auch die Erklärung, Gott gebe eben wählerisch oder willkürlich, oder er gebe überhaupt nicht. Eine solche Erklärung stößt sich gerade mit dem Realismus des Gottesglaubens, den sie zu erklären sucht. Was bleibt angesichts des Gottesglaubens Jesu? Es bleibt überhaupt keine Erklärung übrig. Es bleibt nichts anderes übrig, als die Unerklärlichkeit und weltliche Sinnlosigkeit der unerfüllten Bitten auszuhalten. Es bleibt übrig, sie auszuhalten zusammen mit den Betern, die enttäuscht wurden. Das bedeutet Leiden an der Welt, ein Leiden, das durch den Gottesglauben allererst entsteht, und gerade nicht aus der Welt geschafft wird durch den Glauben. Es bedeutet aber auch Mitleiden mit denen, die nicht gefunden haben. Konkret geschieht dies dadurch, daß die Türe aufgetan wird denen, die vor verschlossenen Türen gestanden haben; daß denen Einlaß gewährt wird, die an der Realität verzweifelt sind. Dieser Umgang mit den Realitäten könnte realistischer sein als der, welcher dem Gottesglauben Jesu einfach den Abschied gibt.

Man könnte den widerwärtigen Realitäten allerdings auch so begegnen, daß man den Gedanken des Findens überhaupt aufgibt. Das ganze Leben ist Suchen; Suchen soll dir genug sein. Das ist die Lösung der gnostischen Christen. Nichts, was ich finde, ist das Gesuchte, denn das Gesuchte ist immer viel mehr als das, was ich finde. Deshalb kann ich mich nur aufs Suchen verlegen. Ist diese Einstellung realistisch? Sie entwirft ein Suchen, das sich sozusagen selbständig gemacht hat und also gar nicht mehr auf das Finden bezogen ist. Gibt es ein Suchen, das vom Finden unabhängig geworden ist? Ist es nicht erst recht unrealistisch, ein solches Suchen als Bewegung des Lebens zu betrachten? Es täuscht mich doch darüber hinweg, daß faktisch gefunden wird, beziehungsweise es verflüchtigt mir das, was ich finde, zu einem bloßen Stellvertreter: er sieht dem Gesuchten zwar ähnlich, ist jedoch substantiell etwas anderes. Diese Lösung täuscht mich darüber hinweg, daß Türen geöffnet werden und daß Gutes gegeben wird in der Welt. Im Rahmen des gnostischen Weltverständnisses ist diese Lösung freilich konsequent: die Schöpfung trägt ja gar nicht die Handschrift Gottes, sondern bloß des Demiurgen. Deshalb kann auch das Finden nicht auf die Spuren Gottes bezogen sein. Was gefunden wird, ist immer das Uneigentliche. Beachtet man diesen weltanschaulichen Kontext, so wird der Verdacht noch stärker, diese Lösung sei erst recht weltfremd, weil sie die Suche des Menschen nicht mehr aus dem Gefundenen entwirft, und weil sie so tut, als ob das Finden an den Funden der Welt vorbei stattfinden könnte.

In diesem Abschnitt geht es Jesus wohl nicht um die theoretische Durchschaubarkeit Gottes. Seine Sorge gilt vielmehr der Verständlichkeit Gottes. Er will Gott als Liebe verständlich machen, als die Liebe, die auch im Liebeserweis der Bösen ihre Spuren gelegt hat. Er will Gott verständlich machen als den, der finden läßt, und der seine Spuren auch in den weltlichen Funden gelegt hat. Er will Gott verständlich machen als den, der Anklopfende nicht stehen läßt, und der seine Spuren gelegt hat in den geöffneten Türen aus Holz. Dabei kommt es Jesus wohl darauf an, daß die Lebensbewegung des Suchens, Bittens, Anklopfens nicht abbricht, daß sie gerade auch im Gegenüber zu Gott nicht abbricht. Denn nur diese Bewegung ist elementar bezogen auf das Finden, das Bekommen, das Eingelassen werden. Wobei allerdings – und hoffnungsvoll – noch beizufügen ist, daß schon mancher gefunden hat, obwohl er nicht suchte.

Die Goldene Regel

> «Also: Alles, was ihr wollt, daß (es) euch die Menschen tun, so tut auch ihr ihnen. Dieses nämlich ist das Gesetz und die Propheten.» (Mt 7,12)

Vom Aufbau der Bergpredigt her gesehen hat die Goldene Regel die Funktion, die Gesetzesauslegung Jesu zum Abschluß zu bringen. Vielleicht soll sie überdies diese Gesetzesauslegung auf einen ganz knappen Begriff bringen. Sie schlägt den Boden zurück zu 5,17 und beschließt damit überhaupt den Hauptteil der Bergpredigt. Von ihrer Herkunft her gesehen hat die Goldene Regel einen etwas anderen Stellenwert. Vielleicht hatte sie in der Logienquelle schon im Zusammenhang der Feindesliebe gestanden, so daß sie dort als Auslegung des

Gebotes der Feindesliebe zu gelten hätte. Die Frage ist bloß, ob sie solches leisten kann.

Fragt man noch weiter nach der *Herkunft* dieser Goldenen Regel, so stößt man zunächst auf das hellenistische Judentum, wo sie – in negativer Formulierung – an einigen Stellen erscheint (Was du nicht willst, daß man dir tut, das füg auch keinem andern zu). Von dort wiederum kann man noch weiter zurückfragen und kommt darauf, daß diese Regel aus dem Griechentum übernommen ist (ebenfalls in negativer Formulierung). Es handelt sich hierbei um einen auf der ganzen damaligen Welt verbreiteten Grundsatz, welcher so etwas wie ein ethisches Minimalprogramm und einen ethischen Grundsatz zum Ausdruck brachte. Daraus folgt, daß die Goldene Regel keineswegs spezifisch christlich ist in dem Sinne, daß sie von Jesus oder dem Urchristentum erfunden worden wäre. Es ist nicht leicht, etwas über die Herkunft dieser hier vorliegenden Regel vom historischen Jesus zu sagen. Wir lassen die Entscheidung offen. Beachtenswert ist immerhin, daß in der Umwelt des Urchristentums die Regel *ganz überwiegend* (nach manchen Exegeten sogar völlig) in negativer Formulierung vorliegt, während sie im Urchristentum *positiv* formuliert ist: alles, was ihr wollt, daß euch die Menschen tun, tut auch ihnen. Das Urchristentum hat mindestens darin seine Besonderheit, daß es sich auf die weitverbreitete negative Formulierung nicht eingelassen hat.

Die Frage ist, welche sachliche Tragweite diesem Detail zukommt. Dazu eine sehr nahe Parallele aus dem rabbinischen Schrifttum. Ein Heide kommt zu Schammai und fordert ihn auf, ihm die Tora beizubringen während der Zeit, wo er auf einem Fuß stehen könne. Schammai (wir haben ihn schon als «strengeren» Gesetzeslehrer kennengelernt) stößt ihn brüsk weg mit einem Bauholz, das er gerade in der Hand hat. Darauf geht der Heide zu Hillel (dem «milderen» oder «liberalen» Zeitgenossen Schammais) und fordert von ihm dasselbe. Dieser nahm ihn als Proselyten auf. «Er sprach zu ihm: Was dir unlieb ist, tue keinem andern; das ist die ganze Tora und das andere (übrige) ist Erklärung; geh und lerne!» (Bill I 460). Auch in dieser kleinen Geschichte kommt die Goldene Regel vor, und erst noch als Zusammenfassung des Gesetzes. Es geht jetzt nicht darum, das hohe Ethos des Urchristentums auszuspielen gegen das niedere des Judentums. Dennoch muß dieser Unterschied von negativer und positiver Formulierung der Regel ins Auge gefaßt werden, selbst wenn man dabei heute in den Verdacht kommt, ein Antijudaist zu sein.

Was zeigt sich in der negativen Formulierung von Rabbi Hillel? Es zeigt sich ein Gesetzesverständnis, dessen entscheidende Frage lautet: was ist noch erlaubt? beziehungsweise: was ist nicht mehr erlaubt? Die Antwort lautet: Nicht mehr erlaubt ist alles, was du auch nicht magst. Wir haben in früheren Auslegungsgängen dieses Gesetzesverständnis bereits mehrfach angetroffen. Es fragt nach dem Grenzfall dessen, wo mein ethischer Freiraum zu Ende ist. Demgegenüber läßt sich die positive Formulierung nicht diesem Gesetzesverständnis einordnen. Wenn ich mich frage, was ich mir wünsche, und dieses dann den Menschen gebe, so ist dies nicht mehr die Frage nach dem Erlaubten, sondern die Frage nach dem Gebotenen. Was du willst, daß dir die Menschen tun (und du kannst nichts anderes wollen als das Gute), damit beginne bei den Andern. Diese Formulierung des Satzes intendiert, das Gute so sehr zu gebieten, daß ich nicht mehr in der Lage bin, dazu Abstand zu haben. Denn zu dem Guten, das ich mir wünsche, habe ich absolut keinen Abstand mehr. Also kann ich keine Grenzfälle mehr angeben, bis zu welchen hin das Gebotene nicht gilt. Also kann ich *meinem* Tun des Guten durch nichts zuvorkommen.

In dieser positiven Formulierung legt die Goldene Regel ihren Finger auf das Gebotene, auf das, was angesichts meiner eigenen Existenz geboten ist. Auch die Gesetzesauslegung Jesu hatte ja zur Pointe, den Schritt vom Erlaubten zum Gebotenen auf alle möglichen Weisen anzuzeigen. In dieser Hinsicht ist die Goldene Regel tatsächlich ein Fazit der Gesetzesauslegung Jesu. Allerdings besteht auch eine gewisse Diskrepanz zwischen Bergpredigt und Goldener Regel. Während es der Goldenen Regel darum geht, den Menschen in ein Verhalten einzuweisen, das seine eigene Existenz und sein eigenes Wollen gebietet, geht es der Gesetzesauslegung Jesu darum, das angesichts Gottes Gebotene aufzudecken. Während der Mensch in der Goldenen Regel auf sich selbst sieht, machte Jesus ihn aufmerksam auf die Gaben des Schöpfers, deren Anspruch Jesus radikal ans Tageslicht brachte. Weil diese Diskrepanz besteht, kann die Goldene Regel nicht eine *Zusammenfassung* der Bergpredigt sein. Vielmehr ist sie darauf angewiesen, von der Bergpredigt her inhaltliche Orientierung zu gewinnen. Die Goldene Regel ist angewiesen darauf, daß das, was ich den andern tue, weil ich es mir selbst wünsche, inhaltlich bestimmt wird. Die Bergpredigt bestimmt dieses Verhalten inhaltlich als Liebe, genauer als Feindesliebe.

Was leistet dabei die Goldene Regel? Sie hält den Menschen dazu an, in der Feindesliebe den ersten Schritt zu tun (was eigentlich eine Tautologie ist: Feindesliebe kann immer nur als erster Schritt geschehen). Sie weist den Menschen an, nicht einfach zu warten, bis er geliebt wird, aber auch nicht einfach sich Liebe zu verschaffen durch Selbstdarstellung, sondern vielmehr selbst mit dem Lieben zu beginnen. Die Goldene Regel dient dazu, den ethischen Anspruch der Bergpredigt so sehr in die Nähe des Menschen zu bringen, daß er ihm nicht mehr ausweichen kann. Gerade in diesem Zusammenhang ist die positive Formulierung sehr wichtig. Sie überschreitet das, was mit gesetzlichen Mitteln herbeizuführen ist, qualitativ. Mit gesetzlichen Mitteln kann ihre *negative* Gestalt aufrecht erhalten werden. Mit gesetzlichen Mitteln kann ich jemanden dazu zwingen, das Böse, das er selbst nicht zugefügt haben will, auch andern nicht zuzufügen. Strafrechtliche Sanktionen können ihn davon abhalten. Jedoch ist es unmöglich, mit gesetzlichen Mitteln jemanden dazu zu bringen, mit dem Tun des Guten anzufangen, selbst die Initiative des Guten zu ergreifen. Gerade die Goldene Regel, die so allgemein verbreitet ist, macht noch einmal deutlich, daß die eigentliche ethische Frage, wie es zum Tun des Guten kommt, gesetzlich nicht beantwortbar ist.

Gerne sagt man, die Goldene Regel sei eine autonome Begründung der Ethik. Sie spreche den Menschen nicht auf Heteronomie an; auf ihm fremde Gesetze, denen er gehorsam zu sein hätte. Gerade in dieser Hinsicht paßt sie ausgezeichnet zur Bergpredigt Jesu. Hatte doch diese Bergpredigt nicht anderes getan, als den Anspruch des Gegebenen aufzudecken. Gerade das «Ich aber sage euch» der Bergpredigt setzt ja keine andere Autorität an die Stelle des Gesetzes, sondern es gibt sich ganz dem Einverständnis des Angesprochenen preis. Wenn er nicht einverstanden ist damit, daß die Gabe der Sprache zur Wahrheit oder daß die Gabe der Zeit zum Wohlwollen verpflichtet, so wird es keine Autorität außer dem Angesprochenen geben können, die ihn zu solchem Verhalten zwingt. Gerade Jesus unterläßt es in der Bergpredigt nicht zufällig, das Ethische aus dem Gerichtsgedanken zu entwerfen. Er argumentiert vielmehr mit dem Gegebenen, mit der Sonne, die Bösen und Guten scheint, das ein bestimmtes Verhalten gebietet, ohne daß es in der Lage wäre, einen *heteros nomos* (ein fremdes Gesetz) darzustellen.

Könnte man sagen, die Goldene Regel entwerfe die Ethik der Bergpredigt *autonomisch*? Würde man dies sagen, hätte man sie verwechselt mit der klassischen Formulierung autonomer Ethik, dem kategorischen Imperativ: «Handle nur nach derjenigen Maxime, durch die du zugleich wollen kannst, daß sie ein allgemeines Gesetz werde.» Dies, und nicht die Goldene Regel, ist eine autonome Begründung der Ethik. Wie unterscheiden sie sich? Es fällt sofort auf, daß bei Kant die «Menschen» keine Rolle spielen. Der kategorische Imperativ entsteht im Subjekt, im auf sich selbst abgestellten Subjekt, eben im autonomen Ich. Das bedeutet: hier wird ein ethischer Fundamentalsatz formuliert, der absieht von der *Relationalität* der Person. Im Unterschied dazu entwirft die Goldene Regel den ethischen Fundamentalsatz *aus der Beziehung*. Schon bei der elementarsten Begründung des Handelns wird der Mensch darauf angesprochen, daß er in Beziehungen steht, daß er ein Relationswesen ist. Deshalb kann nach der Goldenen Regel *die Zuwendung* niemals verstanden werden als Akt des autonomen Subjekts (wie dies im kategorischen Imperativ notwendig impliziert ist). Die Zuwendung ist vielmehr jener fundamentale Lebensvorgang, welcher das Ethische allererst begründet (und nicht erst eine Folge richtigen ethischen Verhaltens ist). Man könnte sich fragen, ob nicht gerade zur gegenwärtigen Zeit die Goldene Regel geeignet wäre, so etwas wie eine Universalisierung der christlichen Ethik zu begründen. Schließlich ist uns ja zu Bewußtsein gekommen, daß es nicht bloß um Menschlichkeit geht, sondern um *Mit*menschlichkeit beziehungsweise *Mit*geschöpflichkeit weit in das Reich der Tiere und Pflanzen hinein.

DIE TRAGWEITE DES TUNS (Mt 7,13–27)

In diesem Schlußabschnitt der Bergpredigt unternimmt es Matthäus, die Tragweite des menschlichen Tuns zu bestimmen. Schon allein das überaus häufige Vorkommen des Verbums «tun» *(poiein)* signalisiert diesen Schwerpunkt eindeutig. Zwar fußt Matthäus auch hier auf traditionellen Stoffen, im wesentlichen aus der Logienquelle, überarbeitet sie aber so weitgehend, daß sie oft nicht mehr rekonstruierbar sind. Die Interessen der matthäischen Theologie stehen hier in einer Weise im Vordergrund, die einzigartig ist in seinem Evangelium. Wir verzichten deshalb auf Rekonstruktionsversuche und legen diesen Abschnitt aus im Zusammenhang des matthäischen Denkens.

Die enge Pforte

«Geht ein durch das enge Tor!
Denn weit ist das Tor und breit der Weg, der ins Verderben führt
und viele sind es, welche durch es (das heißt: das Tor) hineingehen.
    Wie eng ist das Tor,
und wie mühevoll der Weg, welcher ins Leben führt,
und wenige sind es, die ihn (den Weg) (oder es, das Tor) finden.»
(Mt 7,13f)

Der Schlußabschnitt der Bergpredigt setzt ein mit der Aufforderung, einzugehen durch das enge Tor. Es ist die Aufforderung, sich an die Worte des Bergpredigers zu halten; nicht bloß an die Appelle, die in der Bergpredigt ausgesprochen werden, sondern an das Ganze, ihre Sicht von Gott und Welt, von Mensch und Mitmensch. Es scheint nicht selbstverständlich, hier einzusteigen, sich selbst, die Menschen und die Welt mit den Augen des Bergpredigers zu betrachten. Es ist nicht selbstverständlich, mit den Augen Gottes zu sehen. Deshalb die Aufforderung, einzusteigen in diese neue Sicht.

Nicht selbstverständlich ist das Eingehen, weil die Pforte eng und die Wege mühevoll sind. Beides, Pforte und Weg, sind Metaphern für den Zugang zur Gottesherrschaft, hier ausgedrückt mit dem einfachen Wort «Leben». Manches deutet darauf hin, daß Matthäus das Leben eschatologisch verstand: als ewiges Leben. Dennoch darf man hier keine apokalyptische Abständigkeit eintragen, ganz so, als ob da zeitliche Leben gleichgültig wäre angesichts des ewigen Lebens. Gerade das Matthäusevangelium weiß davon, daß die Gottesherrschaft im Kommen ist, und daß deshalb das Eingehen ins Leben schon jetzt beginnt. Im Schritt zur Nächstenliebe, besser: zur unbegrenzten Liebe, geschieht der Schritt ins Leben. Gewiß als Schritt dorthin, wo der Mensch sich vom Bergprediger die Liebe erklären läßt, aber dann auch als Schritt dorthin, wo er selbst andern die Liebe erweist. Es geht sich nicht von selbst auf diesem Weg. Auch wenn er der Weg ins Leben ist, ist er von Mühsal versperrt und von Schwierigkeiten unwegsam gemacht. Die Metapher von der engen Pforte und dem mühseligen Weg bringen diese Erfahrung zur Sprache. Eine zeitgenössische jüdische Schrift, der sogenannte vierte Esra, spricht ganz ähnlich vom derzeitigen Zustand der Welt: seit Adams Fall sind die Wege eng geworden, die zum Leben führen. Seit dem Verlust des Paradieses steht der Liebe vieles im Wege: das Vertrauen auf die Macht und Gewalt, der Haß der Feinde, die Vergeltung erlittenen Unrechts, die Beschränkung der Wahrheit auf den Grenzfall des Schwörens, der besitzergreifende Blick, die Gerechtigkeit statt des Wohlwollens, der Hang zur Selbstdarstellung und Selbstverwirklichung, selbst der Hang zur Gerechtigkeit vor Gott und vor den Menschen. Es geht sich nicht von selbst auf dem Weg der Liebe, er ist schmal geworden, aber dennoch bleibt er der Weg zum Leben.

Mit unverkennbarem Entsetzen nimmt Matthäus davon Kenntnis, daß der Weg zum Verderben viel breiter ist und das Tor zum Tod viel einladender. Viele sind auf diesem Weg. Mit Entsetzen nimmt Matthäus dies zur Kenntnis, und wendet es zugleich selbstkritisch. Er sucht diese Vielen nicht draußen vor den Toren der christlichen Gemeinde, er sucht die Vielen vielmehr in der Gemeinde. Viele unter uns, sagt er, sind auf einem Weg, welcher sie zum Zorn Gottes führt. In diesem Entsetzen steckt viel mehr als bloße apokalyptische Spekulation. In ihm steckt die Erfahrung, daß das Leben mißlingt, sowohl im Kleinen, wo die Lieblosigkeit wie das Nichts um sich greift und wo Gedankenlosigkeit die Kultur des Lebens erstickt, als auch im Großen, wo Krieg herrscht und Unterwerfung ganzer Völker – zur Zeit des Matthäus nicht weniger anschaulich als unter uns. In diesem Entsetzen über die Vielen steckt die Erfahrung, es könnte eines Tages Gottes Zorn die einzige Gotteserfahrung sein. Nun ist aber Gottes Zorn noch nicht die einzige Gotteserfahrung: es gibt noch Väter, die ihren Kindern Brot geben statt Steine. Deshalb die Aufforderung: Tretet ein in diese enge Pforte, betretet den mühsamen Weg des Lebens.

Hier lauert der Kraftakt dessen, der sein Leben in der Hand hat. Diesem Kraftakt kommt Matthäus zuvor mit einem kleinen Wörtlein ganz am Schluß: «... ihn finden». Die Tür und der Weg müssen gefunden werden. Niemand hat das Finden in der Hand. Finden ist etwas, was dem Finder gewährt wird. Deshalb soll er dessen eingedenk sein, daß er das Tor nicht gebaut und den Weg nicht geschaffen hat, sondern daß er gefunden hat, was sich finden ließ. Weil niemand das Finden in der Hand hat, ist niemand vom Finden ausgeschlossen, keiner der Vielen, die zum Verderben unterwegs sind. Wer wollte sagen, er gehöre nicht zu den Vielen? Also: wer wollte behaupten, er sei vom Finden ausgeschlossen?

Die verlogenen Propheten

«Nehmt euch in Acht vor den verlogenen Propheten, die zu euch kommen in Schafspelzen, innen aber sind es räuberische Wölfe. An ihren Früchten werdet ihr sie (wahrhaftig) erkennen (*epiginōskein* hat den Aspekt des Durchdringenden). Oder sammelt man etwa von Dornensträuchern Trauben oder von Distelsträuchern Feigen?

So bringt jeder gute Baum gute Früchte, der morsche Baum aber bringt böse Früchte. Ein guter Baum kann nicht böse Früchte bringen und ein morscher Baum kann nicht rechte Früchte bringen.

Jeder Baum, der keine rechte Frucht bringt, wird abgehauen und ins Feuer geworfen. Also: an ihren Früchten werdet ihr sie wahrhaftig erkennen.

Nicht jeder, der zu mir sagt: Herr, Herr! wird ins Himmelreich eingehen, sondern der, der den Willen meines Vaters in den Himmeln tut.

Viele werden an jenem Tage zu mir sagen: Herr, Herr! Haben wir nicht in deinem Namen prophezeit, und haben wir nicht in deinem Namen Dämonen ausgetrieben und in deinem Namen viele Machttaten getan? Und dann werde ich ihnen bezeugen: Ich habe euch niemals gekannt. Geht weg von mir, die ihr Gesetzlosigkeit tut.» (Mt 7,15–23)

Matthäus rechnet mit dem Auftreten von verlogenen Propheten. Das sind Verkündiger der Botschaft Jesu, welche statt ihrer Wahrheit Lügen erzählen. Solche Propheten muß man sich als Wanderprediger vorstellen, welche die jeweiligen Ortsgemeinden besuchen und von ihnen gastfreundlich aufgenommen werden (vgl das «sie kommen zu euch» und die Regelung der Didache betreffend die rechtmäßigen Forderungen solcher Wanderprediger). Überdies gilt das Auftreten von verlogenen Propheten als Signal der Endzeit: je mehr die Lüge überhand nimmt, desto näher rückt der Zusammenbruch der ganzen Welt – ein Gedanke, der auch abgesehen von seiner mythologischen Gestalt nicht ganz fern liegt.

Matthäus macht seine Gemeinde darauf aufmerksam, sich in Acht zu nehmen vor den verlogenen Propheten, vor denen, die im Namen Jesu Lügen erzählen. Das Gefährliche an diesen Leuten ist, daß sie *maskiert* auftreten. Sie treten in einem Schafspelz auf. Das Schaf ist das Sinnbild der Friedlichkeit und Wehrlosigkeit. Die verlogenen Propheten geben sich äußerlich den Anschein, übereinzustimmen mit der Botschaft Jesu, friedfertig und wehrlos zu sein. Aber diese Übereinstimmung ist bloß vorgetäuscht. Unter der Maske verbirgt sich ein räuberischer Wolf. Der Wolf ist Sinnbild des Zerstörerischen. Die verlogenen Verkündiger geben sich den Anschein, die Friedensbotschaft Jesu zu bringen, in Wahrheit stiften sie Unfrieden. Sie geben vor, das machtlose Wort Jesu zu bringen, in Wahrheit aber üben sie die zerstörerische Macht der Wölfe aus.

Was könnte gemeint sein mit dieser verlogenen Verkündigung? Das Adjektiv «räuberisch» gibt vielleicht einen Hinweis. Statt etwas zu bringen, rauben sie. Die Didache weiß davon zu berichten, daß gewisse Wanderlehrer es auf das Geld der Gemeinde abgesehen haben (Did 11,6). Ihre Armut ist nicht mehr Gleichbild des angewiesenen Lebens. Sie ist in Wahrheit die parasitäre Existenz derer, die auf dem Leistungswillen der anderen ausruhen. Die Beraubung hat viele Dimensionen, nicht nur die materielle. Verlogene Verkündiger benützen die Radikalität der Forderung Jesu, die Menschen festzulegen auf die Selbstveräußerung, sie festzulegen auf den Tatbeweis ihres Lebens. Damit rauben sie den Menschen ihr Geheimnis. Sie machen ihr verlogenes Wort gewichtig mit der Schuld, die sie bei andern aufdecken. Sie verschließen die Menschen unter das Gesetz der Selbstdarstellung – alles mit schönen Jesusworten auf den Lippen. Sie rauben damit nicht nur ihr Geld, sie rauben ihr Leben – maskiert als solche, die das Leben bringen. Sie führen das Wort vom Nicht-Richten im Munde, in Wahrheit aber brechen sie den Stab über allen, die ihnen nicht nach dem Munde reden.

Sie rauben den Menschen nicht nur das Geld, sie rauben ihnen den Existenzraum. Man könnte es auch auf eine ganz knappe Formel bringen: die verlogenen Verkündiger predigen Liebe und reichen Lieblosigkeit. Angesichts der Bergpredigt Jesu ist ihre Maskerade durchschaubar geworden. Diese Rede der Reden hat es möglich gemacht, im Schafspelz die Wölfe auszumachen. Seither ist die Rede vom Wolf im Schafspelz in unseren Sprachschatz eingegangen, ein Schimmer der Hoffnung, daß nicht alle Maskeraden Täuschungsmacht haben werden. Kein Wunder, daß alle verlogenen Propheten alles daran setzen, unseren Sprachschatz zu vernichten bis auf ein paar Wörter, die ihren Lügen die Maske der Wahrheit aufsetzen.

Matthäus gibt seiner Gemeinde eine einfache Regel an, womit die wahren von den falschen Verkündigern unterschieden werden können. An ihren Früchten werdet ihr sie erkennen. Die Früchte stehen hier für die Taten, die von den Verkündigern getan werden. Das ergibt sich einerseits daraus, daß Frucht eine geläufige Metapher für das Werk des Menschen ist, und daß Matthäus hier – auf die Sachebene hinübergleitend – von guten und von bösen Früchten spricht (V. 17). In der – ursprünglich vielleicht auf Jesus zurückgehenden – Metapher vom Baum und der Frucht (Lk 6,43–45, Logienquelle) war freilich noch nicht von den Früchten (Plural) die Rede. In der ursprünglichen Metapher war noch eine Ahnung davon aufbewahrt, daß das Wirken des Menschen ein unteilbares Ganzes ist, nicht gesetzlich aufzusplittern in einzelne Werke. Es war noch eine Ahnung davon aufbewahrt, daß das ganze Wirken eines Menschen wachsen muß wie eine Frucht, nicht produzierbar ist wie eine Vielzahl von Werken. Es war noch eine Ahnung davon aufbewahrt, daß das Wirken des Menschen dann und nur dann wächst, wenn der Baum das notwendige Wasser und guten Boden zum Leben bekommt, daß ihm also die Liebe Gottes ins Herz gelegt werden muß, statt daß er eingekerkert wird durch die ständigen Forderungen nach Werken. Wie einfach wäre es, wenn wir zum Baum sprechen könnten: bring gute Früchte hervor! Von alledem jedoch ist bei Matthäus nicht mehr viel zu spüren. Ganz bewußt verändert er die Frucht, die Ganzheit des Wirkens, zu den Früchten, den vereinzelten Werken, auf die der Baum, die Person des Menschen nun festgelegt wird. Damit verliert die Metapher zugleich an Tiefe, sie droht selbst banal und mißverständlich zu werden. So gewendet steht sie selbst unmittelbar am Abgrund, dort, wo sie sich selbst die Frage gefallen lassen muß, ob sie etwa ein räuberischer Wolf im Schafspelz sei. Sie steht selbst am Abgrund wo sie den Menschen zur Veräußerung seiner selbst zwingt und ihn damit seiner Würde und Ganzheit beraubt.

Zweifellos hat auch die matthäische Wendung der Fruchtmetapher ein Wahrheitsmoment an sich. Denn das gute oder böse Tun hat zweifellos etwas Entlarvendes an sich. Wer Liebe predigt und zugleich das bloß Gerechte tut, ist verlogen. Wer vom Frieden spricht, und zugleich neuen oder alten Feinden Böses zufügt oder auch nur wünscht, ist verlogen. Wer die Ohnmächtigen seligpreist, und zugleich seine Macht – verbal oder brachial – ausspielt, ist verlogen. Solchen verlogenen Verkündigern droht nach Matthäus das vernichtende Gericht: jeder solche Baum wird ins Feuer geworfen (V. 18). Die Gerichtsdrohung kommt dann noch einmal – in verschärfter Form – wieder in V. 21–23. Sie wird dort etwas genauer zu bedenken sein. Vorderhand geht es um die Erkenntnis der Verlogenheit. Sie ergibt sich aus der Diskrepanz zwischen Reden und Tun. Wie der Prophet sich verhält, hat etwas zu tun mit seiner Glaubwürdigkeit.

Ein solches Kriterium kann man – so plausibel es auf den ersten Blick scheinen mag – nicht aufstellen, ohne sich Gedanken zu machen. Dieses Glaubwürdigkeitskriterium geht auf einem schmalen Grat: auf der einen Seite droht der Abgrund zu denken, das Reden sei das einzig Maßgebende (in diesem Abgrund befinden sich gerade viele von denen, die ihre verbale Forderung nach Taten für das einzig Glaubwürdige ausgeben). Auf der anderen Seite droht der Abgrund, daß das Tun selbst die Glaubwürdigkeit herstellt und so verkommt zur Selbstdarstellung. Die Selbstdarsteller aber sind nichts anderes als im Schafspelz verkleidete Wölfe, welche Selbstdarstellung als Weg des Lebens ausgeben und damit Menschen unter ihre Herrschaft bringen und auf den Weg des Todes verweisen.

Wer ein solches Glaubwürdigkeitskriterium aufstellt, wie es hier steht, muß sich Gedanken darüber machen, daß das Wort Gottes, das er zu sagen versucht, jedenfalls nicht die Werke der Menschen sondern ihren Glauben sucht. Gottes Wort ist nur das Wort, das Liebe und Leben zuspricht. Wer so redet, daß seine Rede nicht zu glauben und bloß zu tun gibt, ist sowieso unglaubwürdig, mag er noch so Imponierendes tun. Denn das Wort Gottes sucht Glauben, es sucht Menschen, die es als ein Wort über sie selbst gelten lassen. Wenn eine Rede dieses nicht sucht, ist sie jedenfalls unglaubwürdig.

Schließlich müssen wir uns wohl Gedanken machen über die Zweideutigkeit unserer Taten. Sind denn die Taten so unverkennbar wie die Früchte an den Bäumen? Was im Namen der Liebe getan wird, wird sogleich denunziert als Anbiederung an die Mächtigen. Was im Namen der Selbstverwirklichung getan wird, ist oft einer Liebestat zum Verwechseln ähnlich. Ergo: wer die Früchte heranzieht zur Unterscheidung der Geister, sei gewarnt vor Gedankenlosigkeit.

Die Problematik der Mehrdeutigkeit der Werke wird vertieft in V. 21–23. Zuerst hat es freilich den Anschein, als ginge es da um etwas anderes: um den Gegensatz von Bekennen und Tun. «Nicht jeder, der Herr, Herr sagt, wird eingehen in die Gottesherrschaft, sondern der den Willen meines Vaters im Himmel tut.» Es hat den Anschein, als ob hier bloß das Bekenntnis ausgespielt würde gegen die Tat, die Orthodoxie sozusagen gegen die Orthopraxie. Es ist ein auch bei Theologen unserer Zeit sehr beliebter Gedanke, das Eingehen in die Gottesherrschaft sei gerade nicht eine Sache des Bekenntnisses, sondern der Praxis, sei nicht bloß eine Sache des Glaubens sondern eben des Tuns. Wäre diese Alternative aufgestellt, so wäre sie schon aus rein logischen Gründen falsch. Es gibt keine Praxis, die nicht von einem Bekenntnis lebt. Es gibt kein Tun, das nicht im Zusammenhang eines wie immer gearteten Glaubens steht. Nichts kann das Verhältnis von Baum und Früchten umkehren. Immer noch macht der Baum die Früchte, nicht die Früchte machen den Baum. Die Anrede Herr, Herr ist die personale Bindung an diesen Herrn Jesus. Und diese Bindung geht allem voraus, was je an Orthopraxie zu leisten ist.

Die Alternative von Bekennen und Tun ist jedoch nicht nur aus logischen Gründen abzulehnen. Wer diesen Text mit offenen Augen ansieht, merkt sowieso, daß an ihr etwas faul ist. Was sagen denn die Vielen im Gericht: Herr, Herr, haben wir nicht in deinem Namen prophezeit (der Welt den Schleier vom Gesicht gerissen)? und haben wir nicht in deinem Namen Dämonen ausgetrieben (die Besessenheit in allen ihren Gestalten bekämpft)? und haben wir nicht in deinem Namen viele Machttaten getan (spektakuläre, wunderbare, imponierende Werke vollbracht)? Und gerade diese Fragen veranlassen den Herrn, ihnen zu bezeugen, daß er sie nicht kennt. Ist etwa das, was die Vielen vorbringen, zu subsumieren unter den Begriff Bekenntnis? Sicher nicht. Gerade ihre Werke werden vorgebracht. Deshalb kann es gar nicht um Bekenntnis oder Tun gehen, sondern es muß darum gehen, daß im Bekennen *und* im Tun kein anderer Herr zur Sprache kommt als der Jesus von Nazareth. Überhaupt: läßt sich denn das Reden dem Tun so gegenüberstellen? Auch das Reden hat praktische Folgen und Wirkungen.

Die kritische Frage lautet also angesichts des letzten Richters: hat sich in unserem Bekennen *und* in unserem Tun dieser Christus als Herr gezeigt? Haben wir in deinem Namen der Welt die Wahrheit ins Gesicht gesagt, den Christen die Leviten gelesen, und dabei die Liebe übergangen? Keine Kritik und keine Enthüllung wird bestehen können am letzten Tage, wenn sie nicht von der Liebe geleitet *und* gestaltet war. Angesichts des letzten Richters lautet die wirklich kritische Frage: Haben wir *in deinem Namen* Dämonen ausgetrieben oder haben wir die Besessenheit in all ihren Gestalten nur so bekämpft, daß wir die Menschen von sich selbst besessen machten oder daß wir sie in unseren Besitz nahmen? Keine Austreibung von Besessenheit wird am letzten Tage bestehen können, die nicht eine Beförderung vom Knecht zum Sohn darstellte. Angesichts des letzten Richters lautet schließlich die kritische Frage: Haben wir *in deinem Namen* Imponierendes vollbracht, oder haben wir uns an das Spektakuläre selbst gehalten, ohne zu fragen, ob es dich bekennt? Kein einziger Kraftakt wird am letzten Tage bestehen können, wenn er nicht die Ohnmacht der Liebe zum Ausdruck brachte. Und wenn all dieses nicht bestehen kann am letzten Tag, sollte es am vorletzten schon gar nicht entstehen. Der letzte Richter wird keinen kennen, der Gesetzlosigkeit getan hat (V. 23). Und Gesetzlosigkeit ist nach Mt 24,12 *Lieblosigkeit*, erkaltete Liebe.

Unüberhörbar ist der *drohende Unterton* dieses Abschnittes V. 21–23. Schon in V. 19 hatten wir ihn vernommen. Die Gerichtsdrohung hat gewiß auch ihre positive Seite: sie verdeutlicht die Tragweite des Tuns *und* des Redens. Alle meine Äußerungen, die verbalen und die brachialen, haben eine eschatologische Tragweite. Sie werden beurteilt und gewürdigt am letzten Tage. Nichts ist unwichtig, nichts ist gleichgültig. Es gibt keine Adiaphora im menschlichen Leben. Denn der Jesus, der als irdischer das Unwichtige wichtig genommen hatte, wird als eschatologischer Richter noch einmal alles wichtig nehmen. Soweit die positive Seite der Gerichtsdrohung.

Indessen ist ihre negative Seite auch zu sehen. Wird hier nicht eben der Gedanke des Richtens wieder eingeführt, von dem Jesus in Mt 7,1f Abschied zu nehmen hieß? Ist diese Gerichtsdrohung etwa von Jesus unberührt geblieben? Dann wäre sie eine Drohung, die von der Menschwerdung Gottes gar nicht betroffen ist, eine leere Drohung also, die nur von Projektionen und Ängsten lebt. Diesen Verdacht kann sie nicht ganz von sich weisen: V. 19 ist in dieser Hinsicht doch etwas verräterisch. Da wird Jesus dasselbe in den Mund gelegt, was der Gerichtsprediger Johannes angedroht hatte (Mt 7,19 = Mt 3,10). Kann man den, der die Leute in die Wüste kommen ließ, einfach identifizieren mit dem, der zu den Menschen ging in die Städte und Dörfer Galiläas? Kann man die Gerichtspredigt des Täufers einfach identifizieren mit der vielgestaltigen Überwindung des Abstands zwischen Mensch und Gott, die Jesus zur Sache seines Lebens gemacht hat? Die Gerichtsdrohung verlegt Gottes Wirken in meine Nachgeschichte. Die Sündenvergebung dagegen macht Gottes Wirken zu meiner Vorgeschichte. Das ist der Unterschied zwischen Jesus und dem Täufer: der Täufer verlegt Gott in die Nachgeschichte, Jesus dagegen macht Gott, in seiner ganzen Person, zur Vorgeschichte des Menschen (vgl. Mt 18,23ff). Von dieser Wende muß sich jede Gerichtsdrohung betreffen lassen, sonst ist sie nichts anderes als natürliche Theologie, eine theologische Verbrämung meines Wunsches, Gott möge den Übeltätern heimzahlen, was ich ihnen nicht heimzahlen konnte, ein natürlicher Wunsch gewiß, und dennoch ein Wunsch, der noch gar nicht Mensch geworden ist.

Gerne weist man hier darauf hin, Matthäus habe die Gerichtsdrohung kirchenkritisch zum Zuge gebracht. Das trifft zu. Obwohl Kirchenkritik momentan von vornherein als Legitimationsausweis zu dienen scheint, macht das die Sache auch nicht besser. Das Problem ist nicht, ob ich denen draußen oder denen drinnen mit Gott drohe. Das Problem ist vielmehr, daß ich überhaupt mit Gott *drohe* und ihn so zu einem Gott mache, der mich zeitlebens in der Ungewißheit beläßt. Psychologisch gesprochen ist Gott hier verwechselt mit einem Über-Ich, das den Menschen nicht seiner selbst gewiß macht sondern ihn in der Schwebe hält. Wer solche Über-Ich-Vorstellungen kultiviert, macht sich verdächtig. Daß Gottes Wirken in meine Nachgeschichte verlegt wird, widerspricht nicht nur dem Zuvor der Menschwerdung Gottes, sondern es widerspricht auch der faktischen Lebenssituation. Die Lebenserfahrung müßte eigentlich zeigen, daß ich von dem schöpferischen Gott herkomme; sonst hätte Gott mich in der Schwebe von Leben und Tod gelassen. Kann ich diese Lebenserfahrung einfach übergehen? Kann der Gott, der als Schöpfer meine Nähe suchte, sich als Richter plötzlich von mir distanzieren? Es gibt wohl keine andere Antwort auf die Gerichtsdrohung als eine paulinische. Das positive dieser Drohung kann nur gewahrt werden, wenn sie das Drohen aufgibt, wenn sie ein göttliches Urteil über meine Äußerungen zwar mit Ernst denkt, jedoch mit Freude zugleich daran denkt, daß Gott meine Person nicht mit ihren Äußerungen untergehen lassen wird.

Damit sind wir zum letzten kritischen Punkt gekommen, über den unser Abschnitt nachzudenken gibt: die Werkgerechtigkeit. Unverkennbar wird in V. 21 das Eingehen in die Gottesherrschaft abhängig gemacht von dem Tun des Willens des Vaters (ein Tun, das Theorie und Praxis umfaßt, wie wir schon sahen). Da steht Werkgerechtigkeit zur Debatte. Nicht daß Werkgerechtigkeit schon dann vorläge, wenn das Tun wichtig ist. Es gibt im Urchristentum überhaupt keine Schrift, der das Tun des Menschen, die Äußerung des Glaubens in der Praxis der Liebe, nicht unendlich wichtig wäre. Werkgerechtigkeit liegt erst vor, wenn meine Äußerungen Heilsbedingungen werden. Werkgerechtigkeit liegt vor, wenn meine Person sich in den Augen Gottes selbst erschafft durch ihre Taten und Worte. Werkgerechtigkeit liegt vor, wenn die Früchte den Baum machen.

Daß die Vorstellung, wonach die Person durch ihre Werke erschaffen wird, im zeitgenössischen Judentum selbstverständlich war, ist unbestreitbar. Darf aber eine christliche Gemeinde, die überhaupt nur existiert wegen der in Christus verkörperten Gnade, eine solche Selbstverständlichkeit übernehmen? Setzte Jesus nicht alles daran, die Menschen von der unüberbietbaren Nähe Gottes zu überzeugen? Ist nicht das Bekenntnis, daß dieser Jesus Gott in Person sei, ein Bekenntnis zu jener unüberbietbaren Nähe Gottes? Daß ich mich in meinen Äußerungen von Gott distanzieren kann, ist evident. Können meine Äußerungen aber die Nähe Gottes zu mir rückgängig machen? Können meine Werke Gott ungeschehen machen, seine Erschaffung meiner Person vernichten?

Es gibt, im Bereich der christlichen Theologie, nur eine Antwort auf diese Frage: Nein. Alle andern Antworten sind ungetauft. Sie denken die Gnade gar nicht gnädig, sie denken das Geben Gottes gar nicht freigebig, sondern allenfalls als Ergänzung des menschlichen Geizes. Wer im Anschluß an Jesus die Gnade überhaupt ernsthaft denken will, der muß sie denken als qualitativen Schritt vom richtenden zum gebenden Gott, als qualitativen Schritt von dem Gott, der mich wegen meinen Äußerungen in der Schwebe läßt, zu dem Gott, *der mich trotz meiner Äußerungen eindeutig macht.* Gerade vor Gott bin ich *qualitativ* mehr als meine Äußerungen. Ich bin *qualitativ* mehr als der Respekt, den ich mir verschaffen kann, weil ich geliebt bin. Dieser Gedanke der Liebe muß radikal gedacht werden, ohne Kompromisse mit selbstverständlichen Vorstellungen. Man könnte es auch mit einer Metapher Jesu sagen: Wenn du Gott wahrhaftig als Vater denkst, dann kannst du ihn nur denken als einen, der dich von deinen Untaten ebenso unterscheidet wie von deinen Taten. Die Leser der Bergpredigt haben beides angetroffen: auf der einen Seite das Wort, in welchem das Richten überhaupt aufgegeben wird, auf der anderen Seite das Wort, das die jüdische Gerichtsvorstellung wieder übernimmt und den Menschen aus der Werkgerechtigkeit entwirft. Beides kann nicht gleichzeitig wahr sein. Eben deshalb wird der Leser hineingezogen in diese Frage; damit hat er einen Raum bekommen, wo seine existentielle Entscheidung zwischen dem gerechten und dem lieben Gott ebenso ermöglicht wie auch gefragt ist.

Vom Hören und Tun

«Jeder nun, der diese meine Worte hört und sie tut, wird verglichen werden einem verständigen Mann, welcher sein Haus auf den Fels baute. Und es fiel der Regen und es kamen die Ströme und es bliesen die Winde, und sie stürzten sich auf jenes Haus, und es stürzte nicht ein, denn es war auf den Fels gegründet.

Und jeder, der diese meine Worte hört und sie nicht tut, wird verglichen werden einem törichten Manne, der sein Haus auf den Sand baute. Und es fiel der Regen und es kamen die Ströme, und es bliesen die Winde, und sie prallten an jenes Haus und es stürzte zusammen und sein Sturz war groß.» (Mt 7,24–27)

Dieses Doppelgleichnis von den alternativen Hausbauern stammt aus der Logienquelle. Die Annahme, es habe seinen Ursprung bei Jesus selbst, ist nicht von vornherein wiederlegbar. Allerdings würde eine genauere Analyse der matthäischen Redaktion des Logienquelle-Gleichnisses zeigen, daß Matthäus es wiederum im Sinne der Werkgerechtigkeit aufgenommen hat. Nota bene: Werkgerechtigkeit meint auch hier nicht den Glauben ohne Werke (was es gar nicht gibt), sondern Werkgerechtigkeit heißt, daß die menschliche Praxis zum Vertreter der menschlichen Person am letzten Tage wird. Werkgerechtigkeit heißt, daß Gott keine andere Kreativität zugetraut wird als das Erschaffen von Normen, die dann in die Praxis umzusetzen sind von den ach so kreativen Menschen.

Matthäus stellt den Leser – am Schluß der Bergpredigt – noch einmal vor die große Alternative. Die große Alternative lautet: Hören und Tun auf der einen Seite, Hören und Nicht-Tun auf der andern Seite. Es ist die Alternative zwischen meinem Einsturz und meinem Bestand. Allein in der Praxis des Gehörten liegt Zukunft, für Matthäus wohl die jenseitige Zukunft des Bestehenkönnens im letzten Gericht. Auch wenn Matthäus den Einsturz und das Bestandhaben eschatologisch denkt, darf dies nicht darauf beschränkt werden. Einsturz ist immer die Zukunft der Häuser, die auf Sand gebaut sind. Die Bergpredigt Jesu nur zu hören, ohne sich auch handelnd darauf einzulassen, hat immer den Sturz vor sich. Zwei Fragen bleiben freilich unbeantwortet: Wohin stürze ich, ins Nichts oder in die Hand des wahrhaft kreativen Gottes? Und: Hat einer überhaupt gehört, der sich aufs Tun nicht einlassen will?

Betrachten wir für einen Augenblick die Metaphorik dieses Doppelgleichnisses. Über den Einsturz oder den Bestand eines Hauses entscheidet das Fundament, auf dem es erbaut ist. Damit vergleichen wir eine sehr nahe jüdische Parallele. In einem Gleichnis von Elischa ben Abuja (AbothRN 24, Bill I 469) wird ein Mensch, der viele gute Werke und die Tora gelernt hat, mit einem Hausbauer verglichen, der zuerst das Fundament aus Steinen erbaut und danach die Mauer (darüber) mit Ziegeln. So löst sich das Fundament bei stehendem Wasser nicht auf. Dieses Gleichnis (das auch eine negative Kehrseite hat, die jetzt nicht besprochen zu werden braucht) hat einen *charakteristischen Unterschied* zu unserem Gleichnis: während in unserem Gleichnis die Frage ist, auf welchem Fundament einer sein Haus baut, ist im jüdischen

Gleichnis die Frage, welches Fundament *er selbst* baut. Das bedeutet: sein Bauen, sein Wirken, ist selbst fundamental. Daraus erhellt noch einmal, daß die Gerechtigkeit aufgrund der Tora ein selbsterbautes Fundament ist.

Um ein solches Fundament kann es unserem Gleichnis jedoch nicht gehen, weil die Bewegung des Hörens eingestellt ist auf das *schon gelegte* Fundament. Wer hört und tut, baut sein Haus auf schon gelegtem Fundament. Wer hört und nicht tut, verfehlt gerade das Fundament und baut stattdessen auf Sand. Beim Hören geht es – gerade im Gegensatz zum jüdischen Gleichnis – nicht um die Worte des Gesetzes, sondern um die Worte Jesu (konkret: die Bergpredigt). Man könnte sich die Frage stellen, ob das Gesetz überhaupt etwas zu hören gibt, oder ob es nicht vielmehr den Menschen von vornherein auf das Tun anspricht. Dann wäre das Hören uneigentlich, gar keine vernehmende Tätigkeit des Menschen, sondern bloß das Medium der Praxis. Dies geht bei den Worten Jesu sicher nicht. Sie geben dem Menschen zu hören, nicht was er zu tun hat, sondern womit er begabt ist. Und wenn er hört, womit er begabt ist, ist es in der Tat widersinnig, sich dem Anspruch des Gegebenen zu entziehen. In diesem Sinne gibt es kein Hören ohne Tun.

Man darf jedoch diese Polarität von Hören und Tun nicht auflösen nach Maßgabe des gegenwärtig beliebten Theorie-Praxis-Schemas. Denn das Gehörte ist keine Theorie, sondern vielmehr Begabung. Und das Getane ist keine Umsetzung der Theorie, sondern der Einsatz der Begabung. Auf diesen Zusammenhang zielt das Doppelgleichnis – vielleicht auch noch in der matthäischen Bearbeitung, sicher aber in seiner ursprünglichen Gestalt. Es geht ihm darum, ganz einzusteigen in das Gehörte. Einzusteigen etwa in die Gottesreichsverkündigung Jesu, welche sich in der Bergpredigt konkret vollzieht als Seligpreisung von geistlich und materiell Mittellosen. Oder einzusteigen in die Radikalität der Forderung Jesu, welche den Grenzfall des Gesetzes überwindet und den unbeschränkten Anspruch des Gegebenen aufdeckt. Einzusteigen schließlich in das Sein vor Gott, mit welchem Jesus einen Raum schafft für den Abschied von der hypokritischen Selbstdarstellung.

Praktisch werden die Worte Jesu, wenn ich sie höre. Ich höre sie, wenn ich mir von ihnen sagen lasse, wer ich in den Augen Gottes bin. Auf dieses Gehörte gilt es ganzheitlich Bezug zu nehmen, auch mit

Händen und Füßen. Deshalb hat es in der Tat nie einen Glauben gegeben, der ohne Praxis geblieben wäre. Denn ein solcher Glaube hätte das Gehörte zum Stillstand gebracht. Aber es hat auch nie einen Glauben gegeben, der die Praxis zu seiner Selbstveräußerung gemacht hätte. Dieser Glaube brächte das Hören zum Verschwinden und hätte damit den großen Sturz schon getan, der dem untätigen Glauben hier angedroht wird. Denn ein solcher Glaube hätte den Gottesbezug vom Hören ins Tun verkehrt und wäre damit zwischen Stuhl und Bank gefallen: er hätte dem menschgewordenen Gott verfehlt, der wahrhaft zu hören gibt, und er hätte an den Menschen vorbeiagiert, die wahrhaft zu tun geben.

Der Schluß der Rede

«Und es geschah, als Jesus diese Worte vollendet hatte, da erschraken die Volksmengen über seine Lehre. Denn er lehrte sie wie ein Vollmächtiger und nicht wie ihre Schriftgelehrten.» (Mt 7,28f)

Die etwas auffällige Redeweise von der Vollendung dieser Worte könnte ein erzählerischer Hinweis darauf sein, daß hier die vollendete Rede gehalten worden ist. Eine vollendete Rede ist eine Rede, die auf den Grund des Redens selbst zu sprechen kommt.

Angesichts dieser vollendeten Rede geschah es, daß die Volksmengen außer Fassung gerieten. Dieses Erschrecken findet sonst statt, wenn Dämonen ausgetrieben worden sind, oder wenn im Heilungswunder die Lebendigkeit in die Welt des Todes eingebrochen ist. Man sollte meinen, all dies wäre so positiv, daß niemand aus der Fassung gebracht werden müßte dadurch. Vielleicht hängt es mit der Vollendung dieser Rede zusammen, daß sie die gewöhnlichen Zuhörer aus der Fassung bringt. Denn sie kommt so sehr auf den Grund des Redens zu sprechen, daß dabei eingesessene Denk- und Handlungsgewohnheiten aufgescheucht werden wie Dämonen. Aus der Fassung geraten die Zuhörer, weil ihr Verständnis der Wirklichkeit an dieser Rede zerbricht. Das Verständnis der Wirklichkeit ist das, was man sich so über Gott und Welt zurechtgelegt hat. Das Gefäß, in welches man bisher Welt und Gott gefaßt hat, zerbricht. Deshalb geraten sie aus der Fassung. Entweder ist das eine Fiktion des Matthäus, oder aber alle heutigen

Beteuerungen, der Bergprediger hätte nichts gelehrt, was das Judentum nicht immer schon gesagt hätte, erweisen sich als ein Gedanke, der nicht die Wirklichkeit sondern den Wunsch zum Vater hat.

Nach Matthäus war das Erschrecken jedenfalls allgemein. Wer aus der Fassung gerät, stellt rhetorische Fragen: Wo kämen wir hin, wenn die Feinde geliebt werden müßten und dem Bösen kein Widerstand geleistet werden dürfte? Wo kämen wir hin, wenn Gott nicht mehr der unbestechliche Richter wäre, ein gnädiger vielleicht, aber dennoch ein Richter, und nicht ein Retter? Käme es soweit, so müßten wir sofort unbestechliche Kritiker heranbilden, die der Welt die Wahrheit ins Gesicht sagen. Wo kämen wir hin, wenn wir nicht einmal mehr das Gute veröffentlichen könnten, das wir tun – wenig genug ist es ja? Mit solchen rhetorischen Fragen, in welchen Fassungslosigkeit wohnt, hält sich die alte Welt der gesetzlichen Regelung des Lebens die Wahrheit der Liebe vom Leibe. Solche rhetorischen Fragen sind bis heute nicht verstummt. An ihre Stelle sind zum Teil quasi-historische Analysen getreten, mit welchem dieser Löwe von Rede zur harmlosen Hauskatze domestiziert werden soll. Aber es ist ja nicht gesagt, daß Fassungslosigkeit um jeden Preis vermieden werden muß.

Die Leute erschraken über die *exousia*, die Vollmacht, des Berpredigers, weil er ganz und gar nicht wie ihre Schriftgelehrten redete. Die Schriftgelehrten treiben Gesetzesauslegung, sie dehnen die Autorität des Gesetzes auf alle Fälle aus. Sie bringen die Autorität des Gesetzes zum Zuge. Die Herkunft des Gesetzes von Gott weist seine Gültigkeit aus. Das Gesetz gilt auch ohne die Menschen, weil es über die Menschen herrscht. Deshalb können Schriftgelehrten mit Autorität arbeiten, sie können darauf verzichten, «ich» zu sagen. An die Stelle des Ichs tritt bei den Schriftgelehrten früherer Zeiten ebenso wie der heutigen Zeit das Es: es ist erlaubt, es ist verboten, es ist unerläßlich, es muß getan werden. Weil die Autoritätsproblematik beherrschend ist, ist dieses Reden im Grundsatz gewalttätig, obgleich es sich manchmal einen Schafspelz überzieht.

Man könnte – und auch in der christlichen Exegese geschieht dies häufig – nun die Vollmacht Jesu verstehen als eine Steigerung der Gewalt der Schriftgelehrten. Jesus sagt: Ich aber sage euch. Läßt dies durchblicken, daß er einfach gewaltiger ist als alle menschlichen Redner? Wer die Bergpredigt zur Kenntnis nimmt, vernimmt gerade nichts von solcher gesteigerten Gewalt. Das «Ich aber sage euch» nimmt vielmehr Abschied vom Autoritätsmodell. Und es ist ein fataler Irrtum, dieses Autoritätsmodell dem Bergprediger exegetisch oder predigend wieder zu unterschieben. Wer auf diese Weise «Ich» sagt, hat gerade keine Autorität im Hintergrund. Er muß sich ganz an das preisgeben, was er sagt. Er hat nur die Evidenz des Gegebenen auf seiner Seite. Und diese Evidenz hat er nur, wenn sie gesehen wird von seinen Lesern. Deshalb kann diese Rede niemals auf Hörer verzichten.

Auffällig ist, welch ein machtloses Wort gesprochen wird, wehrlos ausgeliefert den Verdrehungen und Domestizierungen. Es präsentiert nichts anderes als Argument denn die Evidenz des Gegebenen, genauer: die Evidenz der Schöpfung. Wie ein roter Faden durchzieht diese Bemühung diese Rede der Reden: Gott, der schöpferische Geber, ist die Vorgeschichte des menschlichen Tuns. Nicht der Geber des Gesetzes zum Leben, sondern der Geber des Lebens selbst ist der Ort, wo der Anspruch seiner Gaben evident ist. Deshalb durchzieht ein schöpfungs-theologischer cantus firmus die Bergpredigt: Schaut die Sonne an, die Bösen und Guten scheint, und haltet euch darum an die Feindesliebe! Statt mit euch selbst sorgend beschäftigt zu sein, lernt zu sehen auf den großen Zusammenhang der Schöpfung, in welchem Unkraut mit salomonischer Schönheit ausgestattet ist, und nehmt euch wichtiger als ihr euch in eurer Sorge nehmt! Beachtet die Spuren des Schöpfers, welche im Finden liegen und in den Möglichkeiten selbst böser Väter und vertraut euch deshalb der Lebensbewegung des Suchens und Anklopfens und Bittens an! Wer so argumentiert, hat die Autorität und Gewalttätigkeit längst hinter sich gelassen. Er hat Vollmacht ge-wonnen.

Wie hatte es bei Dürrenmatt geheißen? «Nicht die Herkunft des Wortes überzeugt, sondern das Wort.» Die Bergpredigt ist genau deshalb die Rede der Reden, weil sie auf diesen Grund des Redens vollendet zu sprechen kommt. Das Reden ist dann begründet, wenn es nicht mehr gewalttätig ist, sondern vollmächtig. Man könnte auch sagen: das Reden ist dann begründet, wenn es etwas zu hören gibt und nicht bloß zu tun. Diese Rede war zu hören vom Sohn eines Menschen, genauer vom Sohn der Maria und des Joseph. Und dennoch war – nach dem christlichen Bekenntnis – in seiner Rede Gottes Wort zu hören. Wir stehen fortwährend in der Gefahr, diese Rede erneut zum Gesetz zu machen; uns erneut als Schriftgelehrte zu gebärden, die eben ein anderes Gesetz haben, aber dennoch ein Gesetz. Dieser Gefahr ist ein Text von Ernst Eggimann gewidmet. Er soll diese Auslegung beschließen:

> «Wahrlich ich sage euch
> was ich euch sage
> sagt die schrift
> und was die schrift euch sagt
> sagt euch der herr
> und was der herr euch sagt
> hört ihr jetzt
> wahrlich wahrlich
> da gibt es nur
> ja und amen»
> (Jesustexte, S. 45)

Dem wäre nur noch beizufügen: Wo es *nur* Ja und Amen gibt, da gibt es in Wahrheit weder Ja noch Amen.

Schema zum Aufbau der Bergpredigt (Mt 5–7)

I. Einführung	Exposition	5,1f m	Berg, Menge, Jünger, Lehren
	Seligpreisungen	I: 3 +	Arme (im Geist)
		II: 4 +	Trauernde
		III: 5 O	Sanftmütige
		IV: 6 +	Hungernde (und Dürstende nach Gerechtigkeit)
		V: 7 O	Barmherzige
		VI: 8 O	Die reinen Herzens
		VII: 9 O	Die Frieden machen
		VIII: 10 m	Verfolgte um ihrer Gerechtigkeit willen
		IX: 11f +	Ihr, wenn sie euch schmähen
	Anrede an Jünger	13 +	Salz der Erde
		14–16 om	Licht der Welt
		15 +	Licht auf dem Leuchter
II. Gesetz und Gerechtigkeit	«Erfüllung» des Gesetzes	17 m	Zum Erfüllen gekommen
		18 +	Kein Jota wird vergehen
		19 O	Die Gebote nicht auflösen, sondern tun
	Grundsatz	20 m	Bessere Gerechtigkeit
	Antithesen	I: 21–24 O	Töten – Zürnen
		25f +	Rechtzeitiger Ausgleich
		II: 27–30 O	Ehebruch – Blick
		III: 31–32 +	Ehescheidung – Ehebruch
		IV: 33–37 O	Schwören – Ja, Ja; Nein, Nein
		V: 38–42 +	Vergeltung – Aufsichnehmen des Bösen
		VI: 43–48 +	Nächstenliebe – Feindesliebe
	Grundsatz	48 m	Vollkommenheit
III. Gerechtigkeit coram Deo	Grundsatz	6,1 m	Gerechtigkeit als Schau vor den Menschen
	Praxis der «Gerechtigkeit»	2–4 O	Almosengeben
		5–8 O	Beten
		9–13 +	Unser Vater
		14–15 xm	Vergebung
		16–18 O	Fasten
		19–21 +	Schätze horten
		22–23 +	Auge als Licht des Leibes
		24 +	Gott oder Mammon
		25–34 +	Warnung vor dem Sorgen
		7,1–5 +	Richtet nicht
		6 O	Perlen vor die Säue
		7–11 +	Bittet, so wird euch gegeben
	Grundsatz	12 +	Goldene Regel
IV. Schluß (Mahnungen)	Tragweite des Tuns	13–14 +	Enge Pforte
		15–20 m	Falsche Propheten
		16–20 +	Vom Baum und den Früchten
		21–23 +	Herr-Herr-Sager
		24–27 +	Hören und Tun
	Abschluß	28f m	Abschluß der Rede
		29 ×	Lehre in Vollmacht

Klammer: er lehrte (5,2) – denn er lehrte … (7,29; Redekomposition [m])

Angaben über die Herkunft traditioneller Aussagen:

+   aus der Logien-Quelle (sachlich, nicht immer wörtlich)

O   aus dem vormatthäischen Sondergut

×   aus der Markusüberlieferung

m   matthäische Redaktion